「大学の死」、そして復活

絹川正吉

東信堂

はしがき

　最近のことですが、ある友人（国立大学教員）からメールを受け取りました。その内容を整理して述べると次のようなことになります。「国立大学をめぐる状況は、きわめて厳しいものがある。競争的経費を獲得したため、大学内はそのことから結果する実績作りに追われて研究・教育・学内運営は多忙さを極めている。人件費の削減は激烈を極め、まったく余裕のない中で締め付けばかりがまかり通る状況である。非常勤講師を50％削減する計画が進行中である。そのために授業負担が急激に増加している」。

　また、別の国大教員は次のように言っています。「かつての教養部は、とりわけ実学ではない学問の基礎の部分を支えていた。そして教養教育をめぐって大学教員という人材を育成する仕組みを内包していた。しかし、いまはそういう仕組みは解体し、ゆとりがまったくなくなった。語学教員は需要によって改廃し、安上がりのネイティブを雇用して、すませようとしている。これでは基礎的な学問分野の教員が育つ場がない。教養部が解体して以後、各大学でのFDは活性化したが、そこに人を育てようとする発想があるとはなかなか感じられない。授業評価は、認証評価を受けるために執行部が完全に主導権をとって進められており、教員の勤務評価と直接結びつける方向に動いている。FDの先には教員評価があり、教員たちは評価からFDを見ているように思える。FDを『大学』が生き延びるために悪用しているのではないか。研究・教育環境の改善へ向けてのFD活動の道筋がますます見えにくくなっているように感じる。このままに放置すれば、日本の心ある大学教員は一人残らず燃え尽きてしまう」。

　以上の友人のメールを読みながら、「大学の死」という記事を思い起こしました（加地伸行『正論』1996年8月）。上に紹介した事態に対する危機感は、

加地氏のことばでは次のようになります。「大学——そのイメージは静けさであった。世間に媚びず、ものごとを百年単位、千年単位で考える静かなところであった。そのため、時には騒がしい世間の考えと対立することもあった。だがそういうとき、世間は大学の書生論めいた考えを虚心に聞く謙虚さと一種の敬意とを持っていた。しかし、大学のイメージは、『静けさである』ではなくて、『静けさであった』と過去形で書かざるを得なくなってしまった。有力国立大学はお祭りの日のような騒然とした気分で、ひたすら忙しく大学院化への道をつっぱしっている。それは実は、大学の死への道である」。

　加地氏の論のすべてに賛成というわけではありません。しかし、日本の大学が、いま失いつつある大学の本質的要素への見識にはまったく同感です。国立大学の中期計画を見ると、どこもかしこもPDS (Plan-Do-See) あるいはPDCA (Plan-Do-Check-Action) サイクルを強調しています。そして、それに伴う評価業務に教職員たちは翻弄され、何のための評価か、その目的が見失われがちではないかと観察されます。評価という書面作成業務に、関係者は、「評価疲れ」を起こしているのではないでしょうか。そもそもPDSとかPDCAという考えは、企業のマネジメントの発想です。もちろん、大学も一つの組織体である以上は、マネジメントの視点でものごとを考えざるを得ない場面はありましょう。しかし、大学の営みのすべてがマネジメントでコントロールされるようなことではないと思います。PDCAサイクルの横行と、友人が指摘している「教養部解体」は、「大学の死」の具体性であるとの思いを禁じ得ません。

　別の友人の次の発言にも同感します。「競争市場原理は、相互の連帯を断ち切る。大学が孤立して、一つ一つ滅亡してゆくことは何としても避けなければならない。危ういことは必ずしも大学が潰れることではなく、『大学』として営業していながら、大学でない活動をする企業体になってしまい、若者から真理に目覚める機会を永遠に奪ってしまうことである。法人化と共に始まった文科省の国立大学への政策的誘導や、私学における経営的観点からのさまざまな要請の中にあって、〈大学教育はいかにあるべきか〉という問いは、いま一層切実なものとなりつつある。もはや一刻も猶予がならない。

大学教育のコアにあるべきものは何なのか、という問いを改めて問わなければならない」。この友人の見解に私もまったく同感です。

　本書の企図は、「大学の死」からの復活を祈り求めることにつきます。同憂の士の共鳴を期待して止みません。

　2015年　晩春

絹川正吉

「大学の死」、そして復活／目次

はしがき ……………………………………………………… i

Ⅰ．「教養教育」を問う …………………………… 3

 はじめに ……………………………………………………… 4
 1．「教養」という言葉が含むもの ………………………… 4
 2．教養と社会的関与——ファシズム批判と加担 ………… 14
 3．教養教育・一般教育・リベラルアーツ教育 ………… 23
 4．学士課程教育の内容 …………………………………… 32
 5．ICUにおけるリベラルアーツ教育 …………………… 37
 6．リベラルアーツ教育の意義と成果 …………………… 50
 7．「専門教養科目」の意義と実践 ………………………… 55
 8．「一般教育」の思想的基盤 ……………………………… 60
  付録1　「教養」の万華鏡　(70)
  付録2　「ハーバード報告書」について　(76)

Ⅱ．大学教育を語る ……………………………… 87

 1　禁じられた学び ………………………………………… 88
 2　大学教育のデザイン …………………………………… 101
  1．日本の文教政策 ……………………………………… 101
  2．私立大学のグランドデザイン ……………………… 108
   ——デザインは21世紀のキーワード
  3．「多様化する学生に対応した教育改革」 …………… 114
   ——大学教務研究委員会・研究報告
  4．大学改革の背景 ……………………………………… 114
  5．日本の大学改革のベクトル ………………………… 122

6．ユニバーサル・アクセス……………………………… 125
　　7．選択する大学改革……………………………………… 129
　　8．「学士課程」……………………………………………… 131
　　9．「ノンエリート大学」の現実…………………………… 133
　　10．文部科学省の教育助成政策について………………… 136
　3　大学コミュニティの創造…………………………………… 138
　4　リベラルアーツ・カレッジで働く………………………… 155
　5　共に創る……………………………………………………… 177
　　1．「青年」は死んだ………………………………………… 177
　　2．『清貧の思想』…………………………………………… 180
　　3．抵抗と服従……………………………………………… 184
　　4．「荒れ野の40年」………………………………………… 189
　　5．彼岸への追憶…………………………………………… 191
　　6．共に創る………………………………………………… 192

Ⅲ．学士課程 …………………………………………………… 197

　1　初年次・キャリア教育と学士課程………………………… 198
　2　学士課程教育における初年次教育………………………… 208
　3　学びの転換…………………………………………………… 216

Ⅳ．FDのダイナミックス ……………………………………… 225

　1　FDのダイナミックス(1)「行政的と自律的」……………… 226
　2　FDのダイナミックス(2)…………………………………… 238
　　「工学的方法と羅生門的対応」
　3　FDのダイナミックス(3)「今後の課題」…………………… 251

V. 大学のガバナンス 265

1 学校教育法改正で何が変わったか 266
2 私立大学の組織・経営再考 270
　　付録 「私立大学経営に関する絹川の主張の要約」（297）
3 私立大学のガバナンス──国際基督教大学の経験から 300
4 学長のリーダーシップ 313

　初 出 一 覧（319）
　あとがき 321

「大学の死」、そして復活

I.

「教養教育」を問う

はじめに

今日の日本の大学教育に関する議論の行方から見ますと、私は時代遅れだと自覚しています。日本の大学教育に関する議論は激変しています。今の大学教育論の主流は、教育社会学と教育工学を中心に展開していると思われます。そういう時流に対して、私は古い人間としていささか抵抗を覚えています。今日は「なぜ教養教育か？」という題をいただきましたので、それにことよせて、私の考えを述べたいと思っています。

1.「教養」という言葉が含むもの

1　発題の契機

本日の講演の下敷きには、拙著『大学教育の思想』(2006a) があります。そこで、拙著に対するいくつかの批評を念頭において、「なぜ教養教育か？」という問いを考えてみたいと思います。

拙著について川嶋太津夫氏が『IDE』(2007年12月号) に書評を書いてくださいました。川嶋氏は次のように書いて、その書評を終えています。

【本書の中には、いたるところに、「一般教育」「教養教育」「リベラルアーツ教育」という言葉が氾濫する。いわく、「人間の偏狭を解放する一般教育」(47頁)、「一般教育が学士課程教育である」(49頁)、「大学の共通教育としての〈一般教育〉〈教養教育〉(53頁)」、〈一般・教養教育〉(53頁)、"to teach students is a liberal education"(73頁)、「(リベラルアーツ教育は) 学術基礎教育、専門教育の学習である。それをそれぞれの教育理念に基づいて補うのが、一般教育として一括表現されているものである」(98頁)。評者の「曇ったメガネ」では、とうていそれぞれの概念の違いが理解できない。学士課程教育、一般教育、教養教育、リベラルアーツ教育の関係を改めて明確に整理していただきたい。第3作目となる次なる著作が楽しみである。】

「曇ったメガネ」という表現は、拙著の中で私が用いた「歪んだメガネ」を、川嶋氏が転用しているのです。そういうことは重要なポイントではあり

ません。重要なのは、上述にある「人間の偏狭を解放する一般教育」というステートメントです。これは、扇谷尚・一般教育学会初代会長が学会誌創刊号で述べている文であり、一般教育学会の思想性を示したことばで、一般教育学会が通常の学会とは異なることを象徴しているものです。川嶋氏の指摘は、そのような思想性への疑義として受け止めました（本章注1, 2参照）。

さて、もう一つの拙著『大学教育の本質』(1995)の主張に対して、吉田文氏が、その著書『大学と教養教育』(岩波書店、2013年)において、批判を提示していることも、本日の講演に深く関わりますので、引用しておきます。

【絹川も、第二次世界大戦後にハーバード大学の学長であるコナントが出した報告書を賛美し、それと比較して、〈新制大学の理念はアメリカ型民主主義の思想圏にあった、というべきである。新制大学の特徴となる「一般教育」も、そのような思想的基盤に基づいて構成されなければならないものであった。したがって、戦後の「大学論」は「一般教育論」でなければならないはずであった。しかし、結果として「一般教育論」は不毛に終わり、「大学論」として結実しなかった。このことが、今日の大学問題の遠因なのである。〉（絹川1995、22頁）と、日本がコナント報告の理念に理解が足らなかったことを問題にしている。ある（特定の）価値観から一般教育を論じる姿勢には違和感を覚えつつ……】

吉田氏は絹川がコナントの論を「賛美」していると書いていますが、私は「賛美」したのではなく、「共鳴」したのです。吉田氏の私への批判の内容は、一般教育研究として、アメリカに偏重した論説は、研究方法として偏っている、ということのようです。しかし私は「一般教育」を無機質的に研究の対象にしているのではありません。思想の問題として論じてきたのです。

本日の講演では、一般教育の思想性の問題を、私なりに整理できれば、と願っています。

2 「教養教育」という用語

まず「教養教育」という用語について確認する必要があると思います。大学設置基準の大綱化(1991年)によって、「一般教育」が法制上は廃語になって以後、専門教育に偏重する状況に対する反作用として、「専門教育」とは

別に「教養教育」という大学教育の在り方が主張されるようになりました（参照：藤本夕衣2011）。しかし、「教養教育」の内容は定かではありません。「一般教育」的内容を言う場合もあれば、初年次教育やキャリア教育など専門教育とは異なる内容の教育を意味する場合もあります。あるいは専門基礎教育も含めて「教養教育」という場合もあります。したがって単純に「一般教育」に代わるものとして「教養教育」を考えるわけにはいきません。また字義どおり「教養」を教育することを「教養教育」という理解もあり得ます。その場合には、「教養」は教育できるのか、という問いに直面します。そこでは「教養」とは何かということを問わざるを得ません。

　アメリカにおいて、かつて言われたことは、〔「一般教育」とは「リベラルアーツ教育」の空き部屋である〕、ということでした。その仕方で言えば、結局、「教養教育」とは、「専門教育の空き部屋」である、ということになります。空き部屋ですから何でも放り込めるということになり、「教養教育」はますます複雑な事態を示すことになります。

3　大学教員に求められていること

　私は数学が専門だった、過去形ですが、専門だったものですから、すぐに定義ということが気になります。話の始まりが定義とか公理になってしまうわけですが、これは職業的な癖であります。

　大学教育のことを語っているのですから、それに携わる大学教員の公理は何か、国が定める関連法を見てみます。まず教育基本法を見ますと、第1条（教育の目的）に「教育は人格の完成を目指す」と書いてあります。ここに教育とは日本における教育すべてですから、小・中から始まって大学にまで及ぶことですね。大学は一応、完成教育ということになっていますから、人格の完成を目指して教育をするというのが大学教育の公理であります。そして第9条（教員）には「教員は絶えず修養に励む」と書いてあります。これを見てびっくりしました。「修養に励む」ということですが、励むことは教育基本法に基づけば大学教員の義務だということになります。私は自分を考えて修養してきたかなと思うのですが、修養と教養ということは、本来は大学教員にとってはきわめて重大な関心事でなければならないことになります。

そこで改めて、修養と教養について考えてみたいと思います。

4 茫漠とした教養

先般、文科省高等教育局長の諮問に対して、日本学術会議が分野別質保証についての回答をしました。その第二部のところに「学士課程の教養教育の在り方について」という報告があります。

その報告書を読みますと、いろいろと考えてしまうわけでありますが、その中に日本で教養教育が定着しなかったのは、茫漠とした教養という語の意味を概念化してこなかったからだといっています。教養ということをきちんと見定めて、教養教育を考えてこなかったから問題なのだというわけでありますが、「教養」ということは本来、茫漠としているものなのですね。教養の定義というのは、これはなかなかできないのです。できないということを今日はお話しすることになります（「教養」ということがどのように語られているか、その多様性を章末の〈付録1「教養」の万華鏡〉で確かめてみてください）。

慶應義塾大学の松浦良充氏がこう言っています。「多くの人が〈教養〉の復権を訴えるが、その語で各自が意味するものは際限なく拡がっている。教養の復権を主張することは、〈教養〉についての一定のコンセンサスを前提にすることだが、そのようなコンセンサスはない。いまや〈教養〉という語は、それでもってすべてを語ろうとしてなにも語りえない」（松浦良充2003、以下本論文参照）。

今や教養という語は、それでもってすべてを語ろうとして何も語り得ない。何かこの言葉の響きは聞いたことありますね。「すべて語り得ないことは、語ってはならない」。すべてを語ろうとして何も語り得ないということを松浦さんが言っておりまして、まことに教養は茫漠としている。茫漠としているけれども、みんなが一様に「教養」そして「教養教育」は必要だと言われるわけであります。一体「教養」とは何なのでしょうか。

「教養」の語源を問えば、随分古く、中国の漢籍に出てくる言葉であるということです（進藤咲子1973）。また日本書紀にも登場していますが、幕末までは用例がないそうです。その言葉が近代になってから登場してくるわけであります。明治時代に入って、educationの訳として「教養」という言葉が用

いられたのですが、後に「教養」は「教育」を超えた意味を持つようになります。

5 「修行（修練、訓練）」について

「教養」の先行語は言うまでもなく「修養」で、「修養」の先行語は「修行」です。修行は、仏教等宗教における精神の鍛錬に関する用語の一つです。人間的な欲望から解放され、生きていること自体に満足感を得られる状態を追求することを指す、と言われています。

修養主義の言説として、「釈尊、キリスト、マホメットらのように沈思瞑想により、外界の誘惑を滅却し、理想の境に達して、世界人類を救済する」という言葉があります。あるいは、有名な『三太郎の日記』（阿部次郎1914）の中に、「真正に生きる道はただこの沈潜の一路である」、と書かれています。

これは宗教における修行に修養が接続していることを示しています。

「修行」の方法は「型」の修得です。小・中学校で授業が始まる時に必ず号令をかけますね。「起立、礼、着席」とやります。これは典型的な日本の修行のさせ方に関わっています。居ずまいを正して真摯に学問に、授業に向き合う心の構えを作るのです。そういう考え方の背景にあるのが「型」です。精神というのはそれを体現する型をひたすらなぞることによって育まれる。体にきちんと訓練（discipline）を与えるということによって精神が作られるというのが日本の伝統的な考えです。型の反復による人間形成が修行なのです。「起立、礼、着席」と号令かけることは、ただの形式と思いがちですが、それを繰り返すことによって、生徒たちに学ぶということについての気構えを作るというわけであります。

6 「知的誠実性」

修行の型に関連して、一つ思い出すことがあります。次頁の写真を見てください。ある二つのパンフレットの表紙の写真です。左側はワシントンにあるジョージタウン大学の出版物の表紙です。この大学の創設はカトリックの人々によります。ジョージタウン大学を訪問しました時に、オフィスの入口にパンフレットが積んでありました。表紙に"THE HONOR SYSTEM"と

書いてあるので、私は勘違いして、アメリカのリベラルアーツ・カレッジで行われている優秀学生に対する特別なカリキュラムのことかと思いました。何気なく拾って帰ってきたわけです。中身を見ていたら全然違うのですね。写真の建物はジョージタウン大学の古い建物ですが、その写真の枠に"INTEGRITY"と書いてあり、その下に"THE HONOR SYSTEM"と書

いてあります。写真の右側は、ハバフォードという有名なリベラルアーツ・カレッジのものです。それには"THE HNOR CODE"と書かれています。両方の内容はだいたい似たようなことです。アメリカの大学ではどこでもこういうシステムを作っているようです。

　中身を見ますと、「我々のコミュニティにとって、正直であることと誠実であることを堅持することは最も重要な課題である。"INTEGRITY"ということは、学生・教員そしてジョージタウン大学というコミュニティすべての構成員のコミットメントである」。そして不正行為がどういうものか説明しています。さらに、不正行為が行われた場合にはどういうふうに取り扱われるか、という組織的対応が記述されています。行政者・教員・学生で構成する"INTEGRITY"委員会が処分を審議する。そういう仕組みが記述されています。

　INTEGRITYという言葉を、私はあえて「知的誠実性」と言います。辞書には「高潔」という訳があり、「知的誠実性」という訳はありませんが、大学で使う場合には「知的誠実性」という言葉で私は表現したいと思います。この「知的誠実性」ということは、言うまでもなく学問的営為を根底で支える思想です。大学人の教養の原点というのは、知的誠実性であると言っても過言ではないと思います。

　こういうシステムは、アメリカのほとんどの大学で実践されているようです。ある大学では、新入生の父母のところにこういうようなパンフレットを

届け、お子さんが大学に来る前に、この問題についてよく討論をしておくよう要請しています。試験で不正行為をすることは、大学にとっては致命的なことなのだということをきちんと教える必要があります。

　私は学長時代にICU（国際基督教大学）でもこのことを徹底しようと考えて、学部長に要請しました。学部長は「アカデミック・インテグリティーに関するICUの方針」を起草して、それを学内のホームページに掲げました。その冒頭にはこう書いてあります。「学問の卓越・真理の探究を目指すリベラル・アーツの構成員として、本学の学生は、すべての学問的活動において、きわめて高い学問的倫理基準を維持することが期待されています。学問は、当然のことながら、過去の研究業績の蓄積の上に成り立っています。したがって、他人の研究に使われている考え方や言葉、文章や調査研究をあたかも自分自身のものであるかのように偽ることは、学問的倫理基準を侵すことになります」。

　Honorシステムというものは、学生だけが守るべきことではなくて、大学の構成員全体が守らなくてはいけない。教員も守らなくてはいけないということです。ICUでは、学生に対して、「あなた方は誠実であれ」と言っていますが、これは中途半端です。本来は大学構成員全体に向かって、INTEGRITYということを問題にすべきです。

　村上陽一郎氏が教養について書いた本（村上陽一郎2009）の中で、「教養は規矩である」と言っています。規矩、物差し、すなわち規律ですね。教養は規矩である。知的誠実性ということは、大学の規矩だというふうに考えられるわけです。教養があるということは、知的誠実性があるということです。そういうインテグリティを育成することがまずは教養の第一歩ということになります。「教養」と「修行」が重なって見えてきます。

7　「修行」と「型」

　さて「型」ということに話を戻します。日本の精神文化において、「型」ということが本質的意味を持っていることが指摘されています（源了圓1989）。それによると、「型」の第一は、人間の身体運動によって形成されるもので、究極的には「心・技・体」の一致が目指されているとされています。「『型』

とは、ある『形』が持続化の努力を経て洗練・完成されたものであり、機能性・合理性・安定性を有し、一種の美を持っている。さらにそれは模範性と統合性を備えている」のです。

「修行」はこのような「型」を修得することから始まります。「『型』と人の関わりには、①『型』に自己をはめ、模倣を通し、試行錯誤する『守』の時期、②その『型』を破り、その『型』の持つ閉塞から自己や社会を蘇らせる『破』の時期、③その『型』から離れ、新たな『型』を創造する『離』の時期がある。『型』は人との交わりにおいてこの『守・破・離』のサイクルを繰り返すが、たとえ『離』の時期においてもそれまでの『型』から完全に離れてしまうことはなく、それまでの長い年月の間で蓄積されてきた『型』を土台に新しい『型』が創られる」と述べられています（吉田竜也2004）。

さて「型にはもう一つのタイプがあるといいます。『パターン』とか『スタイル』といった西洋語の翻訳から生まれたもので、『文化の型』といった用例はこれにあたる」と言われています。「修養」は「文化の型」の修得とも言えます。

8 修養と教養

「修養とは学問を修め品性を磨き自分の人格を高めること、人の心または礼儀を育むための訓練と教育を通じて社会化することである」と言われます。また「『修養』とは一般的には徳を積み、道を修め、人格陶冶に励むことを言う。修養の考えはまた、人々の心のより所、生の証（あかし）となった」と言います。これらの視点では、「修行」と「修養」は近いし、「学問を修め品性を磨き」という点では「修養」は「教養」に近いと思われます。「修養」と「教養」の線引きは難しいです。

「修養」という言葉は、第二次世界大戦終了前までは、さまざまに使用されていました。日本においては、その使用の歴史は古く、かつ日常的であったと考えられています。「江戸時代の後半から明治期にかけて、一般民衆の『修養』の意識は高まった」（日本生涯学会2005）と言われています。

さらに、「修行には則るべき典型や教法（型）が存在し、それが全生活、全身の行為に関して、それを規制するものである。『修行』は仏教に関わる

言葉であるのに対して、『修養』は儒教、武士道に関わるという相違はあるが、典型があること、生活と行為に関することは同様である（唐木順三）」と指摘されています（参照：王成2004）。

　修養主義と教養主義については、それらの担い手の階層を分ける説があります。「教養主義」とは旧制高校などのいわゆる「学歴エリート」を中心とする青年層によって担われたのに対して、「修養主義」は、学歴コースに乗れなかった青年層の間に広まった、というのです。明治国家体制が完成し、学歴エリートが国家の中枢を占めるにしたがって、一般の青年の関心が天下国家から個人に移る。そういう状況を打開する新しい社会運動＝修養主義運動が起こったのであると言われます（筒井清忠1995）。しかし教養主義と修養主義は明確には区分されないし、それらの信奉者を厳密に区分できるものでもないでしょう。

9　教養と学問

　教養と修養というのはどういうふうに違うか。先ほども言いましたように、日本の修養というのは人間形成の型が基礎になっているのですね。型の反復ですね。型の反復によって精神が形成される。それが修養である。いわゆる教養主義の「教養」というのは、修養における「型」の役割が、読書または学問に入れ替わっている。型による修養ということは、教養になりますと学問による修養になるわけですね。学問を積むということは、人間形成にとって本質的な役割を持っているという、そういう考えです。

　現代においては、学問が人間を作るとは思えませんね。数学を一生懸命勉強すれば立派な人間になれるのか。数学を一生懸命勉強すれば変人ができる。研究者というのは、変人でなければなれない、という一面もあるでしょう。私はよく言うのですが、自分も含めて偏執狂でなければ研究はできません。

　学問が人格を形成するという考え方は、日本では四書五経などの漢籍の習得に見られます。特に明治人の教養は漢籍に強く影響されていたと思います。特に注目したいのは朱子学です。私見ですが、学問によって人格を形成するという思想は、朱子学に顕著に表れています。人は「天の理」に適わなければならない。「天の理」というものを追究すること、窮理することがその人

間を修養させることになるわけです。「窮理」は学問的営みですから、学問を求めることが人間を作ることになると考えられます。学問をすることは、必然的に読書を伴いますから、読書によって人格形成ができるという考え方になりますから、これは「教養主義」であると思います（参照：絹川正吉2004）。

　欧米では、リベラルアーツの習得が人間形成の重要な役割を担っていました。リベラルアーツは基礎的な学術ですから、学問が人間形成の重要な役割を担っていたと言えましょう。その構造の類似性から考えれば、リベラルアーツは教養ということになります。しかし、日本と欧米とでは、学問の内容に大きな相違があります。漢籍に基づく教養と、リベラルアーツに基づく教養を同一視はできません。

　現代の「教養」の問いは、「学問の専門分化に対応するための総合的・統合的」課題になっていて、修養の要素は希薄になったと説明されています（参照：渡辺かよ子1999）。しかし中央教育審議会（2002年）「教養答申」では「教養教育」に「修養的要素」を求めています。すなわち、次のように述べています。「教養を考える際に不可欠な要素として、品性、品格などといった言葉で表現される徳性を挙げることもできる」。「我が国の伝統文化の世界では、独創性を発揮するためには、『型』と呼ばれるような基礎的・基本的な事柄を完全に身に付けた上で、それを超えることが必要とされており、こうした考え方は我々にも大きな示唆を与えてくれると思われる」。「教養を形成する上で、礼儀・作法をはじめとして型から入ることによって、身体感覚として身に付けられる『修養的教養』は重要な意義を持っている。このためにも、私たちの思考や行動の規範となり、教養の基盤を形成している我が国の生活文化や伝統文化の価値を改めて見直す必要がある」。ちなみに、「中教審・教養答申」の内容は、「教養」と「教養教育」を区別していません。後で述べますが、「教養」と「教養教育」とは区別されるものです。

　「中教審・教養答申」は、日本社会、特に財界の大学教育への期待・要求が色濃く反映していると思います。財界が必要としているのは教養育成と言うよりは、修養を積んだ人材でしょう。人間ができているかできていないかということが問われているのです。日本語の「教養」というのは「修養」を

引きずっていることが、ここでも表れています。

10 「教養」と「教養教育」

【理性の産んだ自我の理想が「人格」(personality) と呼ばれる。人格とは真、善、美を調和した主体であるから、これが最高の価値、理想である。自己が自己の人格を淘汰することがすなわち教養である。それは〈ある〉（存在）のでもなく、また〈する〉（行為）のでもなく、〈なる〉のである。教育の主体たる教師は、教養を喚起し鞭撻することはできるが、教養自体をすることはできない。】

以上はいわゆる昭和教養主義の河合栄次郎（1891〈明治24〉年～1944〈昭和19〉年）のことばです（河合栄次郎1955）。河合によれば、学問と道徳と芸術の三者はいずれも人格を淘汰する要素になる。そういう意味では、「教養」と「教養教育」は密接に関係します。しかし、「教養」は教育できない。「教養」の教育と言えば、それはカルチャーの涵養で、カリキュラム化できないという（舘昭2006）。「教養教育」ということが強調される場面では、何らかの理想的人間像が暗黙に前提とされ、人間の在り方が問われていることに注目しておきましょう。

2．教養と社会的関与──ファシズム批判と加担

1 「公共の教養」

教養主義、特に、大正デモクラシーの時代の大正教養主義の一つの特徴は、「社会的関与を拒否する。（拒否するという言葉は強すぎるかと思いますが、）人格の完成までは社会的関与をしない。内面的教養という自己陶酔的な関心へ退却し、理想的自己形成に専心することによって、社会問題に対する自らの無関心を正当化する」（渡辺かよ子1997）。これは、私ども、教員にとっても非常に痛い言葉でありまして、私どもは社会とどういうスタンスで関わるべきかということにいつも悩みます。教養主義は、理想的自己形成に専心するということを正当化の理由にして、社会問題に対する関与を拒否したのです。

渡辺かよ子（1997）が、後からも説明しますが、こう言っています。教養

主義こそが大学人の政治的責任を回避させ読書主義を正当化する基盤になった、と。これは一つの大きな思想的な問題だと思います。

にもかかわらず、いわゆる1930年代、昭和5年以降、10年代にかけての日本における教養論というのは、それまでの大正教養主義とは一線を画している、というのが渡辺の主張です。新大正教養論（昭和の教養論）には大正教養論とは異質の要素がある。それは、社会的関与という点において違うというのです。

話題は過去にさかのぼります（参照：渡辺かよ子1997）。大正・昭和時代における教養主義の代表的人物として河合栄治郎が挙げられています。

河合栄治郎は東京帝国大学の経済学部の教授で、軍部ファシズムに対して批判的でありました。国粋主義的な土方教授との間で論争が起こって、それが経済学部全体の紛争に広がってしまいました。当時の平賀総長が独断で2人を休職処分にした（昭和14年）ということで、学問の自由をめぐって大騒ぎになったのです。さらに河合の著作が当局から問題にされて、裁判沙汰になり、帝国大学教授辞任に追い込まれました。終戦直前に亡くなりました。彼がそういう状況の中で、当時の旧制高等学校の生徒に非常によく読まれた「学生叢書」というものを編纂しました。『学生と教養』というタイトルの本とか、『学生と読書』などという一連の本を出版しましたが、これらがベストセラーになったのです。このようにして河合は当時の教養人として典型的な人物として知られるようになりました。

河合の言説の中にこういう言葉があります。「自己の人格の完成を図るあらゆる人は、社会主義者たるべきである」。当時の言葉としてずいぶん思い切ったことを言っていますね。「社会主義の実現を図る義務ありと云わねばならない」。教養というのは、単なる個人の生き方に関する独白的見解とは異なるのだということで、大正教養主義とは一線を画す、そういう河合栄治郎の立場であります。河合の教養は現実世界に関与するという意味において一つの思想であるとも言えます。

社会や公共を関心事としない教養はない。そういう点では、後で述べる一般教育の思想というものと重なっているといえば言えます。「教養の結果は社会改革に至らねば本当でない」。しかし、学生がいそしむべき学問は実践

的行動とは峻別されるものである。学生に言っていることは、ご本人にも及ぶわけでありまして、そのへんは非常に難しいところでありますが、「学生時代に社会改革に従えよと云うのではない。社会改革を為しうるがごとくに教養にいそしめ」と、河合が言っている言葉が残されています。

まず河合の教養主義が大正教養主義から一線を画したのは、「公共の教養」ということを主張した点にあると思います。教養を単なる個人の生き方に関わる独白的見解から差別化したのです。「社会や公共を関心事としない教養はない」と言います。いわゆる大正教養主義等々の教養主義では、教養と言えば、個人に関わる何ごとかですが、河合はそれが社会に関わらなければ本当の教養ではないと言うのです。

さらに河合は、社会につながらなければいけないと言いながら、しかし、と言うわけです。学生時代には、社会改革に従えと言うのではないと言います。社会改革をなし得るがごとくに学生は教養にいそしめ、と言うのです。

2　戦争加担の教養（河合栄治郎の場合）

さて、そういう河合が戦争末期にどういうことを言ったか。彼はこう言います。「教養こそが祖国愛を基礎づけ、その推進力となるものであり、国家の与える精神的・物資的条件なしには、人格の成長はあり得ない。国家防衛のためには財も命も惜しんではならず、すべての教養人は国士、憂国の士でなければならない」。そういう思想で、戦争イデオロギーに河合は加担したというのです。私はこのことを知って、本当に愕然としました。「公共の教養」が軍国主義国策に接続し、学徒動員（学生を戦場に赴かせること）を根拠づける結果になりました（渡辺かよ子1997）。

この事実をどう評価すればよいのでしょうか。なぜファシズム批判をする河合の思想が戦争擁護のイデオロギーに接続してしまったのか。

このことについて興味深い考察があります（武田清子1987）。「河合は、大学教授の地位の保証になる条件の第一に、彼の学説が日本の国体に違反しない限りにおいてであるという。彼のような〈真理探究〉の自由を重視する大学人が、〈国体〉には疑問をさしはさんではいない」というのです。河合の思想（ファシズム批判、理想主義）は外国の思潮の展開ですが、その思想はあ

くまでも「日本」という地域性が前提になっているようです。ファシズム批判が日本の政治への批判であっても、それが「世界平和」のレベルには展開していない。そこに、河合が戦争擁護のイデオロギーに接続する矛盾の原因があったとも考えられます。河合と同時代に日本軍国主義と闘った矢内原忠雄（河合と同時期に東京帝国大学経済学教授、その言説により東京帝国大学から追われた）と河合の違いは、地域性を超える思想（矢内原におけるキリスト教的世界観）の有無であると思います。河合は「日本」にとらわれ、矢内原はキリスト教信仰において、「日本」を超越する思想を有したと言えるでしょう。

3 「読書子に寄す」

　河合栄治郎に加えて問われなければならない人物として三木清の思想にも触れなければなりません。いわゆる1930年代の教養主義の中での代表的な人物の一人が、三木清であるとされています。
　岩波文庫の本の巻末に「読書子に寄す」という一文が記載されています。これは1927（昭和2）年に岩波文庫を発刊する趣旨を述べたものです。その冒頭のところにこう書いてあります。
　【真理は万人によって求められることを自ら欲し、芸術は万人によって愛されることを自ら望む。かつては民を愚昧ならしめるために学芸が最も狭き堂宇に閉鎖されたことがあった。今や知識と美とを特権階級の独占より奪い返すことはつねに進取的なる民衆の切実なる要求である。】
　この文章を実際に書いたのが三木清だったと言われています。
　余談になりますが、なぜ岩波茂雄は岩波文庫を刊行したか。一説には、岩波のトラウマが契機だという説があります（高橋英夫1993）。彼は第一高等学校時代に、岩本禎のドイツ語の授業で落第を経験したことがトラウマになっていたことは、「今や知識と美とを特権階級の独占より奪い返す」という「読書子に寄す」の一文から推察できるかもしれません。
　ついでですが、旧制高校生の教養主義を知る手がかりは、第一高等学校でドイツ語・哲学を教えていた岩元禎の在り様からも推測できると思います。夏目漱石の小説『三四郎』に「偉大なる暗闇」として登場する広田先生は、岩元禎をモデルにしていると言われていますが、広田先生と岩元禎のリアリ

ティとはだいぶずれているように思います。岩元禎は東京帝国大学のお雇い外国人教師であったラファエル・フォン・ケーベルの弟子でありました。日本における教養主義の一つの源はフォン・ケーベルであると思います。ケーベル門下から、教養主義の代表的人物が多く輩出しました。そのケーベルが、岩元は滑稽だ、と言わしめたほど、岩元は西洋古典に没入しました。にもかかわらず岩元は生涯で一片の論文も本も書きませんでした。彼はただひたすら西洋古典を読み続けていたのです。彼の名前で出版されている『哲学概論』は、岩元の死後、弟子たちが岩元の講義のノートを基にして編纂されたものです。その冒頭の言葉は、「哲学は吾人の有限を以て宇宙の無限を包括せんとする企図なり」です。この言葉は教養主義の本旨を如実に表しているのではないでしょうか。

　岩元は第一高等学校で永くドイツ語を教えていました。試験は原本のドイツ語テキストの訳解ですが、岩元が教室で訳したとおりに答案を書かないと落第させたそうです。岩波茂雄はその岩元の試験に落第した。そのことが岩波茂雄をして岩波文庫を発刊させた一因ではないかというのです。後に著名人となる多くの生徒が岩本の試験に合格しなかったということです。

4　戦争加担の教養（三木清の場合）

　さて、岩波文庫の刊行趣旨を書いたとされる三木清に話を戻します。彼も秀才でした。西田哲学で著名な西田幾多郎に学び、法政大学の哲学の教授になりますが、マルクス主義シンパとして逮捕され、職を失いました。敗戦直前に共産党との関わりで検事勾留され、1945年9月、太平洋戦争終結直後に獄中で惨死しました。三木清は昭和初期におけるきわめて進歩的な知識人であったと言ってよいでしょう。

　その三木清が、太平洋戦争中に以下の言葉を残しているのです（参照：渡辺かよ子1997）。「今日多くの日本人が戦場に出ている。彼らが死を恐れないのは決して、西洋人の言うように本能によるのではない。彼らは靖国の伝統を信じ、この伝統の中に死ぬることができるのである」（渡辺同上、132頁）。「日本の軍隊の強さはかかる民族的教養の深さに根差している」。「今日の戦争は文化戦、科学戦であると言われているが、そのことを君たち、すなわち

学生諸君は証明するべき任務を持っている。そして実際、君たちの教養は、戦闘そのものにおいて、また治安工作において、あるいはいわゆる文化工作（戦場地の住民、原住民に対する教宣活動）においてその力を発揮するものと信じる」。教養が占領地政策に力を発揮するということを、三木は言うのです。

渡辺によると、当時のほとんどの教養論者は、教養の名のもとに学生を戦場に送り出したのでした。「阿部次郎、安倍能成らの大正教養派を含めて当時の教養論のほとんどは、民族主義的愛国心による転換を経て、侵略戦争に直接的に加担するイデオロギー的煽動となっていった」（渡辺同上、133頁）。「教養の悲惨」というべきでしょう。『古寺巡礼』で有名な和辻哲郎（彼もケーベルの弟子）も戦争イデオロギーに加担したのでした。

5　ファシズムへの加担の意味

渡辺は、そういう教養派のファシズムへの加担の意味というのを、次のように言っております。「戦時下の狂信的天皇制ファッシズムによって圧殺されていく物理的精神的生活への適応方法であり、社会現状を『批判的に』肯定しつつも、最低限自己の主体のみはファッシズムに屈伏しない姿勢の重要性を学生に説いたものであった」。「このことはそれぞれの論者の主観的視点からは、自己の存在と良心をかけたファッシズムに対するぎりぎりの戦略的抵抗であった」。

なかなかここは評価が難しいところです。あの三木清にして、河合栄治郎にして、ああいう言説を公表しているわけでありますから、それをファッシズムに屈伏しない、よりどころとしているのだと解釈することは、好意的にすぎるのではないかと思われます。

私は、河合、あるいは、三木の言説は、擁護することなくそのまま受け止めるべきではないかと思います。河合は、すべての教養人は国士、憂国の士でなければならないと言った。三木は、教養は戦闘そのものにおいてその力を発揮すると言った。あの二人の進歩主義者の言葉を、教養主義の無惨として受け止めざるを得ないと思うのです。

なぜ戦時下教養派は戦争加担イデオロギーとなったか。そこまでして自己の存在根拠を肯定せざるを得なかったのか。ぎりぎりのところで、そう言わ

ざるを得なかった。ということは、逆に教養というのは自己存在を肯定する根拠だということを強烈に示していると言えます。すなわち、教養は、あるいは、教養主義は、自己同一性の言説であると言えると思います。このことは、実は考えてみますと、修養主義にも、あるいは、大正教養主義にも、新大正教養主義にも通底していることがらです。だから、教養を問う時のテーマは何かといいますと、自己同一性の問題であるというふうに、私はひとまず考えたいと思うのです。

6　教養の悲惨

　太平洋戦争末期に、学業を放棄させられて、多くの学生が戦場に駆り出されました。彼らを「学徒兵」と呼びました。学徒兵の中に特攻（特別攻撃隊）として戦死した者が多くいました。「特攻」とは、爆弾を装着した航空機に乗り、敵艦に体当たりして自爆させるという非人道的な戦略でした。「特攻」として出撃することを、彼ら学徒兵はどう受け止めたのでしょうか。学徒兵の遺書を集めた『きけわだつみのこえ』（岩波文庫版）を読むと、彼らの痛切な心情に触れることができます（「わだつみ」とは「海神」のこと、すなわち戦死した学徒兵の魂を意味します）。

　死を目前して、ある学徒特攻隊員は次のように書いています。

　【栄光ある祖国日本の特別攻撃隊に選ばれ、身の光栄これに過ぎるものなし。権力主義の国家は一時的に隆盛であろうとも必ずや敗れることは明白な事実である。我々はその真理を今次世界大戦の枢軸国家において見る。真理の普遍さは今、現実によって証明されつつ過去において歴史が示したごとく未来永久に自由の偉大さを証明していくと思われる。明日は自由主義者が一人この世から去って行く。彼の後ろ姿は淋しいが、心中満足で一杯である。】

　この遺言には、彼の教養がにじみ出ています。教養が彼の死を意味づけようとしたのです。「教養の悲劇的機能」と言うべきかもしれません。このことを「自己の死によって『真理』を証言した」と解釈した人がいました。

7　無償の教養

　高田里恵子（2005）は、「真の教養は学校の勉強とは別な場所にあるという意識は日本では連綿と続いている。教養の天敵は就職である。サラリーマン社会で重要視されるのは人柄であり、対人関係だ」と言っています。さらに、「無償の教養」という。「未来が消える時」に教養の天敵が消えるという逆説を述べています。すなわち、「戦争末期、若者たちが国家のために死を決意しなくてはならなくなったとき、教養はかつてないほどの人気を享受した」。人気という言葉が適当かどうかは問題ですが、教養ということに、死を目前にした学徒兵は、よりどころを求めた。「もう先に死しかないということこそ、無償の教養の最大なる推進者であった」。死地に赴く学徒兵は自分の存在の意味を教養に求めている。そういう非情な一端は『きけわだつみのこえ』などを通しても知ることができると思います。

　大変悲しいことでありますが、そういう戦争にほとんどの教養人が加担したと言うのです。私はこの事実を踏まえて、大学教員を対象にしたある講演の中で、「教養」という言葉を死語にしようと提唱しました。そうしたら皆さんから猛反発を受けました。なぜ猛反発されたのか、あとでよくよく考えると、どうも「教養」ということと「知性」ということが結びついているのですね。「教養」は西欧文化を摂取した知識人・文化人の資質のことのようです。したがって、現代でも「教養」は知性の表現とされていて、私の主張に反発するのでしょうか。教養を否定すると、知性が否定されたような感じになるのでしょう。もちろん私は反知性主義ではありません。

8　教養の思想性

　日本の教養人で戦争に加担した人がいたからといって、すべての教養人が戦争に加担したわけではないことも考慮にいれなければなりません。矢内原忠雄（敗戦後二代目の東京大学総長）、渡辺一夫（フランス文学者）などなど、戦争に反対した教養人も多数いました。だとすれば「教養」が戦争のイデオロギーにそのままなったということは言えないわけです。ということは、大正教養主義にはそもそも思想性がなかったと言わざるを得ません。教養が直接に思想を形成するのではないわけですね。

加藤周一という有名な昭和時代の教養人がいましたが、この人は「思想を持つ教養」を再生せよ、と主張しています（加藤周一2003、参照：絹川正吉2006a、106頁）。加藤周一は、現代においては「教養は死んだ」、だから再生が問われると言うのです。なぜ死んだか。「現代では圧倒的な科学技術が社会を支配している。科学技術は進歩する。教養（例えば古典）には進歩はない。人文的教養への関心は薄れるばかりである。教養の死の一因はそこにある。もう一つの原因は、高等教育の大衆化にある。そこでは実利に結び付くことに関心が集中し、贅沢な教養を学ぼうとする契機が見いだせない。教養は個人が選択するものである。大衆化した学生には選択能力が弱い。これが教養に死をもたらす一因である」。

　「教養が想像力をもたらし、他人の苦しみに関心をもつ。そういう想像力は物質的な科学からは育たない」。「教養の再生はなぜ必要なのか。それは社会にとっても個人にとっても、究極の目的は何かが、大事だからです。その根拠、なぜかということを考えるために、教養が必要だからです」。

　加藤周一の上の主張に同意できるでしょうか。私には抵抗があります。教養が根拠づけるのではなく、思想が根拠づけると思います。もっとも加藤は、「思想性のある教養」を説いているのですから、そういう教養なら、そう言えましょう。しかし、それはどういう教養でしょうか。加藤周一は、渡辺一夫が戦争に反対したのは、ヨーロッパの文化に根差した教養によると言います。そうとすれば、教養が思想を形成する場合もあるということになります。日本の教養主義には、ドイツ文化が深く関わっていると思われます。興味深いのは、ドイツでも教養人が戦争に加担していました。有名なのは哲学の巨人であったハイデガーがナチスに加担していたことです（イヴォンヌ・シェラット2015）。「ヨーロッパの文化に根差した教養」でも、戦争に反対した場面もあれば、戦争に加担した場面もあるということになります。教養と思想の関係は、一筋縄ではいきません。

3．教養教育・一般教育・リベラルアーツ教育

1 「リベラルアーツ」の思想性

　改めて考えてみますと、アメリカの一般教育、ゼネラル・エデュケーションというのは、民主主義という思想性を持っていました。ですから「教養教育」ではなく、「ゼネラル・エデュケーション」を再生すべきだということになるわけですが、これは後の話になります。ゼネラル・エデュケーションはリベラルアーツ・エデュケーションとの関連の中で登場してきました。「リベラルアーツ」という言葉を日本語で「教養」と訳すことがよくあります。私はそれは適切でないと思っています。

　「リベラルアーツ」ということは、思想性と深く関わりを持つことです。一つの例示でありますが、ノーマ・フィールド（2003）が言うことに注目したいと思います（参照：絹川正吉2006a、107頁）。彼女の母親は日本人で、父親がアメリカ人です。彼女がある時、徐京植という人から問いかけられたことがありました。この人は韓国の民主化運動に関係した人ですが、今は東京経済大学の教授です。彼がノーマに言うのです。「アメリカがイラクを攻撃した事実は、アメリカのリベラルアーツ・エデュケーションの失敗を意味するのではないか」と。アメリカがああいう戦争を起こしたことは、アメリカのリベラルアーツ・エデュケーションに問題があるのだと言うのです。それで彼女はショックを受けて、その話をシカゴ大学でのある会合で披露しました。その途端に一瞬会場が凍りついたと言うのです。なぜでしょう。アメリカのリベラルアーツ・エデュケーションというのは、思想と直面しているわけです。リベラルアーツ・エデュケーションというのは思想に関わっているのです。単なる知識だけの問題ではないわけです。ですから、そういうリベラルアーツ・エデュケーションというものを日本で「教養教育」と訳すということは問題だと思います。日本的教養は思想形成に無力なのです。ですから、それはリベラルアーツではないのです。

2 旧制高等学校の教育

　ここで一つ注意しておきたいことがあります。明治期から昭和20年代は

じめまで多くのエリートを輩出してきた（旧制）高等学校の教育が、「教養教育」であったという説を聞きますが、それは誤解ではないかと思います。旧制高校の昭和10年代の教科目は次のとおりです（絹川正吉2006b）。

- 国民科：修身・哲学（論理）・心理・国語・漢文・歴史・地理・法制経済
- 数学及び自然科：数学・自然科学概説（＊）
- 外国語科：英語・独語又は仏語
- 体錬科：武道・教練・体操・勤労作業
- 理科の場合は（＊）が物理・化学・生物・地学・製図になる。

また、昭和10年代に通知された「論理教授要目」（文部訓令）は次の内容でした。

- 教授事項　第三学年　60時間
  論理思想の歴史的展開・論理思考の本質・思考の基本的原理・概念論・判断論・推理論・誤謬論・科学の体系・学問一般論
- 教授上の心得：煩瑣又は難解なる学説の紹介を避ける。教授内容は常に他学科との全体的統一を図る。

これらを見ると、旧制高校の教育は、基礎的ディシプリンズの学習が中心で、「リベラルアーツ教育」に近いとも言えます。「教養」は教育内容ではありませんでした。旧制高校を席巻した「教養主義」は学生の文化と言うべきでしょう。もっとも旧制高校における外国語教育はきわめて比重が高く、そこで学んだ内容が、旧制高校生の教養形成に大きな影響を与えたことは否定できません。

第一高等学校校長であった新渡戸稲造が教養教育をしていたと言われますが、新渡戸が学生に教養の話をしたのは、正課の時間ではなく、放課後に自宅で生徒に茶菓を供しながら、例えばカーライルの『衣装哲学』などの講義していたことの誤伝でしょう。

日本の旧制高校の教育には、アメリカのリベラルアーツと異なり、思想性は見られないことを注意しておきます。

3　語られる教養

　いわゆる大正教養主義の時代までは、「教養」と「教育」は概念的には分離していなかったようです。この事情は、「教養」と翻訳してある英語の本の原語が多くはeducationであることを通しても理解されます。

　松浦氏が言っていますが（松浦良充2003）、河合栄治郎の時代（1930年代）になって、他者に向けて「教養」が説かれるようになりました。他者に対して「語らねば」ならなくなったことは、「教養」が「教育」の問題になったことを意味すると松浦氏は言います。「ここで自己形成としての『教養』から、『教養の教育化』の問題に転換」します。そして1930年代の教養論（河合の言説）が、戦後における教養の教育化（一般教育）へ向けての触媒になったと言われます。具体的には、茫漠とした「教養教育」のテーマが、「一般教育」にすり替わったと言えます。「教養教育」の問題は、「一般教育」を制度化することによってすぐれて教育的な問題となった、と言われますが、すり替えられるほどの実体を「教養教育」が持っていたのでしょうか。こうして教養の形成は、教育内容すなわちカリキュラム問題になってしまった。これは「教養」の矮小化ではないか、と松浦氏は言います。「一般教育」を「教養教育」に引き当てたところに、「一般教育」の混乱の源があったと思います（後述、山本敏夫1949、参照）。

　河合栄次郎の主張した「公共の教養」は、「一般教育」を導入する触媒になったという考えもありますが（渡辺かよ子1997）、この説には賛成できません。そのことは、戦後に導入した「一般教育」の本質理解に深く関わっています。このことについては後で改めて考察することにします。

4　教養の矮小化

　さて「教養」は教育できるのでしょうか。大学評価学位授与機構のホームページを見ると、「教養教育」の定義らしきものが見られます。すなわち、

　　【教養教育とは、縦割りの学問分野による知識伝達型の教育とは異なり、学問分野の枠を越えて共通に求められる知識や技法について教養科目を通じて提供することにより、学問の裾野を広げ、様々な角度から物事を見ることができる能力や、自主的・総合的に考え的確に判断する能力を培い、

豊かな人間性を養い、自分の知識や人生を社会との関係で位置付けることのできる人材を育てることを理念・目的とする教育。〈英〉：Liberal Education】

と書いてあります。これはほぼ一般教育の内容です。英語ではLiberal Educationとしていますが、これはリベラルアーツ教育のことを意味させているのでしょうか。しかし、後で触れますが、リベラルアーツ教育ともピッタリきません。「教養科目を通じて提供する」という「教養科目」とは何でしょうか。

「教養」ということを問題にすることと、「教養教育」を問題にすることとは違うと思います。「教養教育」ということを、「教養」の「教育」と理解するのでしたら、前提となる「教養」の理解の仕方が重要になります。そこで自己形成としての教養から、教育の問題としての教養に、事柄が転換してきている。教養の問題、一般教育の問題、これはどう重なるか、つながるかということは非常に議論があるところですが、とにかくそれは並列されている。そういう並列されているということは、教養が教育の問題になったことを言うのでしょうか。松浦氏は、教育の問題になったということは、それはカリキュラムの問題になったのだと言います。教養の問題が教養教育に転嫁して、それはカリキュラムの問題になった。これは教養の矮小化だと彼は言うのです。なぜ教養が矮小化されたというのでしょうか。そのことを解き明かすために、もう一度「教養」の語義に立ち帰って、私なりに考えてみます。

5　Bildungということ

「教養」という言葉は、ドイツ語のBildungの訳であるという説があります。「Bildung」は中世後期の神秘思想に起源があると言われます。Bildは像、イコンであり、意図されているのはキリストの姿です。したがって、Bildungとは、キリストに倣うことで、信仰の修練を意味したそうです。いわば、日本の修養における「型」に対応するのが「イコン」です。人間形成という意味では、Bildungと教養は相似していますが、相似する原型が日本語の教養の原型とはまったく異なっているのではないでしょうか。そういう意味で、「教養」をBildungの訳とするには無理があります（参照：𦬇田収1996）。

Bildungが目指すのは、絶対的な神へのたゆまざる精進であるのですから、Bildungは教育で得させることはできません。それぞれの人間が、自らの意志で自覚的にBildungの道を歩まなければならないのです。そのような祈りの道の表出（たたずまい）が「教養」ということだと思います。

　さて、Bildngはイコンへの道という意味から転じて、絶対的なものへの探求の道、真理へ道程というような意味に転じます。「学識（学問）的」な営みを通じて絶対的な真理を仰ぐたたずまいが「教養」ということになります。「学識を通じて」ということは知識を得ることを通じて、という意味ではありません。この意味でのBildungも、教育できるものではありません。「学識的教養を通じて、神的理念（絶対的理念）に近づく」のです（参照：竹内綱史2004）。このように言うと、すべての学者は教養人であるように思われますが、そうではありません。「学識」ということが、総合的なものとして捉えられていた時代的背景がそこに含意されています。現代の科学のように学問が細分化される以前の認識であることに注意しなければなりません。細分化された学問を探求する現代の大学教員が、すべて教養人であるわけではありません。

6　「一般教育」ということ

　そこで先ほど引用いたしました、学術会議の回答を見ますと、教養教育の原点が民主主義社会を支える市民の育成にあることを再確認すると書いてあります。すなわちこれは一般教育を言っているわけですね。ですから学術会議が考える「教養教育」は「一般教育」なのです。

　専門教育の関わりから「教養教育」の目的を学術会議は次のように言います。すなわち、教養教育の目的は、自分が学習している専門分野の内容を専門外の人に説明できる、ということになります。そして自分の専門分野に社会的・公共的意義について考え理解できる。その専門分野の限界をわきまえて相対化できること。そういうふうに専門教育に対して「教養教育」を位置づけています。これはアメリカにおける一般教育の考え方をそのまま受け取った感じです。したがって学術会議は、一般教育を回復せよと言っていますから、その言葉の限りにおいては、私がかねてから主張してきたことと重

なります。とにかく一般教育への回帰のようなことを「教養教育」として主張しているのです。これも議論のあるところですね。「教養教育」と言わないで、直截に「一般教育」と言えばよいのではないでしょうか。

7　General Educationと「一般教育」

そもそも「一般教育」はアメリカの大学におけるGeneral Educationに対応するものと言われてきました。新制大学発足時に日本の大学がよく参照したのは、「ハーバード大学報告書（1945年）」、いわゆる「レッドブック」です。この呼び方は報告書の表紙が赤いことに由来します（本章「付録2」参照）。しかし、日本の「一般教育」は「ハーバード大学報告書」が提案するところの「人文、社会、自然の各領域から均等履修」することのみに執着してしまいました。コナント報告書には、ある目標（後述）があって、その目標達成の方法として均等履修が提案されたのですが、日本の「一般教育」では均等履修が目標になるという転倒が生じたのです。

「ハーバード大学」報告書におけるGeneral Educationの本質は何か、改めて見ておきます（扇谷尚1975）。20世紀初頭のアメリカにおけるエリートのための「自由教育（liberal education）」の目的は、共通の社会的政治的思想の基礎をつくること、西欧の遺産の保持と拡大、人文諸学（the humanities）の強調に加えて、知識の諸分野の統合が挙げられていました。当時の「自由教育」のカリキュラムは、諸学問分野（disciplines）を対象とした、いわゆる「集中と分散」方式で、専門分化による知識の断片化、科目の増殖化、および自由選択制等の欠陥が問題になっていたのです。このような問の背後には、知識の断片化が、統一された人格の育成を疎外しているという認識があったと思われます。知の全体性についての認識を持つことは、エリートのアイデンティティとされてきました。このような専門分化に対する異議申し立てが、コナントのGeneral Educationであると考えられます。General Educationは知識の融合と全体性を求めるものです。しかし、「自由教育（liberal education）」を捨象したGeneral Educationの存在を考えるのは抽象的です。両者は相互補完的なのです。

ここでも注目しておきたいことは、「自由教育（liberal education）」において

は、西欧的人間観が深く関わっていることです。liberal educationを「教養教育」と翻訳することは誤解を招くが、両者には、「人間観」という共通項があることは否定できないでしょう。しかし、人間観の内容が異なります。

　したがって、「ハーバード大学報告書」でGeneral Educationというのは、知識一般の教育とか、すべての者のための普通教育（universal education）を意図したものではありません。日本では、「一般教育」は「高等普通教育」であるという主張があります（舘昭1993）。そういう「一般教育」をGeneral Educationと等値すれば、それはコナントの見解とは異なります。もっともコナント以後、General Educationというコンセプト自体がアメリカでも多義的になりました。

　「ハーバード大学報告書」が示すGeneral Educationは、エリート教育におけるコンセプトでした。しかし非エリートのカレッジ教育においては、General Educationは「高等普通教育」にまさに近似的なものになります。例えば、「アイオワ報告書」（玉虫文一訳編1953）においては、General Educationの目標は、①コミュニケーション力、②推論力、③倫理的行動力、④美的観賞力、⑤心身の健康力、⑥健全な市民力、の育成であると述べられています。これは「学校教育法（21条）」に記載されている「普通教育」の内容と近似的です。ちなみに「高等普通教育」は、「普通教育」を心身の発達に応じて高度化するものだと言います。したがって、アイオワ報告におけるGeneral Educationは、日本の高等普通教育の目標とほぼ同一内容ということになります。その視点では「一般教育」はGeneral Educationである。しかし、コナント報告における「統合理念」は、アイオワ報告においては強調されていません。「アイオワGeneral Education」や高等普通教育としての「一般教育」とは、要約すれば、学生を現代社会に適応させる教育（社会化）であると言えます。

8　「一般教育」から「教養教育」へ

　1991年のいわゆる大綱化答申により、「一般教育」は法令用語ではなくなり、改めて、「一般教育」に代えて「教養教育」が問われるようになりました。大学審議会の「グローバル化答申」(1998年)において、新たな教養教育

として記述された内容は、高等普通教育の内容であり、「社会化」を意図したものと言えます。中央教育審議会「教養答申」(2000年) は、以下のように述べています。「今なぜ〈教養〉なのか。物質的繁栄ほどに、〈精神的豊かさ〉はない。社会共通の目的・目標が失われている。社会の一員として責任感と義務感を持って共にいきることができる原動力こそ新しい時代に求められる〈教養〉である」。ここでは、「社会化」ということよりも、人間の在り方を問うことに強調が置かれている。その意味では、まさに「教養」が関わり、「教養教育」が求められているが、そこで基礎となる人間観は漠然としていて、明晰ではありません。

9 「一般教育」と「一般教養」

　繰り返しになりますが、河合等々の教養主義は、大正教養主義と一線を画して、戦後「一般教育」受容の基盤であり得たという主張（渡辺かよ子1997）に対しては、一定の留保を置きたいと思います。大正教養主義、そしてそれを引き継いでいる新大正教養主義というのは、エリートによる帝国主義的教養論で、それは、General Educationとは真っ向から対立することです。このへんの事情については、土持ゲーリー法一（2006）に詳しく分析されています。いわゆる新制大学の制度が形作られて、占領軍の指導によって、一般教育というものが大学設置基準の中に盛り込まれました。その経緯もまた興味があるところですが、一番初めの大学基準協会の大学設置基準では、「一般教養」という言葉を使っています。「一般教育」と言っていないのです。「一般教育」と「一般教養」というのは、同じであるのか同じでないのか、混乱したままで、今でも私どもは、「教養教育」とか「一般教養」とかという言葉を使っているわけですが、「一般教養」という言葉が、まさに混乱の元凶ではないでしょうか。一般教育ということと教養（主義）ということとは違うのです。「一般教養」という言葉が出てきたのは、言ってみれば、General Educationと教養というものの接続媒介としてでした。したがって、そういう中途半端な接続の仕方によって、一般教育は「パンキョウ」に成り下がった、というと言い過ぎかもしれませんが。

　一般教育とかは何か。一般教育という言葉を使わないで、General

Educationと言ったらいいのですが、このGeneral Educationというのは、民主主義の教育です。民主的社会を維持発展させるための個人の充実を目的として、中核は「民主主義」の実現でなのです（章末、付録2を参照）。

10　日本の教養とアメリカのGeneral Education

　渡辺の論点を整理して、日本の教養ということと、アメリカの一般教育、General Educationというものを対比してみますとおもしろいです。
- 日本の教養というのは、天皇制下の教養である。アメリカの一般教育は、民主的社会の教育である。
- 日本の教養というのは、臣民のための教養である。アメリカの一般教育は主権者のための教育である。
- 日本の教養は男子エリートの教養である。アメリカの一般教育は、すべての人の教育である。

（注：大正教養主義というのは、主として旧制の男子高等学校の生徒によって担われていたわけでありまして、男子エリートの教養です。もっともそれに対応して、女子の教養ということが、例えば、昔の雑誌、婦人倶楽部とか何とかというところで取り上げられてはいたようですが、教養はエリート男子のものです。それに対して、アメリカの一般教育は、すべての人の教育である、と言っているのです。）

- 日本の教養は実践を伴わない教養で、実践からは一線を画している。アメリカの一般教育は、実践のための教育である。
- 日本の教養は体制順応の教養である。アメリカの一般教育は、改革理念である、改革のための教育である。

（注：これは結果論ですが、結果として、日本の教養主義は、体制に順応したことは前に考察しました。）

- 日本の教養は死ぬための教養である。無償の教養、その究極は死ぬための教養である。アメリカの一般教育は、生きるための教育である。
- 日本の教養は正課外の文化である。アメリカの一般教育は、カリキュラムによる教育である。
- 日本の教養は茫漠としているが、アメリカの一般教育はリテラシーである。

　というわけでありますから、こういうふうに対比してみますと、いわゆる

日本の教養というものと、アメリカの一般教育というのは、はっきり違うことが歴然です。

　ご注意していただきたいのですが、上述で日本の教養のところには、すべて「教養」と書いてあります。「一般教育」のほうは、すべて「教育」がついています。教養は教育ではありませんが、一般教育は教育なのです。この混乱に対して、私たちは明確な認識を欠いていた、と言わなければなりません。

　ついでですが、修養主義というものがBildungを接続媒介にして教養になる、というのと同じ構造が、教養というものがGeneral Educationを接続媒介にして一般教養となる、ということに見られます。修養主義から教養へ、教養から一般教養への変換が、外来思想であるBildungとGeneral Educationを接続媒介にしている。これは少し皮肉った言い方ですが、こういう構造があるのではないかと思います。

4．学士課程教育の内容

1　教養教育の清算

　このように見てきますと、「教養教育」という表現は混乱の元です。「教養教育」というのは、コトバとしてはおかしいのです。ですから、「教養教育」、あるいは、「教養」という言葉を一回清算する必要があります。ただし、どういうふうに清算するかを提示する必要があります。教養ということは、先ほど述べたように、自己同一性の問題です。自己同一性ということについて、一般教育の視点で答えなければなりません。現代における自己同一性を問うべきである。そういう視点で、教養という言葉を考え直せばよろしいのではないか。一般教育は死語であるかのように受け止められていますが、今こそ一般教育を復活すべきであるというのが、私の主張です。一般教育における自己同一性の課題は、一般教育と互いに包含関係にあるリベラル・エデュケーションにおいて解かれると思います。

　「一般教育」ということについては、舘昭氏が、「一般教育」はGeneral Educationの誤訳であると言っています。彼は、General Educationというのは、

日本における高等普通教育のことであると言っていることは前にも述べたところです。日本で言う「一般教育」、私どもが経験してきた、あるいは、実践してきた「一般教育」というものは、「世界のどこにもない怪物」であると言うのです。

こう言われてもよくわかりませんけれども、日本の「一般教育」における課題、例えば、「専門と教養の有機的連関」ということは、私どもの間では長い間悩みの種でした。このことは中教審の答申の中でも取り上げられています。専門と教養の有機的連関を図らなければならない、というようなテーゼを掲げているような一般教育。それは、世界のどこにもない怪物であって、私どもは怪物と格闘してきたのだ。あるのは「高等普通教育」のみ。それが舘氏の見解です。舘氏の見解に対して、私はいささか抵抗しているわけです。私は、「高等普通教育」そのものと、いわゆるGeneral Educationとは、同じものとは言い切れないというのが、私の信念に近いことです。

2　高等普通教育

学校教育法が定めている普通教育は、小学校の目標の項に書いてあります。人間相互の関係の理解と協同。自主・自立の精神の涵養。国家についての理解と国際協調の精神の学習。日常生活のための理解と技能。国語の能力。数量的関係の理解と処理。自然現象の科学的理解。心身の調和的発達。芸術の理解と技能。これが、学校教育法が定める小学校の普通教育の内容です。確かにこれは一般教育そのものです。

高等学校のところを見ますと、普通教育を心身の発達に応じて高度化したものが高等学校の高等普通教育である、と学校教育法では書かれています。ですから、「一般教育」の内容というものは、高等普通教育であるということについて、異議はありません。しかし、それだけでよいかというところが問題です。

ついでですが、「将来像答申」(中教審、2005年) の中でも教養教育の問題を論じています。教養教育というのはこういう内容でなければいけないということが書かれてあります。その前に、「教養教育答申」(中教審、2002年) が出ています。教養教育に関する答申と将来像答申と見比べてみますと、大体同

じようなことです。先ほど言いました、小学校の普通教育を規定している内容と大差はない。

「教養答申」で特徴があるのは、倫理ということを非常に強く問題にしたということです。通説教養論＋倫理というのが教養答申の内容です。そして、その倫理というのは、修養的教養なのです。「教養答申」は、修養心、教養心の呪縛下にある。将来像答申は視点が少し異なります。一言で言えば、知識基盤社会における教養というふうに総括できますが、その中でも、やはり倫理ということを問題にし、人間としての在り方を問うことになっています。

3 「学士課程」

以上のように、教養教育の問題から一般教育の問題をめぐって、日本の大学が混乱している中で、徐々に登場するようになってきたのが「学士課程教育」ということです。「教養教育」という表現を飲み込んで「学士課程教育」だというのです。

学士課程という言葉が文科省関係で公的に用いられてくるのが、「学士課程答申」(中教審、2008年) です。その前の「21世紀答申」(大学審議会、1998年) では「学部 (学士課程)」とカッコつきで表記されていました。

学部 (学士課程) の教育内容を、「21世紀答申」では次のように述べています。一つの核は、共通基礎教育である。外国語による論述訓練、情報活用能力、保健体育、など一言で言うとリテラシー教育が共通基礎教育としています。そして、もう一つの核が教養教育です。教養教育は、専門基礎、数量的・科学的思考法、現代社会の課題科目、テーマ、issueを問題にする。そして、専門教育ですが、それは、専門的素養 (基礎、骨格、他分野連関) と専門と教養の総合ということにする。こういうふうに、学士課程教育というものの内容を定義しています。私なりにそれを整理しますと、学士課程の三要素は、リテラシー・世界認識・自己実現である。リテラシーと世界認識というのは分離できません。また、自己実現も分離できませんから、これらは一体のものです。

さて「学士課程答申」においては、各専攻分野を通じて培う「学士力」、すなわち学士課程共通の「学習成果」に関する参考指針を提示するとしてい

ます。それによると、学士力の第一は、「専攻する特定の学問分野における基本的な知識を体系的に理解するとともに、その知識体系の意味と自己の存在を歴史・社会・自然と関連づけて理解する」ことであるとしています。学士力の第二は汎用的技能（後述）、第三は、態度・志向性としています。さらに学士力の第四は、統合的な学習経験と創造的思考力（これまでに獲得した知識・技能・態度等を総合的に活用し、自らが立てた新たな課題に適用し、その課題を解決する能力）とされています。結局、主張されていることは、従来の「専門教育」と「高等普通教育（一般教育）」の内容です。ただし、第四の学士力として、「統合的な学習経験」を取り上げていることは、コナント流のGeneral Educationに重なっているとも見えます。

「学士課程答申」の提案は、「リベラルアーツ教育」に近似的です。「リベラルアーツ教育」は、そもそもはエリートの教育です。しかし、現実の大学は圧倒的にユニバーサル化に対応せざるを得ない状況にあります。この矛盾をどう解こうとしているのが問われるべきですが、「学士課程答申」では、その課題を無視しているようです（「リベラルアーツ教育」については、後で詳しく考察することにします）。

4　汎用的技能

「学士課程答申」で問題になったことは、学士力の内容として、「汎用的技能（ジェネリックスキル）」が取り上げられていることです。コミュニケーションスキル、数量的スキル、情報リテラシー、論理的思考力、問題解決力、などそういう汎用的技能が大学教育のアウトカムであると言います。大学教育の目標がジェネリックスキルになってしまいました。コミュニケーションスキルというのは、ご承知のように、財界人が、学生に求める能力として等しく挙げていますね。入社試験でコミュニケーション能力に注目する企業は、ある統計では七割もあるそうです。ここだけ見ると、学士力というのは、企業の要求に沿った内容を持つということになります。旧来の大学教育とは違和感がありますね。

答申では、そういうジェネリックスキルは、専攻分野の学習を通じて培うのだと言います。私の場合で言うと、数学の授業を通じてコミュニケーショ

ン能力の育成をする、というのでしょうか。もっとも、数学以外の専門科目で、コミュニケーション能力の育成ができる、と言えなくはないです。

　さらに問題になりますのは、学士力の内容として、態度・指向性とか、自己管理力、チームワーク・リーダーシップなどが、含まれていることです。それらは、企業で注目する「コンピテンス」ということです。すなわち、企業で成績を上げることができる能力（成功特性）を表現する項目です。これも財界の主張に応えています。そして、学士力の内容として最後に挙げられているのが、「統合的な学習経験と創造的思考力」ということです。このような内容をいかにしてカリキュラム化できるか、難問です。これは、従来から問題にされてきた、一般教育と専門教育の有機的統合の課題にも関連があります。

　「ジェネリックスキル」に注目したことについては、一つの推測ですが、背景があると思います。UCLAのアスティン教授と、その弟子の山田礼子同志社大教授が、大学のアウトカムの構造を、〈情緒的、認知的〉と〈内面的、行動的〉の組み合わせで示したことが、学士課程答申に影響を与えたと推測されます。従来の大学教育は〈認知的、内面的〉領域での営みでしたが、大学がユニバーサル化するのに伴い、さらに大学教育の領域は、〈認知的、行動的〉、〈行動的、情緒的〉、そしてさらに〈内面的、情緒的〉な領域に拡張されてきた、という説です。学士力の内容としている態度・指向性とか、自己管理力などは、情緒的アウトカムと考えられますが、それらは、教育活動が直接には関わり難い領域とされています。それらを学士力の内容としたのです。そういうアウトカムに対して、大学の教員が対応できるか、難しい課題が発生したのです。

5　特色GPと「学士課程」

　余談ですが、「学士課程」という言葉が「学士課程答申」前に、文科省の公式書面に登場するのは、特色GP（「特色ある大学教育支援プログラム」）の実施要項です。特色GPの実施については、私は実施委員長として大変苦労しました。

　初年度の特色GPの申請区分は、大学・短大・大学院と分かれていたのが、

4年目の時に担当官から、学士課程、短期大学士課程、修士課程に直すと言われました。私は困りまして、「学士課程」とは何か、と担当官に聞いたのです。担当官いわく、学士の学位を与える課程が学士課程だと。これはもう官僚的答弁の典型ですね。何の意味もないです。同情すれば、文科省は財務省からこの予算を引き出すのに非常に苦労している。5年間にわたり実施しましたが、毎年何億という金を使っているわけで、それを5年間続けるということは大変なことだったと思います。4年目になりますと、今までのやり方では予算がつかないということで、苦しまぎれに新鮮さを出すために「学士課程」という言葉を使ったのではないかと同情はしています。

6 一般教育学会と「学士課程」

そもそも「学士課程」というコンセプトを提示したのは一般教育学会、現在の大学教育学会です。一般教育学会で当時問題になっていたことは、専門教育と一般教育の有機的統合ということでした。有機的統合とは何かということで、多くの議論がありました。そういう議論の中で、一般教育学会は、専門教育と一般教育を統合するコンセプトとして、学生の自己教育を原点とする一貫教育を「学士課程教育」という、とそういうふうに「学士課程」という言葉を使ったわけです。これが日本における学士課程の言葉の始まりです。それがいま勝手に学士課程という言葉が使われているのです。学士課程という言葉は、学校教育法にはありません。もう少し「学士課程」の淵源とか起源というものを考えてほしいと思います。

私は、学士課程の内容としては、学術基礎教育と一般教育ではないか、と思います。専門教育という言葉は使いません。「21世紀答申」では、「専門的素養」と言っています（「学術基礎教育」については、後で詳しく述べます）。

5．ICUにおけるリベラルアーツ教育

1 リベラルアーツ教育：ICU（国際基督教大学）の場合

一般教育学会が描く「学士課程教育」は、リベラルアーツ教育を下敷きにしています。したがって、そのことを理解するためには、リベラルアーツ教

育の内容を確認する必要があります。

　ICU（国際基督教大学）は1953年に、「教養学部（リベラルアーツ・カレッジ）」1学部のみの大学として創立されました。創立時には「一般教育を推進することがリベラルアーツ教育の目的である」としています。リベラルアーツは、学術基礎教育、いわゆる専門（ディシプリン）を核とする教育で、専門は一般の部分ですから、一般教育を推進することは、カレッジの目的として違和感はありませんでした。

　そして、その具体的内容は、ICUの設置要項（大学設置申請の内容）で述べられています。設置要項では、まず、学識ある市民を育成する一般教育を行う、とあります。続いて、その具体的内容が書かれています。まず、国語・英語能力の錬磨を掲げています。特に、バイリンガルということを、ICUは一つの個性にした。それから、東西の思想を民主的理念に照らして評価する。自己表現手段（芸術）の発見、歴史的認識による国際的諸問題の解決、等々いわゆる一般教育の内容を提示しています。

　おもしろいのは、要項に、男女関係の在り方を掲げていることです。ちょっと余談ですが、私どもの大学の教員のqualification、資質、どういう教員をICUは任用すべきであるか、あるいは、教員の資質が何であるかということが、こと細かく書かれていました。その最後のところに、教員としての資格の一つに、教員はクリスチャンでなければならないという原則があるわけですが、その原則に基づいて、教員の妻たるものもクリスチャンでなければいけないと書いてあるのです（教員は男性だけではありませんから、記述としては不適切ですが）。配偶者のことを問題にするわけです。教育というのは、教員の家族ぐるみのアクティビティなのです。キャンパスコミュニティーといいまして、当初から、学生も教員も全部、キャンパスの中に一緒に住むということを考えていました。そうすると、教員の連れ合いがどういう人間であるかによって、教育に影響する。だから、教員の資格として、妻もクリスチャンでなければならないということが書いてありました。さすがにそれは後に消えましたけれども、そういうことが問題になる。男女関係の在り方ということを教育内容として真剣に考えていました。

　さらに、要項には、広く人と交流する経験・意思伝達の方法、職業選択・

科学リテラシー・健康、ということが示されていました。当時の日本の大学観としては、こういうことを大学設置要項に書くのは希有なことでした。現在で見ますと、それらは当たり前になってきました。例えば、職業選択の問題は、現在でいえばキャリア教育でしょう。50年前にICUはこういう発想でもって始まったのです。

舘昭氏や松浦良充氏によれば、ICUの教養学部は、日本で唯一の「本格的リベラルアーツ型」である、いわゆるリベラルアーツとして日本でそうだと言えるのはICUだけだということです。東大の教養学部はリベラルアーツだと自称していますが、私は、東大のはリベラルアーツではないと思っています。この間も、あるシンポジウムでそのことが問題になりまして、東大の方が、絹川は、自分たちのをリベラルアーツでないと言っているが、なぜか、解せない、と言われましたが、その席に私は欠席しておりましたので、論争にはなりませんでした。

2　専門教育科目と専門科目

私は、リベラルアーツ教育の根幹は学術基礎教育である、と言っています。その内容はdisciplinesの学習です。disciplinesについて学ぶ内容は専門科目である、ということになりますが、それは専門教育科目とは区別します。専門教育科目というのは、専門のための教育です。専門科目というのはdisciplinesのことを言っているわけです。この認識は、ICUでもきわめてあいまいでありました。ある時大学要覧を見ておりましたら、専門教育科目と書いてあるのですね。リベラルアーツに専門教育科目というのはおかしいではないか。教授会で私が問題提起しましたが、誰も反論しない。あるいは、同意もしないのです。これは学則の問題ですから、学則を改定することにしました。すなわち、学則で「専門教育科目」と記述されているところを、すべて「専門科目」という言葉に置きかえる。そういう学則改定を教授会の議題として出した。そうしましたら、ノーディスカッションで承認されてしまいました。問題の所在がわかっているのか、いないのか判然としません。そのくらい無意識的なのです。しかし、専門教育科目と専門科目というのは根本的に位置づけが違うのです。

3 ICUの学部構成

　リベラルアーツ教育のカリキュラムの構成は、すべてのdisciplinesから成り立ちます。ICUではそれを日本の状況に合わせて構成した、という歴史的経緯があります。初めは、人文、社会、自然、という学科を置いた。これは、いわゆる戦後の一般教育の人文、社会、自然というものに対応しています。当時、学科というのは学部の基本組織ですから、学科のない学部を認めるわけにはいかないというのが文部省の方針でした。やむを得ず学科を置くことにして、一般教育のカテゴリーに準じて、人文（科）学科、社会科学科、自然科学科という学科を置いたわけです。

　文学、哲学、宗教、美術・音楽・考古学というdisciplinesをまとめて人文というふうにした。社会もそうですし、自然もそうしました。後に、語学、教育、国際関係等の学科が加えられますが、それらは、人文・社会・自然から分化したもので、根幹は、一般教育の人文・社会・自然に基づいています。しかし、学科を増設したことは、ある意味では、リベラルアーツからの堕落です。特に、国際関係学科というのは、私が学部長の時に設置したのですが、これは堕落の象徴的事態です。

　そして、教育・学習を専門科目群の上で展開する。学科というのは、複数分野の集合であって、専門への窓口である。したがって、学科の構造というのは、日本の学部の学科のように、壁が立っているのではなくて、これは私の表現ですが、浸透膜になっている。人文科学科、社会科学科、自然科学科（後に理学科に改称）等々の学科は、サークル（円形）で表現され、互いに重なり合う部分を持つ。そのサークルの境界というのは浸透膜である。浸透膜ですから、あるレベルの拘束性を持って、浸透膜間を行き来ができるようになっている。そういう構造を持たせているわけです。各学科には基礎科目というのがあります。例えば、人文科学科の基礎科目は、古典語、文学、基督教学、哲学・倫理、芸術、等の科目群がありますから、その科目群のそれぞれから6単位を必修するというのが基礎科目の構成の仕方です。他の学科もまったく同じです。

　アメリカのリベラルアーツ・カレッジと同じように専修、majorというのがあって、2年次から3年次にそれを選択する。人文系ですとmajorを選択す

るということがはっきりしないですね。学生によっては、あいまいなまま卒論に至る場合があります。majorをはっきりさせるのは理学科ですが、これは当然と言えば当然です。専修、majorというものを2年次、3年次に選択して履修する。そして、学習の過程の総括として卒業論文を書く。卒業論文というのは、何か研究成果ということではなくて、学習の過程なのです。学習のプロセスとしての卒業論文ということを、学生に課しているのです（現在、ICUでは学科制度を解体し、アメリカのリベラルアーツ・カレッジと類似の構造にしました。そのことの評価は分かれると思います。浸透膜で学科が重なり合っていた構造を崩してしまったことは、評価できません）。

4　学習習慣の確立

　ICUリベラルアーツ教育の全体を、私は「学術基礎教育」と言っていますが、その具体的な内容の一つは、学習習慣の確立をするということです。これは、学校化の内容であると同時に、学校化ではない。そこがリベラルアーツの妙たるところです。さらに、ゆるやかな履修規程を設けて、専門分野を主体的に選択する。その手がかりとなるのが科目番号制という学習支援構造です。このことは最近、中教審、大学審の答申でも推奨していますが、まだ徹底していません。各ディシプリンごとに、番号0（一般教育）、1（基礎科目）、2（初等専門科目）、3（中等専門科目）、4（高度専門科目）を各科目に割り当てるのです。例えば、M201は数学の中等科目の1番目と読みます。

　そして、双方向的な授業を督励、奨励している。奨励しているといっても、ICUの場合には、アメリカの教育スタイルを身につけた教員がたくさんいますので、自然に、授業の運営はディスカッション中心になるのは当たり前です。日本人の教員の場合には、古色蒼然たる講義というのもありますが。

　これも余談ですが、ICUは先般、アメリカの基準協会の基準認定を受けました。アメリカの基準認定を受けた大学であるならば、アメリカから学生が来る。アメリカの学生を招くためには、アメリカのレベルにおいて、大学として正式でなければならないという思惑もありました。ただ、一般の基準認定ではなくて、リベラルアーツの基準認定を受けるということで、AALE（American Academy for Liberal Education）というリベラルアーツを専門に認定す

る機関に加盟しました。この機関は保守的だという批判があります。ヨーロッパ中心主義だというのですが、ICUはもちろん、そういう主義を受け入れたわけではありません。

その基準認定のために、アメリカから委員が来られて、ICUに1週間ほど滞在して、つぶさにICUの教育状況を視察しました。その中間報告に、教員が講義をしているというのは驚きだ、と書かれた。特に、3、4年の、学生が3人か4人しかいない専門のクラスで教員が講義をしていた。信じられないというのです。我々は、講義をするのは当たり前と思っている。私は、学長時代に、講義をやめようと提案した。『(ICU) FDハンドブック』に、講義をやめようと書きました。しかし、いくら言っても日本人の教員は講義をやめないですね。みんな講義をしている。夕暮れ時に、校舎の外から見える教室風景は、すべて同じパターンです。学生が座っていて、その前に教員が立っているという、構図がずっと並んでいる。私はその情景を見た時に、本当にがっくりきました。これは教育ではないと言っては、言い過ぎですか。

双方向的な授業を奨励する。中心は教員ではない、学生なのです。学生の学習支援を中心にすれば、双方向的な授業というのは当たり前でしょう。そういうことをきちんとしなければいけない。それがリベラルアーツ教育の一つの体質なのです。

5 アカデミック能力

そういう双方向的な教育、ディスカッションを主体とするような授業運営ができるためには、ただ「ディスカッションしましょう」というだけではできません。学生にそういう授業運営に参加できる基本的な能力が備わってないと不可能です。そういう基本的な能力を、ICUでは、アカデミック能力と言っています。

基本的なアカデミック能力というのは、次のような内容であることを、ICUの教授が書いています（絹川正吉2002）。すなわち、客観的思考能力、批判的・分析的思考能力、主体的問題設定能力、問題解決への思考能力、自己表現能力、などが基本的なアカデミック能力と考えられています。さらに、自立的学習のための図書館利用の習慣が身についていることが必要です。こ

う書きますと、中教審等が強調している課題探究能力そのものということになります。ここで重要なのはお題目ではなく、実践の内容・方法です。

6 リベラルアーツ教育の特性

リベラルアーツ教育における学習スタイルのモードを少し拾い上げると、先ほど述べたことですが、第一の特性は、学生の自己教育です。学生が自分で学ぶという主体的学習。これは、学校化の時代においては問題です。学校化の一番大きな問題は、学生が主体的に学習意欲を持っていない、というか、そういう訓練がされていないことです。それが、学校化の一つの原因ですから、学生の自己教育、主体的学習を前提すると、学校化と矛盾する。受け入れた学生の状況と非常に齟齬をきたすことになります。そこでいろいろな教育上の配慮が必要になる。

自己教育の具体的内容の一つは、科目選択構造です。学生一人一人が自分の学習のカリキュラムをつくる、という言い方をしています。それぞれの学生が自分でカリキュラムを立てる。そんなものがカリキュラムか、とい反論が出ます。言葉の上では矛盾です。とにかく自分で学習の全体図を作らせて、それを認めるような履修規程になっている。

細かいことですが、専門科目履修単位は30単位。そのうち、15単位以上を一つの専攻分野、例えば、数学で履修する。30単位全部を数学でカバーしてもよい。残りの単位をminorにまわしてもよい。専門選択が24単位あります。これは学科を越えて選択してもかまわない。数学でもって全部、24単位をうめてもよい。30単位＋24単位で64単位、それを全部数学の履修に当ててもよい。そういうことは、学生の選択にまかせる。学科間専攻という履修の仕方もあります。

そして、これは村上陽一郎氏の言葉ですが、リベラルアーツ教育の第二の特性は、late specializationです。東大の教養学部はlate specializationということを売りにしているわけですが、早期に専門を固定しないということが、リベラルアーツ教育の一つの特色です。

第三のリベラルアーツ教育の特性は「専門科目」の教養的位置づけです。「専門科目」も位置づけとしては教養科目とする理念です。

リベラルアーツ教育の第四の特性は教育の社会性。これは一般教育の問題です。

第五の特色は批判的思考能力・課題発見-解決力の育成等。これは、基本的なアカデミック能力の育成ですが、次の項目に関係します。

第六の特色はキャンパスライフを重視することです。前項と関係するということは、批判的思考力は、コミュニティにおける実践を介して育成されるということです。

7　Critical Thinking

以上のような基本的なアカデミック能力を、ICUではどういうふうにして教育しているのか。ここにICUの一つの個性が出ています。それは英語教育を通して行っていることです。

大学創設時には、入学した年の1年間は、英語の集中教育のみでした。来る日も来る日も英語しかやらないという時代がありました。さすがにそれは適合しなくなり、いまは1年次から一般教育、専門基礎も履修するように工夫しましたが、それでも、一週間に14時間ぐらいは英語教育に割り当てられています。ほとんど英語づけです。1・2年次の集中英語プログラム、ELP（English Language Program）は、日本語が母語でない学生に対する必修科目です。ICUでは、外国人という言葉を使いません。英語を母語としない学生はELPが必修、日本語を母語としない学生は、JLP、日本語プログラムが必修です。

ICUのELPは、英語で学び方を学ぶと言っています。English for Academic Purposeという標語を掲げています（現在はELA〈English for Liberal Art〉になっています）。その具体的な目標はCritical Thinkingの育成です。よく言われる一つの指標に、Suspension of Beliefという言葉があります。すべてを疑ってかかれ。そういう批判的な態度というものを習慣づけることを、英語教育の中で行っている。これは、アメリカにおける英語（母語）教育そのものなのです。アメリカのカレッジで、Writingというコースがあります。これはリベラルアーツ・カレッジでは欠かすことのできない科目です。Writingを履修させていることは、リベラルアーツの基準の一つなのです、Writingでは何

を学ぶか、書き方の練習をしているのではありません。Critical Thinkingを実践する教育をしているのです。ICUのELPも同様の目標を持たせています。

　ELPの科目には、Academic Reading and Writingとか、Narrative Presentation, Tutorialというのがあります。それらの科目は統合されてCritical Thinkingを訓練します。学期ごとに一つのテーマを定めます。そのテーマのもとで英語教育科目全体のプログラムを構成する。例えば、「大学教育」というテーマを定め、テーマに沿って、テキストがあり、講義があります。もちろん全部英語で講義する。それを引き継いで、小グループに分かれて、テーマをめぐって討論したり、プレゼンテーションしたり、書いたりします。学習活動を総括的に行う。運営は全部英語で行うというのが、このプログラムの特徴です。

　Critical Thinkingを身につけさせるために、具体的には小論文を書かせて、発表することを目標にします。これは主にWritingという科目で行います。そこでは小論文を書くことが目的ではなく、書くプロセスが重要です。結果ではなくプロセスを重視する。特に、論文の作成過程で、仲間同士でそれを討論するのです。仲間の批判に耐えられるような論の展開ができているかが問われます。

　また、小論文を書く過程の中で教員からのTutorialな指導が組み込まれます。ネイティブの教員から一対一で指導を受ける。Tutorialでの段階では、学生が書いてきたものについて、教員が、それはどういう意味でそう言うのか、なぜこういう結論を出すのかというような具合に詮索します。それに学生がいちいち答えないといけない。答えられないとやり直しということですね。返ってきたものは真っ赤に直されて戻されて、もう一回書き直しとか、あるいは、全面否定にも会います。以上のような営みを通して、先ほど紹介しましたような、基本的なアカデミック能力の育成をする。

　その集大成として、2年次にはTheme Writingを必修にしています。Theme Writingによりアカデミック能力のすべてを用いる訓練をする。Theme Writingに対する卒業生の評価はものすごく高い。企業に勤めている卒業生でも、ICUで、Theme Writingで訓練されたおかげで一人前の仕事ができていると、非常に高い評価を卒業生は示しています。

以上のような基本的訓練を受けているから、専門科目のクラスにおいてディスカッションに耐えられるわけです。したがって、専門科目の教員は、学生に基本訓練ができていますから、非常に楽です。しかし、本題から外れますが、そういう重要な教育を担っている語学の教員を、一段下の階級に属するかのように見る雰囲気が日本の大学にはありますが、ICUでも例外ではありませんでした。このことについては、日本の大学教員は認識を改めなければなりません。ICUの教育の基盤は、語学教員で支えられていると私は思い、学長の時に語学教員の処遇を改善しました。

8　知力を高める異空間

　ICUの英語教育は、学生にとって、異空間を構成していると考えられます。知力を高める異空間を作っている。大学の学校化というのは、中等教育との接続を重視している教育です。大学というのは、学校ではないというのであれば、大学というものと高等学校とは異なる空間でなければならない。intellectualな意味においての異空間ですね。異空間と出会わせなければ意味がないわけでありますから、異空間と出会う場面というのをどのように設定するかが、重要な教育課題になります。

　学部教育においては、専門によって異空間を構成する。しかし、現代の学生はそれを受けつけない。典型的なのは数学です。高校時代の数学のイメージで、理学部の数学科に入学して、ぼうぜんとする学生が多い。自分が想像していた数学とまったく違うわけです。まったく違うのに頓着せず、学生がわかろうとわかるまいと、自分の考えをただ披瀝しているのが数学の教育、講義には多い。私もそうやっていましたから、自分のことを言っているわけですが。

　異空間とどう出会わせるか。学問の世界というのは、出会いということが問題です。ICUの場合では、多様な価値との出会いを重視して、国際的教員構成および国際的学生構成にすることによって、一つの異空間というものを作っている。「異なる価値との相克は創造の源泉」であるという言葉が、大学要覧の冒頭に書いてあります。コンフリクトを起こすということが大事なのです。異空間の構成にはICUの独自性がある。一般に、学校化の問題

を考える時、学校化せざるを得ない状況の中で、脱学校化の問題、すなわち、異空間というものをどのように用意するかということは、学士課程教育の一つの眼目になるのです。

9 異空間としての一般教育

　そして、一般教育も異空間の要素でなければならない。ICUでは私どもは、大学設置基準の大綱化以後も、一般教育を解体しないままです。昔のままです。一般教育という言葉を正式な学則上の言葉として使っています。日本の大学において「一般教育」というコンセプトを復活しなければなりません。

　ICUの特色GP（文部科学省「特色ある大学教育支援プログラム」）採択事例の一つの眼目は、グローバル化の取り組みです。そこで、私が提案したのは、「行動するリベラルアーツ」というコンセプトで異空間を創造することでした。「行動するリベラルアーツ」というのは、実は、私が作った英語の翻案です。アメリカ人が作った英語ではありません。私が作った英語を、副学長が「行動するリベラルアーツ」というふうに翻案したのです。私の元の発想は、Doing Theologyという言葉から思いつきました。Doing Theologyという言葉は、アメリカの急進的神学界においては、ほとんど定着した言葉です。その考え方を、私はリベラルアーツに取り入れるべきであるということで、Doing Liberal Artsと言ったのです。それに対して、アメリカ人の教員が、何を言ってるのかわからないと言う。それは英語ではないというわけですね。あなたがたは、Doing Theologyを知らないからそういうことを言うのだと頑張ったのですが、なかなか私の認識が理解されませんでした。

　いずれにしましても、「行動するリベラルアーツ」というテーマを立てました。それがICUの特色GPの一つの核になっています。

　「行動するリベラルアーツ」という言葉をICUが使いましたら、ある大手の大学が、すぐに「行動する知」と言いかえたのです。これは、特許権の侵害ではないかと私は言っています。日本の大学界というのは、そういうことについてはきわめて礼節をわきまえませんね。どこかで何かを言うと、すぐにそれを盗んでいって、自分のものにしてしまうわけです。それも結構です

けれども、一言ぐらいことわるべきだと思います。その大手大学以外の小さな大学でもいくつか、「行動する」という言葉を使い始めました。

リベラルアーツというと、古典を中心とするリベラルアーツを想起する傾向があります。それを否定するわけにはいきませんけれども、静的、内省的な「教養」というイメージでもってリベラルアーツを考えることを払拭しようというのが、私の問題意識です。そういうことで、「行動するリベラルアーツ」というテーマを、学長時代に立てたわけです。そして、平和研究とか、STS（Science, Technology and Society）、ジェンダー研究、アジア研究、International Service Learning（ISL）、というようなものをひとまとめにして、「行動するリベラルアーツ」というカリキュラム・コンセプトの具体性を示しました。

その目玉の一つになっているインターナショナル・サービス・ラーニング・プログラムは、主として、アジアのキリスト教大学の連合をネットワークとして、相互に学生を交流させて「サービス学習」をする、というプログラムです。

10　学習支援の仕組み

リベラルアーツ・カレッジの一つの特徴は、学習支援の仕組みです。教員が何かをするのではなくて、あくまでも学生主体に、学生の学習を支援するというのが本旨ですから、学習支援の構造といいますか、システムというのが用意されなければなりません。

例えば、ICUでは3学期制です。多くのアメリカのカレッジが3学期制です。あるいは、夏学期を入れて4学期制です。重要なことは学期完結型ということです。

そして、隔日開講制になっています。3学期制ですと、3単位科目が標準です。3単位の科目ですと、月曜日、水曜日、金曜日の隔日に授業を組む。ICUでもこれを厳守していました。しかし、徐々にICUも堕落してきました。東大等々から教員がどんどん入ってきますと、自然に日本的な大学になってくる。隔日開講制では、1日おきに大学に来なければいけないわけですから、けしからんというわけですね。1日だけ学校に来て全部授業を済ませて、あとは自宅で研究をするというのです。3日も大学に出て来いなんてけしから

んというわけです。3単位の科目をまとめて1日ですませるという教員が出てきた。

　ICUでは水平と垂直という時間割の基本構造を作っています。3単位科目は隔日開講ですから水平に取らないといけない。そして、演習等は、大体夕方、垂直に組む。したがって、水平に授業をするゾーンと垂直ゾーンを定めています。第4限までは水平ゾーン、第5限以後は垂直ゾーンにしています。そうすると、水平に組むべき科目を垂直ゾーンにもってきて、5限、6限、7限連続の時間割を組む教員が続出した。これを学生は五六七（ゴロチ）というんですね。五六七にして1回で全部すませてしまう。私は、学長時代に、断固それを拒否したのですが、教員の抵抗が激しくて、妥協を強いられました。バークレー（UCB）でもちゃんと隔日にやっていますよ。研究大学だからといって、そういうことをいいかげんにしているわけではない。研究大学だからこそ、教育もきちんとするのです。

　もう一つの重要な支援システムがアドバイザー制度です。この制度は日本ではICUから始まりました。

　また、GPA制度も日本ではICU起源です（GPAとは単位の重みをつけた平均成績のこと）。GPA制度というのは、制度を導入することに意味があるのではありません。それをどう使うかによって意味があるのです。使い方がしっかりしないとまったく意味ありません。

11　ICU創設者の思想

　ICUの経験での極めつけは、ICU創設者の思想とも言える次のことばです。「ICUを根底で支えているのは、人間の精神に内在する高潔さと次代を担う若者の自己開発に助力することが自己の特権であり、責任であるとする大人の意識である」。学生を支援するということは、教員の特権なのです。「そこで、教養学部を維持し、早期の専門教育を求める声を押し止めることが、ICU独自の任務の一つである」。このようにICUは主張してきました。徐々にこの思想は崩れてきていますけれども、それにしても、まだこういう言葉が生きている。

　早期の専門教育を求める声を押し止める、これが、私が言うところの学士

課程なのです。学士課程教育は、あくまでも、学術基礎教育です。その具体性は専門科目の学習です。すなわち、専門への衝迫を押し留める相のもとでdisciplines、すなわち、普通いうところの専門を学ぶ。そういう風に位置づけられた専門を学ぶのです。

6．リベラルアーツ教育の意義と成果

1　リベラルアーツ教育の意義

　一般教育学会が考えた学士課程の内容は、アメリカのリベラルアーツ教育に非常に近いというか、それをモデルにしています。したがって学士課程を理解するためには、リベラルアーツ教育ということがわからなければなりません。

　「リベラルアーツ」という言葉も「教養」と同じく拡散しています。したがって、ここではリベラルアーツ・カレッジの一つの例を通して、おおよその理解を得たいと思います。紹介するのは、先ほど話題にしたハバフォード・カレッジ（Haverford College）です。ハバフォード・カレッジは男子校ですが、行ってみて驚いたのは、延々と続く林の中にぽつんとキャンパスがあるのですね。周りは林しかありません。学生はみんな寮生活をしています。もっとも比較的近くにブリンマーという有名な女子のリベラルアーツ・カレッジがあり、そこと交流（単位互換）をしていますから、完全に男だけというわけではありません。ブリンマー・カレッジは津田梅子が学んだ大学として日本でも知られています。

　ハバフォード・カレッジの要覧に次のように書かれています。「リベラルアーツ・カレッジの目的は、学習能力の涵養と健全で思慮深い判断力の育成である。

　学位取得のための諸条件は、これらの能力の訓練を、人知（human knowledge）の広範な領域及びその一つの分野での深い学習において行わせるために定められている」。そして、「〈民主的社会における市民〉とは、〈確立された個としての市民〉が社会の中で、その責務と権利を民主的に遂行してゆく際に生じるあらゆる摩擦と紛糾を解決してゆく姿勢を持った人」を育成

するのがリベラル教育の目的である、と書いてあります。

そして主専攻分野（department、専門分野）が列記されています。それらは主な学問分野をほぼ網羅しています。すなわち、「アフリカ研究、文化人類学、考古学、芸術、天文学、体育、生化学・生物物理学、生物学、化学、中国語、古典、比較文学、コンピュータ科学、」などなど、約50の専門分野が記載されています。面白いのは、各分野の記載順序です。「アフリカ研究」から始まって人類学、芸術、生化学、古典、コンピュータ科学、数学、と並べ方に脈絡が見えません。これらは、分野の名前をアルファベット順に機械的に並べてあるのです。文系とか理系とかの区別はありません。伝統的 disciplines や現代的 disciplines の総体が併記されています。それぞれの department で開講する科目は、日本で言う専門教育科目です。例えば、数学では、解析学、代数学、幾何学、等に関連する科目が提示されています。学生はそれらの分野の一つを主専攻として選択します（副専攻を加えることもあります）。専攻を選択する時期はおよそ2年次の終わりごろです。入学時に専攻（学科）を定めて入学するのではありません。

リベラルアーツ教育を教養教育といってもぴったりしません。専門教育に対する普通教育などという言葉では、リベラルアーツ教育はまったくうまく表現できません。さらにリベラルアーツ教育は自己教育が根幹であるとされています。内村鑑三が学んだ Amherst College の教授会宣言には「自分を教育しようとしない人の教育は出来ない」と書かれています。自己教育の根底は自己責任です。それを基盤にしているということは、リベラルアーツ教育はエリート教育だということです。

2　リベラルアーツ教育の意味

さて、次にリベラルアーツ教育の意味を示す一つの挿話を紹介しましょう。

ハバフォード・カレッジの物理学のカドノフ教授がこう言ったのです。ハバフォード・カレッジの物理学専攻の卒業生がついている職業を調査してみたところ、医者あり弁護士あり、製造業の幹部などがあり、およそありとあらゆる専門職で成功していた。ところが物理学とその関連分野ではほんのわずかしか成功していない。この結果は、カレッジにおける物理学教育の失敗

ではないかと。卒業生の多くが物理学から離れた職業で成功しているということです。カドノフ教授は、それは成功と言うべきだと言います。それがリベラルアーツ教育の本領です。すなわち、彼らは一つの職業分野から他の分野へ転身できるぐらい、深く広く訓練されていたことを示している。物理学を専攻することによって、そういう転移可能な能力が備えられた、ということがリベラルアーツ教育の成果だと言うのです。

　私の専門は数学でしたが、数学の専攻生が卒業して数学とまったく関係のないところで仕事をしていることを、私は喜ぶべきであるということになります。

　もう一つの余計な話ですが、ヒューレッド・パッカードという最先端のIT企業がありますね。そこの最高経営責任者に女性のカーリー・フィオリーナという方がなったことがありました。この方はスタンフォード大学時代に、哲学と中世史を専攻したそうです。哲学と中世史を学んだ人が、最先端のIT企業の最高責任者になるわけですね。これはリベラルアーツ教育の成果であると言うわけです。

　リベラルアーツ教育は、「専門科目（disciplines）」の学習を基盤にしていますが、専門を学ぶ意味づけが、専門学部で学ぶのとは異なるのです。

　19世紀には、ドイツやイギリスのエリート大学の専門科目の学習は、専門職に役立つものと言うよりは、知的エリートの資格を付与する教育であったと考えられます。フランスでは、科学的知識は高級官僚を選考する手段として用いられた。すなわち、「大学では、将来、専門的職業に就いた時に、身に付けた知識を生かせるように学ぶのである」(Joseph Ben David 1997)。

3　専門分野別質保証

　ここで話の場面を移します。日本学術会議が「大学教育の専門分野別質保証の在り方について」を高等教育局長に答申をしました（2010年）。分野別に学士課程教育の質保証を図る枠組みとして、参照基準を構築するというのです。すなわち、

- ・当該分野に関わるすべての教育課程が共有すべき「基本」、「核心」、「出発点」となる枠組みを同定する。

・枠組みの基本構成は次のようにする。当該分野に固有の「世界の認識の仕方」(固有の学問的方法) あるいは当該分野に固有の「世界への関与の仕方」
・The Quality Assurance Agency for Higher Education（QAA、イギリス）のベンチマーク（参照基準）を参考にする。

以上の基準に基づいて大学の分野別専門教育の質保証を目指すとします。
　こういう質保証の認識は、「リベラルアーツ教育」あるいは「一般教育」の内容で、それが専門教育の質保証の基盤であるというのです。日本ではこのような認識は一般的ではありません。専門教育の質保証というと、当該専門分野の知識と方法を考えるのではないでしょうか。このような考えはどこから得たのでしょうか。学術会議は、ＱＡＡ (The Quality Assurance Agency for Higher Education) と呼ばれているイギリスの質保証システムを参考にしているのです。イギリスのQAAを参考にして、学術会議は分野別の質保証の基本的枠組みを作ると言っているわけです。
　そこでQAAのベンチマークを見てみますと、例えば一つの例として、歴史学のベンチマークを見ますとこう書いてあります。
　「歴史家の諸技能と知的資質」は：
・過去の異なる文脈において、人々がいかに存在し、行為し、考えたかを理解する能力。
・テキスト／一次資料を批判的かつ共感的に読解し、分析する能力。
・情況、出来事、過去の心性の複雑さと多様性を理解する。
・歴史的記録自体に内在する問題（しばしば不完全な素材）を理解する。
・単純な説明の危険に対する基礎的批判的技能。
・課題を設定し、問題を解決する能力。
・大量の証拠をより分け、組織し、統合理論を組み立てること。
・論理的な議論の流れを維持する能力、見解を訂正する能力。
・知的誠実性。
・知的独立性。

　先ほど紹介した、「知的誠実性」にも言及しています。こういうことが歴史分野の参照基準であるのです。

「歴史教育プログラムは、その学科における研究の準備のためだけに存在するのではない」(QAA)。このことに対して、次のようにコメントがあります。「歴史学を勉強したから、歴史学者になるという学生は限られている。就職して、ビジネスの世界に入っていく者が多い実態がある。そういう職業人としての能力の基礎として歴史教育というものはどういう意義をもつものなのか、ということも意識された目標論になっている」(鋒山泰弘2008)。QAAのベンチマークというのは、そういう性格を持っていると解釈するのです。この見解は、リベラルアーツ教育の目標に接続しています。それが専門分野の質保証の基本的な枠組みであるということになります。私は「専門教養科目」ということを提唱しておりました（絹川正吉2006a）。これについては強い批判がありました。絹川の考え方というのは、旧来の専門教育への復帰だというわけで、批判を受けたのですが、専門教養科目という考え方と、QAAのベンチマークの考え方、あるいはハバフォードの物理学の教授の考え方は、通底しているのです。

そこで私も、QAAにおける数学のベンチマークを読んでみました。これは拾い読みですから、意図的にある方向に片寄せすぎているかもしれませんが、事柄を明確にするために、あえてそのような作業をしてみました。

QAAにおける数学のベンチマークには次のようなことが述べられています。

- 基本となる数学的概念やトピックスについての知識と問題解決への応用
- 厳密な議論が展開できる
- 一般化して問題を解くスキル、抽象化するスキル、形式論を論理的に展開するスキル
- 基礎の体系的展開、数学的方法の理解と技術、数学的思考と論理的プロセス、論理的思考と演繹的推論、一般化と抽象、公理的方法
- 一般的な研究スキル、特に種々の情報を用いて自立的に研究できるスキル
- 一つの領域で得た知識を他の領域に応用（注：転移）できる
- 問題を設定し、その本質を理解し、それらを数学的・記号的な形式に整え、そのことによって問題の解決を目指し、そして数学的方法の応用が

効力を持つことを会得する

このようなベンチマークに注目すると、数学教育においても、ベンチマークは歴史学におけるそれと同質的であることが理解されるでしょう。すなわち「数学教育プログラムはその学科における研究の準備のためだけに存在するのではない」のです。数学教育についても歴史教育と同種の知的態度をみることは、学士課程教育ということの本質を提示していると受け止められましょう。すなわち、ディシプリンズに通底する知的活動が、学士課程教育の中核であると言えます。

7．「専門教養科目」の意義と実践

1 「学術基礎教育」・「専門教養科目」の提唱

QAAがいうところのベンチマークの趣旨、意義を徹底することが、学士課程教育であると思います。そういう意味から、学士課程教育の要素を明確に捉える必要があります。私は、このような学士課程教育の内容を「学術基礎教育」または「専門教養科目」と称しています（参照：絹川正吉2000）。

学術基礎教育は、専門（ディシプリン）教育との連関を意識しつつも、その基盤となる表現力や思考力の育成を図ることを目標にします。そして次のような「学術基礎教育」の評価項目に基づいて、その内容が把握できると思います。すなわち、学術基礎教育において問われることは、

・思考法についての重要な変化を経験したか？
・自分で考える力をつける助けとなったか？
・単に知識の記憶を超えた精神の働きかけを受けたか？
・英知に裏打ちされた知識の本質に触れたか？
・創造的思考の場に参加できたか？

この視点はボイヤーに基づいています（ボイヤー1988）。

学士課程における専門教育は、知識の源泉に触れる教育であり、知的資質の保証となる「専門教養」というべき性格のものと位置づけをすることもできます。

このような視点から、学士課程における専門学習の意味を、次のように要

約できると思います。すなわち「専攻学問の知識探求方法の基礎訓練を受けることにより、人間の知的営みへの本質的参加を経験し、知識人としてのアイデンティティを形成することが、『学士課程教育』における専門学習の意味である」。あるいは、「特定の専門分野における学問的洞察とその方法が、学習者個人の思考様式と価値の一部となるような学習が学士課程における専門学習の意味である。そのような学びを、『専門教養』と称する（扇谷尚1975; 絹川正吉2006a）」。専門と教養の区別は相対的で、専門が独自のもので教養に対立するということは、虚構なのです。

2 「専門教養科目」の実践

「学術基礎教育」の実践は、「専門教養科目」の学習において実態を持ちます。「専門教養科目」の目標は、次のように定められます。

1) 専門学習は、学生が自分の専攻する学問との一体感を体験する深さの学習であるが、その際次の点を強調することにより、一般（教養）教育理念を表出する。

　（イ）一つの学問の方法論の基底を重視し、その学問を一般的な知的領域に関連づける。

　（ロ）その学問の歴史と哲学的前提を理解する。

　（ハ）隣接領域との相互関係を探る。

2) 専攻の可能性と限界に対する感覚を与えることにより、知性の自由化を図る。

3) 専門的に生きようとしている学生に、広い視野に立つものの見方を持たせ、考えることと、生きることの統一に努める英知の働きを促す。

（参照：絹川正吉2006a、147頁）

3 戦略としての「専門教養科目」

一般教育（教養教育）に対して、日本の大学教員がパトスを持てないのはなぜでしょうか。大学教員の直接的関心事を無視して、高踏的に一般教育を強制しても、教員は熱意を持てないし、教育の効果は期待できません。形だけなぞっているのであれば、そういう教育は思い切って止めてしまうのが最

善ではないでしょうか。学部教育が批判の対象になっていますが、むしろ学部教育、すなわち、専門科目の教育を徹底したほうが意味ありでしょう。ただし、そこで行われる「専門科目」の教育は、「専門教養科目」として位置づけ直すことが必要条件です。

　一言コメントを追加します。「専門教養科目」という発想は、「教養と専門の有機的関連づけ」というテーマに対して、回答を用意していることです。

　「専門教養科目」の実践において問われるのは、大学教員の資質、すなわちリベラルアーツ・カレッジの教員の資質開発です。学術会議は、教養教育を担う教員の資質自体が危機的な状況にあることに警鐘を鳴らすと言っています。FD（大学教員資質開発）の焦点をリベラルアーツの教育に焦点を置くことが必要です。FDの目標を、教育技術の熟達よりも、リベラルアーツ教育への思想的共感を深めることに置くべきではないでしょうか。そして、そういうことを実現するためには、大学教員の評価システムを根本的に改めなければなりません（参照：絹川正吉2006a）。

4　「学問の原方向性」

　一般教育（教養教育）に対して、日本の大学教員がパトスを持つ必然性について、別の視点から考察してみます。

　私は大学教育学会（旧一般教育学会）の会長をしばらく務めました。一般教育学会に関して若干のご紹介をさせていただきたいと思います。一般教育学会は1979年に発足しましたが、一般教育あるいは大学教育を研究する学会として、日本で初めての学会です。一般教育学会・大学教育学会の歴史は日本の大学の歴史として注目すべきものではないかと思います。一般教育学会の学会創設のステートメントに、一般教育の学的基礎付けを目的とする、とあります。ところが学的基礎付けだけではなくて、ミッションステートメントもあるのです。すなわち、「一般教育の恩恵を社会に拡大し、人間の偏狭さから解放する」と述べられています。このことは本章の冒頭で引用しました。学会でこういうステートメントを持つということは、おそらく他にはないと思います。

　そういうテーゼを抱えた学会の中で、学会の方向を基礎づけたいくつかの

業績と言いますか、成果があります。その一つを代表するのが、1990年の大会における藤沢令夫先生の基調講演です（藤沢令夫1990）。藤沢令夫先生は京都大学教授、哲学者でありましたが、先年お亡くなりになりました。その講演のタイトルは「学問の原方向性」ということでした。この講演は非常に大きい影響を一般教育学会に与えました。その内容をここでご紹介したいと思います。

　藤沢先生は、一般と専門の概念整理をするということで、先生のご専門であるプラトンから説き起こします。特にプロタゴラスを取り上げ、「テクネーとして学んだのではなく、一個の素人としての自由人が学ぶにふさわしいものとして、パイデイアのために学んだわけなのだ」というところを取り上げたのです。

　プラトンは、テクネーというものとパイデイアというものを、厳しく対比させています。そしてパイデイアこそは自由人、教養人が学ぶべきものであるとします。そのテクネーとパイデイアという言葉を藤沢先生はあえてテクネーのほうを「専門的技術」、パイデイアのほうを「一般的教養」という日本語を当てて事柄を展開なさったわけです。パイデイアは、イデアの探求に見られますように、観想（theoria）と実践（praxis）が関わります。西洋的学問の原点というのは、観想と実践の分断——ここにアリストテレスが介在するというわけでありますが——によって、固有の方法と対象を持つ、いわゆる学科、専門分野を作ったことです。それが現在の学問の原形で、観想と実践の分断はその後の西洋の学問をずっと貫いている問題だというわけです。その結果、パイデイアの中から生まれた学問が、今や第二のテクネーになったというのが藤沢先生の説であります。素人として自由人が学ぶべき事柄の中から学問というものが発生し、それが専門分科という独特の在り方をすることよって、実はそれがパイデイアに厳しく拮抗するテクネーとなってしまった。これが現在の科学技術の問題で、それがパイデイア自身の中から生まれ出ているわけです。それで藤沢先生は、プラトンにおけるテクネーに対するパイデイアを、第一のテクネーに対する第1のパイデイアといいます。そして現代におけるテクネーを第二のテクネーとして、それに対応すべき第二のパイデイアの問題が、現代における教養の問題だというわけであります。

5 客観と没価値の神話

　第二のテクネーの問題を、別の角度から藤沢先生は取り上げています（絹川正吉2006a、67-70頁）。原初的な学問に於いては、自然探求と人間の在り方が分裂していない——すなわち、人間の在り方を問うということと、自然を問うということとは同一のことでした。単一の知を形成しているわけです。その単一の知の崩壊の原因が、この科学的知、あるいはディシプリンズの確立ということであるわけです。科学的知においては、究極的な実体を想定しています。物理学を思い浮かべていただきますとわかりやすいでしょう。実体というのは永遠なるがゆえに変化しないものであり、無属性、属性がない。そしてセンスレスでヴァリューレス（没価値）です。科学において、世界というものは、そういうヴァリューレスな実体の結合によって説明されています。しかもその説明の仕方は、実体を主語とし、属性を述語とする主語・述語形式によっている。そういうふうに世界を認識する。したがって、没価値的なものの世界が主役になってくる。すなわち、客観的ということが中心である。そして認識主体というものは主観的なもの、価値というのは主観的なものとして排除される。「客観的」という価値が優先したというのです。そこに第二のテクネーを生む迷妄があったというわけです。そういうことをわかりやすく藤沢先生は説明しています。「対象の客観的在り方だけに関わる科学的言明」とはどういうことかというと、「ここにものがある」という言明が時空以外との関連なしにも確定した意味を持てるとしたことである。それはなぜ問題か。そのアナロジーが局部照明の事態です。ここにものがある時に、このものだけに光を当てるわけですね。このものは私の手でぶら下げているわけですから、このもの自体としてここにあるわけではない。ところがこのものだけに光を当てて見た時に、私の手で支えているという状況は全部捨象されてしまうわけです。そのことを藤沢先生は、シンプル・ロケーションと言います。局部照明することにより、ものの周辺をやみの中に沈めてしまう。対象の本質がそこで変貌していることに気づかない。別な言い方をしますと、これは私の言葉でありますが、結局、科学というのは、こういう言い方は不遜な言い方かもしれませんけれども、突き詰めていいますと、対象を科学が成立するように、主語・述語形式で記述している、ということ

になります。以上のような問題を第二のテクネーは抱えているわけです。そういう第二のテクネーが生まれたのは、アリストテレスに始まる観想と実践の分断である。theoria と praxis が分断されている。そして学問は、「知識それ自体のための知識の追求」ということを至上善とする。知識それ自体のための知識の追求、というテーゼによって私どもは専門家として生きているのです。私はかつて数学者でありましたが、今は数学者ではありません。すっかり数学から離れてしまい、なかなか数学に戻れませんが、かつては数学バカでありました。数学バカの唯一のよりどころは、数学が何かに役に立つからではありません。数学それ自身は無意味です。なぜ数学か、数学のための数学なのです。そういうことを言って、胸を張って生きてきたわけでありますが、それは問題だというわけですね。現代の科学は技術と結合して第二のテクネーを生む。その結果、第二のテクネーに対応して第二のパイデイアが問われている。これが問題だ、というわけです。私はここでふと思うのです。第二のテクネーというのはどこから出てきたかというと、パイデイア自身から出たわけです。パイデイア自身は、テクネーに対して、一つの自立した立場をとるわけです。そうすると、そのパイデイア自身から生まれたものに対して、パイデイアの営為者は自己責任がある。そうではないでしょうか。もし我々営為者が知的に誠実であるならば、そこがみそなのです、知的に誠実であるならば、自ら生み出したものに対して我々は責任を負わなければ、それは知的誠実性にたがう。ですから、そういう視点から教養の問題は我々自身の、すなわち大学人自身の問題として、必然的に受け止められなければならない。そう問いますと、これは「教養教育」の問題ではなくて、大学人の問題になります。

8．「一般教育」の思想的基盤

1　一般教育の思想性：「欠如態」の思想

　もう一つ、一般教育学会の功績として、私が特に注目していることは、初代の会長であった扇谷尚先生の論文の中で、次のように述べられていることです。「普遍的経験の枠組みに照らして考察するとき、専攻主軸――すなわ

ちディシプリン主軸のカリキュラムに欠落するものがある」。こういう思想を扇谷先生は展開したわけです。私はそれを「欠如態の思想」と言います。欠如態の認識です。自分の専門の営みそれ自身が欠如態であるという認識を我々は持てるか、ということが問われているのです。このことを一般教育の観点から考えますと、一般教育の意味付けは、欠如態の認識から生ずるのです。すなわち、欠けていると認識ができる思想的基盤がなければできません。いかなる思想において、我々の第二のテクネーというものを欠如態として認識するか、思想が問われるわけです。別の言い方をすれば、それぞれの大学の教育理念が問われているのです。教育理念から一般教育が発想される。一般教育は他人に強制されて行うものではない。欠如態認識の必然として位置づけられることなのです。それぞれの大学はどういう教育理念に立つか。その理念に立った時に、果たして第二テクネーというものは欠如態として認識できるかどうか。認識した時にその欠如態を補うものとして一般教育はどうしても実践しなければならない。そういう問題性をはらんでいるのではないでしょうか。

2 環境会計の思想

　私は素人ですから、詳しくはありませんが、最近、環境会計学というものが大変盛んになっています。これは緑の党などが盛んなドイツで発達しているようです。私が勤めていました大学にも環境会計学の専門家が任用されました。彼らの言うことを聞いてみますと、環境主権ということを言っています。自然環境から我々は多くの便益を受けているわけですが、便益を受けることによって環境破壊をしている。自然環境から便益を受ける権利、あるいは先ほどリスクの話がありましたが、リスクを回避する権利を我々は次の世代に引き継ぐ義務がある。我々が使い放題使って、地球を崩壊させてはいけないのだという考えです。次の世代も地球から恵みを受けなければいけない。そういう恵みというのは、人類が永遠に継承していく権利であると考えるのです。そういう考え方からすると、環境保全経費というのは、必然的に企業会計の中に取り込まなければいけない。すなわち、企業会計というのはものを作り出すことに関する会計ではなくて、作り出すことによって生ず

る環境破壊のリスクに対する保全を含むものでなければならない。環境保全経費自身は、ものを作り出すことに伴う必然的な経費である。そういう考え方が出てきたわけです。今までの環境問題というのは、例えば水俣病事件に見られますように、企業経営の外にある問題として環境の問題を考えていたわけです。そういうことでは今後世界は存続できないというわけです。製造に伴う環境破壊を防止する経費は生産費用に含める。そういう企業会計をさせないと、今後の企業は成り立たないだろうというわけです。したがって、環境経営ということは経営の最重要課題であるという認識が徐々に起こりつつあります。そうしますと、環境破壊の問題は、企業の営みそれ自身の中の問題として認識されるわけですね。我々の第二テクネーに対する問題は、同じ構造をもっているのです。第二のテクネーの問題は、パイデイアという大学の本来的営みの只中から生まれたのでありますから、大学が知的誠実性を貫くということは、第二のパイデイア、すなわち「教養」の問題は、大学人が必然的に引き受けなければならない、大学の最重要課題だということになるのです。

3　第二のパイデイアを問う

　さて、問題は残されたままです。すなわち、第二のテクネーに対する第二のパイデイアの問題です。第二のパイデイアを問うということは、第二のテクネーそれ自身の中から問えるのかという問題です。第二のテクネーが第一のパイデイアの中から生まれてきているわけですが、生まれてきた第二のテクネーというものは、パイデイアを問えるのか。学術それ自身が人間にとって大切なパイデイアを問う視点を持ち得るか。この難問が解けない。この難問を解くということは思想・信念の問題になります。それぞれの大学の理念に関わります。法人化した国立大学においては、第二のパイデイアを求める根拠をどこに求めるのでしょうか。学術研究に徹底するということは大事でありますが、同時に、大学の存在根拠である知的誠実性において、第二テクネーに関わる欠如態認識を持たなければならないでしょう。それをどうするのか、という問題です。先ほど、一般教育学会の目的は、学問的に一般教育を基礎づけることであった、と言いました。そうして、それと同時に

一般教育学会はミッションを持ったことを述べました。そういうミッションの発想の根拠はどこにあるのでしょう。一般教育学会のミッションを発想した人は、一体どこにその根拠を置いたのだろうかということが、私には問いとして残っているのです。そういう問いに対する次善の策として、私は作業契機としての「一般教育」の復活を提唱したいと思います。「一般教育」という言葉が死語になってしまっているわけですが、私はいわゆるカリキュラム用語としての「一般教育」ではなくて、コンセプトとして「一般教育」ということを改めて問題にしたいと思います。それは一つの作業契機です。「一般教育」というのは本来、私の考えからすれば、市民社会の一員としての「教養教育」です。市民社会の一員としての教養という視点で「教養教育」をもう一度問い直してみる必要がある。現代において機能する教養というのは一般教育だと私は言いたいわけです。しかし、そういうだけでは空念仏で、どなたも聞く耳を持ちません。そこで私は、Doing Liberal Artsということを、自分の大学で唱えました。これについては、すでに述べたことですが、再度言及します。Doing Liberal Artsという発想の基になっているのは、Doing Theologyという言葉です。行動する神学ですね。この発想は、アメリカのフェミニスト神学に起源があります。Doing Theologyということを一言で言うとこうなります。神学というのはほぼ机上の学問ですね。頭の中（心の中）の学問です。ところがフェミニスト神学者たちは、神学はプラクシスなしにはあり得ない、といいます。プラクシスの中から神学が生まれ、神学の中からプラクシスが発想される。そういうダイナミックな関係をもう一度構築し直すというのがフェミニスト神学者たちの主張です。考えてみればこれはプラトンの方法ですね。テオリアとプラクシスでしょう。そこで私は、それを学術に応用して、Doing TheologyならぬDoing Liberal Artsと言ったのです。Doing Liberal Artsは、一般教育の発想と重なっています。教育を現実の世界と密接に関係させることです。あるいは別の言葉で言いますと、現代世界に対する大学のコミットメントです。大学は世界に対して責任をとらなければいけない。世界に対するコミットメントとして我々の教育内容というものをもう一度考えてみるということです。もちろん基盤は学術教育にあります。しかしそこに学生の感性を覚醒させるいくつかの要素をつけ加えるこ

とによって、大学の世界へのコミットメントを表現する。どういうふうに付加するかということは、それぞれの大学の理念に関わる問題であると思います。

4　グローバル世界における一般教育

「21世紀答申」(大学審議会、1998年) では、21世紀を流動的で複雑化した不透明な時代であると認識して、地球規模での協調・共生が求められる時代である、と述べています。また「教養教育答申」(中教審、2000年) においては、教養教育の内容として、地球規模の視野で物事を考える力 (空間的な広がり)、歴史的な視点で物事を考える力 (時間的な広がり)、多元的な視点で物事を考える力 (文化的な広がり)、等を示しています。すなわち、グローバル化に伴い、「地球環境をどうするのか」、「地球市民としてどう生きるのか」というような人間の在り方の本質に関わる問題が非常に重要になってきているのです (中鉢惠一2003)。それらの課題こそは「グローバル世界における一般教育」として取り組まれなければなりません。

九州大学では、「21世紀地球市民のための政治哲学的基盤形成リサーチコア」を設定して研究を開始していますが、そのテーマは「グローバル世界における一般教育」の課題と深く関わっています (九州大学HP)。すなわち「持続可能な発展を大前提とする21世紀地球社会においては、21世紀地球市民の育成が大きな社会的要請となっている。これについて研究面と教育面の双方において取り組むことは、高等教育の重要な使命の一つである。この使命に応えるためには、世界が直面している社会的・政治的諸問題を、その歴史的文脈をも含めて具体的に把握する取組が必要である」と述べています。

グローバル世界に生きるということは、容易なことではありません。これまでは「国際化」の次元で考えてきましたが、21世紀では「超国際化」が問われます。そして、諸文化を肯定しながら、それを超える「グローバル世界文化」が構築されなければなりません。そこには「倫理」的課題が重くのしかかっています。

したがって、「複雑な争点について、多様な他者への基本的な『尊敬』や『寛容』を前提にしつつも、自律的に思考する能力や、偏狭性を排して異質

な他者と共存する技量（アート）」(佐々木寛2010) を育成することが、グローバル社会における一般教育の「思想性」であると思います。

これらの課題は深く学術の問題でもあり、大学のミッションが問われる問題です。大学人がこの課題に取り組むことは、現代世界に対する大学のコミットメントの表現であると言えましょう。

5　学問へのエロス

アラン・ブルーム（1987）(Allan Bloom "The Closing of The American Mind")」について、若干の感想を述べて、終わりにします。

本書はアメリカで異例のベストセラーになったもので、日本でも論議を呼んだ本です。ブルームは、アメリカ社会を覆うている価値中立主義を批判し、西洋古典（グレート・ブックス）に回帰すべきだと主張しました。この主張に対して、極端な古典擁護論で西欧中心主義であるとして、強い批判がありました。

最近出版された藤本夕衣『古典を失った大学』（藤本夕衣2012、以下、同書から引用）は、ブルーム批判に対する逆批判を展開しています。

藤本は、ブルームの主張を次のように考えています。「ブルームには学生の知的欲求の低下に対する危機意識があった。学生の知的欲求の低下の原因は、価値判断の基準が衰退したために規範を持たないことにある。大学教員は価値中立と学問の没価値性を、学生に教え込んでいる。しかし、価値中立をとれば、どのような考えも否定されることはなく、そうなれば、学生は自分自身の考えに充足してしまい、『不完全さの自覚』が持てなくなる。その結果、知的な欲求を引き出すという『大学教育の課題』を困難にしている。学問の精神的根拠は、不完全さ（欠如態）の認識にある」。

ブルームのグレート・ブックス論は、以上なような学生に対する診断の上に展開されていると言うのです。グレート・ブックスを読むことは、「不完全さの自覚」をもたらす。真理への愛とは、すなわちエロスであり、学生の知的欲求を再び取り戻すための「不完全さの自覚」のことである。グレート・ブックスの著者に圧倒的な権威をおいて初めて、学生は自分自身の「不完全さの自覚」を持てる、ということです。

「エロス」とは、自分自身の「不完全さ」を埋めようと、完全なるものに対して抱く憧れの念として描かれる。エロスの失墜という病理にみまわれている学生には、グレート・ブックスが処方されなければならない、と言うのです。

グレート・ブックスは不完全さの自覚を伴うエロスの回復をもたらすのだとして「学生の偏見を取り除くのではなく、学生に偏見を与えよ」とブルームは主張していると言います。

藤本の上記のようなブルーム理解に関連して、P.J.パーマ（2000）にも注目したいと思います。パーマは、大学教育力の源泉は、知的営み・学問的営為の本質直感をコミュニケートするエロスであるとします。「強烈な教師の学問への内面が授業を活性化」するのです。「学生への愛・アガペー」と「学問へのエロス」との相乗効果が真の教育を創造するのです。この視点から、教員の人格的影響は本質的です。「授業は教師の魂の鏡」なのです。ゆえに大学教員は修養を積まなければならないのです。この認識は、昨今流行りの大学教育論に対する痛烈な批判ではないでしょうか。

最後に、格言を一つ紹介します。

> 「アップルは技術とリベラルアーツの交差点に立つ」
> 　　　　　　スティーブ・ジョブズ（米国アップルの創業者）

〔注〕

1　「教養教育」という語をどういう意味で用いるか、ということについては、以上の論述でわかるように、一義的ではない。しかし、おおよそいえることは、学生の人格形成に寄与する要因を持つ教育活動を「教養教育」というのではないであろう。あるいは、リベラルアーツ教育または一般教育を示唆する場合もある。以下本書において、「教養教育」あるいは「一般（教養）教育」と記述する場合は、この様な認識による。

2　川嶋太津夫氏の批判に答えて
「人間の偏狭を解放する一般教育」(47頁)、
　この文言は一般教育学会の扇谷尚初代会長が、学会誌創刊号に寄せた言葉で、一般教育学会の思想性を表している例として、拙著に引用した。

「一般教育が学士課程教育である」(49頁)
　この文言も一般教育学会が提唱する「学士課程教育」について学会がそのように述べていることの引用である。なお、同様の考えは、「ハーバード大学報告」にも見られる。すなわち、「一般教育はリベラルアーツ教育の幹である」と述べている（付録2参照）。
「大学の共通教育としての〈一般教育〉〈教養教育〉(53頁)」
　この文言も一般教育学会が学会名称を「大学教育学会」に変更する理由を述べた文章からの引用である。
〈一般・教養教育〉(53頁)
　この文言も一般教育学会会則において、学会の目的を記述してあることの引用である。「一般教育」が「教養教育」とも言われている状況を反映して、このような記述がなされたと推察する。
"to teach students is a liberal education"(73頁)
　この文章については、拙著で「一般教育」が「まず第一に教員自身の問題である」と述べ、そのことを表象するものとして、上の英文が引用されている。一般教育あるいはリベラルアーツ教育においては、教員自身が常に人間の根源的問いと格闘し、それについて新鮮な驚きを学生と共有するような存在でなければならない。こう言う意味において、一般教育はまず第一に、教員自身の問題であるという認識が重要であることを述べているのです。
「（リベラルアーツ教育は）学術基礎教育、専門教育の学習である。それをそれぞれの教育理念に基づいて補うのが、一般教育として一括表現されているものである」(98頁)。
　この叙述は、「一般教育はリベラルアーツ教育の空き部屋である」といわれていたことを、扇谷尚一般教育学会初代会長が、「リベラルアーツ教育」が、いわゆる専門（ディシプリン）の学習を中心に置いているゆえに、教育としては「欠如態」であり、「一般教育」はその欠如態を補完するものである、と主張したことを敷衍したものである。この点は拙著の主張の核心的部分で、拙論全体の理解を要求するところである。最近用いられている「教養教育」は、上記のアナロジー言でいえば、「学士課程教育の空き部屋である」と言えましょう。しかし、そこには、扇谷等が主張する思想性は見られない。文字どおり空き部屋なのである。

〔参考文献〕
阿部次郎1914『三太郎の日記』（岩波書店、後に角川文庫）
ブルーム，アラン1987（菅野盾樹訳）『アメリカン・マインドの終焉』みすず書房
ボイヤー，E. L. 1988（喜多村和之・他訳）『アメリカの大学・カレッジ』リクルート出版
Conant, J. B. 1945, *General Educationi in a Free Society*（ハーバード大学報告書）
中央教育審議会2002「新しい時代における教養教育の在り方について」

David, Joseph Ben1997『学問の府』サイマル出版会
フィールド, ノーマ2003「戦争と教養」『世界』10月号　岩波書店
藤沢令夫1990「学問の原方向性――一般と専門の区別を巡って」『一般教育学会誌』12-2
藤本夕衣2011「教養教育」京都大学高等教育研究開発推進センター編『生成する大学教育学』ナカニシヤ
藤本夕衣2012『古典を失った大学』NTT出版
鋒山泰弘2008「歴史の学びにおける中等教育と高等教育」『大学における「学びの転換」とは何か』東北大学出版会
加藤周一2003「「教養」再生のために」『世界』10月号　岩波書店
河合栄次郎1955『学生に与う』社会思想社・教養文庫
絹川正吉1995『大学教育の本質』ユーリーグ
絹川正吉2000「学術基礎教育」『学術月報』10月号、学術振興会
絹川正吉編2002『ICU〈リベラル・アーツ〉のすべて』東信堂
絹川正吉2004「教養教育論の視点」『学士課程教育の改革』東信堂
絹川正吉2006a『大学教育の思想』東信堂
絹川正吉2006b「研究大学における教養教育」『名古屋高等教育研究』
絹川正吉2011「教養教育と一般教育」『IDE』2011年1月号
轡田収1996「ドイツの教養　日本の教養」『岩波・文学』7・(4)
九州大学　http://quris.law.kyushu-u.ac.jp/~citizen21/goal.html
源了圓1989『型』創文社
村上陽一郎2009『あらためて教養とは』新潮文庫
松浦良充2003「教育できるものとしての〈教養〉の語り方」『教育哲学研究』87
中鉢恵一2003「新しい教養教育の視座――21世紀の教養教育とは」『東洋大学経営論集』58
日本生涯学会2005『生涯学習研究e事典』全日本社会教育連合
王成2004「近代日本における〈修養〉概念の成立」『日本研究』29
扇谷尚1975「アメリカの大学における一般教育思想の展開に関する一考察――カリキュラム統合を中心として」『大阪大学人間科学部紀要』第1巻
パーマ, P.J. 2000（吉永契一郎訳）『大学教師の自己改善』玉川大学出版部
ロソフスキー, ヘンリー1992（佐藤隆三訳）『大学の未来へ』TBSブリタニカ
佐々木寛2010「グローバル・シティズンシップの射程」『立命館法学』333/334
シェラット, イヴォンヌ2015（三ツ木達夫・他訳）『ヒトラーと哲学者』白水社
進藤咲子1973「教養の語史」『言語生活』265
高橋英夫1993『偉大なる暗闇：師岩元禎と弟子たち』講談社
竹内綱史2004「大学というパラドクス」『京都大学宗教学研究室紀要』1
武田清子1987『日本リベラリズムの稜線』岩波書店
高田里恵子2005『グロテスクな教養』ちくま新書
玉虫文一訳編1953『現代市民の育成と大学』丸善
舘昭1993「高等普通教育としての〈一般教育〉」『一般教育学会誌』15-2

舘昭2006『原点に立ち返っての大学改革』東信堂
土持ゲーリー法一2006『戦後日本の高等教育改革』玉川大学出版部
筒井清忠1995『日本型「教養」の運命』岩波書店
渡辺かよ子1997『近現代日本の教養論』行路社
渡辺かよ子1999「〈修養〉と〈教養〉の分離と連関に関する考察」『教育学研究』日本教育学会、66－3
山本敏夫1949「一般教育の本質と問題点」『教育公論』4号
吉田竜也2004「「型」をとおしての現代教育と武道の考察」『公民論集』13巻、大阪教育大学公民学会

付録1 「教養」の万華鏡

「教養」という言葉の使用例を以下に集めてみた。

1 知識・文化的理解
・教養とは抽象的な知識を身につけること。
・教養とは「古典を尊び、学問する生き方を大切にすること」である。
・教養とは、教え育てること。
・教養とは、culture（イギリス、フランス）、Bildung（ドイツ）。
・教養とは、何らかの知識の在り方。
・教養の根幹は、我々自身の文化の中にある何ものかである。
・大正時代の教養というのは、西洋文化である。
・明治人の教養は、漢籍の素読で身体化されたもの。
・戦後の教養は、細片化、断片化、細分化された知識としての教養。
・岩波文庫を何冊読むかで教養を競っている。
・教養的な知識は、素人の談義。
・戦前の教養主義の教養はドイツ的で文化偏重の教養。観念的でロマンチシズム。
・教養とは、さまざまな「知」や「経験」が交錯する場そのもの。
・教養は、必ずしも必要ではないけど、絶対必要なもの。
・教養は非決定論的世界観に基づいている。
・物理学の教養教育は「自然の見方」をテーマにする。
・教養教育は、自分のあたまで考えることの快感を伝えること。
・教養教育は学問一般の原点をそのまま体現すること。
・教養教育とは、世界観構築の指針とガイドを与えること。
・教養とは、「知恵」や「判断力」を幅広く培うもの。
・教養とは、今まで知らなかった世界を知り、深く掘り下げながら、自分の世界を築いていくこと。
・教養とは、科学技術の功罪両面についての理解・判断力。

・教養とは、書物・文字を道具として個人に形成される人格。
・教養教育とは、知的探求の運営と戦略に関する教育。
・教養とは、身についた人文的素養、紳士の嗜み。
・教養とは、専門的・技術的知識を超える知識：知恵；総合的判断力。
・教養には、客観的ないわゆる知識と、実践的な知というものが入ってくる。
・教養というディシプリンはない。
・教養は浮世から少し離れたところにある。
・教養とは「その集団人としての常識より少し上の知識、たしなみ」である。
・教養とは「大学教育における専門知識に対する基礎・関連の知識」である。

2　人間の存在様式
・教養とは、神の像を心の中にかたどっていくこと。
・教養とは、人間の品位である。
・教養は人間が人間として地上に生を持って生きる証である。
・教養とは、人間に人間らしい心持ちを持たせ人間らしい行いをさせる、そういう人間を作る道。
・教養は絶えず何かしら高いものを「求め続ける」営みの中で実現される。
・教養（文化）とは、何よりも、あまり物を知らぬということを人が理解した時に知る欲求でありたのしみである。
・教養とは、偉大な諸目標という目的を持った偉大な精神たちの意を体して生きることである。
・教養のある人は絶えず自らの不十分さを知り謙虚になる人である。
・教養とは、知識を得ることではなく、それに生きることである。
・教養とは、人間を真に人間たらしめるもの、パイデイア、humanitas である。
・教養とは、雄弁（logos）と知恵（episteme）である。
・教養とは、いろいろなものに共感できる力である。
・教養は自分自身が生きるために必要。
・教養ある人とは本当に馬鹿じゃない人。
・教養とは、洗練された会話や身のこなしができる力。

・教養とは、知を軸にした人格形成。
・教養とは「学問などを通して人格形成に努力すること」である。
・教養とは、よりよく生きるための知恵。
・教養とは、個人の人格に結びついた知識や行いのこと。
・教養は自己陶冶である。
・教養とは、人間を人間たらしめる必須アイテム。
・教養とは、知に関わる態度そのものである。
・教養とは、それぞれの人が、自分の生に関わる形で「何か大事なもの」「真に信じられるもの」を見出すための多様な素材。
・教養とは、知と批判と想像力の三位一体をダイナモとして、生と世界の謎を解く。
・「教養」という概念が可能だとすれば、それは「何を教えるか」ということではなく、「主体的に学生が学ぶ」「自律空間」をどれだけ確保できるかということにかかっている。
・旧制高校的教養主義は、読書による人生への懐疑であり、人格形成だった。
・教養主義の学生文化は、「自省」と「超越」の契機をもっていた。
・教養＝品格である。
・教養とは、普遍という基準に照らし合わせて自省する「含羞」である。
・教養とは、「いかに生きるか」という問いに答えるもの。
・教養は、人「個人」のありよう。
・教養は様々に発揮される個々人の「力」の源泉となるもの。
・教養とは、「自分らしさ」を見つけ出すプロセスと、このプロセスの結果として見出されるはずの「自分らしさ」。
・教養があるとは、抑制のきいた品位が条件としてある。
・真の教養は、まさに真理を求める精神であり、本質的な疑いを持つ魂であり、それこそが、エリートの必要条件にほかならない。
・教養とは、人間の生と共に生きている現存在であり、生と共にのみ発展する生命体である。
・教養とは、人間の不完全さの認識である。
・教養とは、自己生成の内で姿を現してくる存在であり、内的感情の運動に

おいて限りなく様相を変えて現出してくる存在である。
・教養とは、明治近代化以降のエリート知識人のアイデンティティの内容。

3　社会性
・教養とは、自分らしく生きるために、世間に働きかけ、それを変えていく知恵・能力である。
・教養とは、その集団における価値階層の存在を前提として、その上層階層における知識。
・教養とは、公私の利害関係を調整する能力。
・教養とは、人を不愉快にさせない言動ができ、人間関係をうまくこなせること。
・教養とは、それがあることがエリートの条件。
・戦前の旧制高校的な教養観は、政治・経済（実用的知識）をバカにした。
・フランスの教養教育の主眼は、市民としての成熟（シトワイアン）。
・日本の教養主義の中には、フランス的教養というものがない。
・教養とは、マネジメント能力であり、勇気だ。
・勇気のない教養は役に立たない教養。
・教養とは、他者と共に生きるためのもの。
・教養教育、そんなものはあり得ない。
・現代においては、「教養」というものはすでに成り立たなくなっている。
・教養教育にとっての生命線は、聴く側をインスパイアする話ができるかどうかだ。
・財界人は不浄な金を扱う稼業であるから、教養を要求される。
・近年流行の教養論は、教養ノン・エリートに迎合したゆとり教養論である。
・日本における教養は作法を含んでいない。
・教養とは、自分が社会の中でどのような位置にあり、社会のために何ができるかを知っている状態。
・教養とは、世間を生きるための集団的暗黙知。
・教養とは、自分の専門以外の人と協同できる能力。
・教養とは、異分野の人と協働するために欠かせない能力。

- 教養は、相互に重んじ高め合う精神性であり、倫理性ともつながる質である。
- あらゆる社会様相に対して相対的な独自座標を持つ「個人」の形成が教養。
- 教養とは、自己を社会の中に位置づけ律していく力。
- 教養とは、自分が社会秩序を作り出していく力。
- 世界的に広がりを持つ教養、世界の人々と外国語で適確に意思疎通を図る能力。
- 教養とは、日本人としてのアイデンティティを確立するもの。
- 教養教育は、社会の激しい変化に対応し得る統合された知の基盤を与えるもの。
- 個人と社会の関係を認識することが教養、集団の教養。
- リベラルアーツは支配階級の差異化機能。
- 教養とは公共圏と私生活圏を統合する生活能力。
- 教養とは、公的生活と私的生活の衝突という難問を巧みに解決する能力。
- 教養とは、市民社会の作法。
- 打算的であることは、教養があることと対立するものではない。
- 教養とは、自己統制力、組織する能力、リーダーシップ等の能力。
- 教養とは、健全な批判精神。
- 教養とは、人間として（社会で）生きるに必要な知性。
- 教養とは、自己が自己自身および他者と一定の秩序を保って関係できるための心の状態性である。

4　総合的理解

- 教養（Bildung）とは、あらゆる世代のあのもっとも高貴な諸瞬間が、人がそのうちでさらに生き続けることができるような言わば一つの連続体（世界・神）を形成することである。各々の個人にとって教養とは、諸認識ともっとも高貴な諸思想との一つの連続体を有し、その連続体のうちでさらに生き続けることである。神の国を形成することに参与すること（沼田裕之・増渕幸男他1996『教養の復権』東信堂）。
- 教養は単なる学殖・多識とは異なり、一定の文化理想を体得し、それに

よって個人が身につけた創造的な理解力や知識。その内容は時代や民族の文化理念の変遷に応じて異なる（広辞苑）。
・一般に、独立した人間が持っているべきと考えられる一定レベルのさまざまな分野にわたる知識や常識と、古典文学や芸術など質の高い文化に対する幅広い造詣が、品位や人格および、物事に対する理解力や創造力に結びついている状態を指す。
・「教養」に相当するギリシア語は"パイデイア"であり、その意味は「子供が教育係に指導されて身についたもの」のことである。英語ではcultureで「粗野な状態から耕された、人の手を経たもの」、ドイツ語ではBildungであって、「つくられたもの」のこと。それぞれに教養の捉え方に対する文化的な温度差がある。
・教養とは、精神文化一般に対する理解と知識をもち、人間的諸能力が全体的、調和的に発達している状態。教養の内容は、その所有者が存在する社会の文化によって異なる。またそのような状態に教え導くことをさすこともある（ブリタニカ国際大百科事典）。
・教養は、伝統的に、西欧の高等教育で扱われてきているリベラル・アーツに相当するものとしてもとらえられる。この起源もギリシア時代の自由人のための学問に起源を発する。
・「教養」とは、現代の日本では、大学の専門課程よりも前の課程で習得されるべき広範な一般的基礎知識を指す。

付録2 「ハーバード報告書」について

戦後の日本の大学に「一般教育」を導入する際に注目されたのは、J.B.Conant 著 *General Education in a Free Society* (1945) である。これは第二次大戦中にハーバード大学総長コナントの主導で「自由社会における一般教育の目的委員会」を作り、ハーバード・カレッジだけでなく、より広くアメリカの教育全体における一般教育の概念を明確にしようとした報告書である。出版当時、赤表紙であったことから「レッドブック」と呼ばれた。「レッドブック」の大要を、山本敏夫・他編著『大学――その理念と実際』(國元書房、1950) に基づいて以下紹介する。

「ハーバード報告書」の解説に入る前に、紹介者山本敏夫 (当時慶應義塾大学哲学教授) について紹介しておきたい。山本は新制大学発足の時代における論客の一人であった。山本は「ハーバード報告書」を深く理解し、次のように述べている。

【一般教育はいわゆる「教養」を眼目としているのであろうか。明らかに「否」である。教養という言葉には元来あまりにも個人的な嗜好、たしなみ、趣味というようなニュアンスが強すぎる。殊に東洋的な孤高、低回、隠遁の気分さえつきものになっている。ただ単に「教養」と言えば、学生個人のインテレスト本位に偏してしまう危険が多分にある。従来の教養の概念は、少数の特殊な人々にのみ許されたものである。そういう教養は(新制大学における)一般教育の概念とは本質的に相容れない。

教養という言葉は英語では、多くの場合カルチュアと言う言葉を用いている。イギリスやアメリカの大学においては、カルチュアに関連する言語の使用に歴史的な変遷がある。すなわち、カルチュアからヒュマニティズになり、さらにリベラル・エヂュケーションになり、それからゼネラル・エヂュケーションになるにつれて、歴史的に観て言葉の意義が包括的になり、きわめて多義岐なまた総合的な内容をもつものになってきたことは、

十分に注目しておくべきことであろう。

　ゼネラル・エヂュケーションの場合は、もはや単なる教養ではなくなっている。教養はヒューマニティズという言葉で言い表されているごとく、人文系等にかたより過ぎるおそれが多分にある。

　新しい一般教育の概念の内容は、最近の社会経済の変化、科学の発展、世界の現実生活の変貌からきているものである。すなわち社会の民主化と科学の発展につれて、さらに世界変動に伴ってゼネラル・エヂュケーションは単なる人文的教養でなく、社会性、科学性が強く内容的にも表れてきている。そして重要なことは、このような一般教育の理念の変化は、ただ単に思弁的に、概念的に生じたものではないことである。現実の生活全般の民主化の大きな方向に立って、社会的、歴史的な背景に即して生じてきたものであり、この総合的なバックグランドから切り離して、一般教育の理念の発展を考えることは、全く無意義だと言わなくてはならない。

　一般教育は人間として、もっていなくてはならない根本的な考え方、態度、生活の仕方の把握を目的としており、社会成員としての不可欠な債務の認識を主眼とし、社会的にせっぱつまったものに直かに脈絡をもつものである。旧来の教養と言う如き、個人として、もっていればその方がましであり、他人に悪い感じは与えない、と言う如き、消極的なものではない。

　ハーバード大学報告書『自由社会における一般教育』は、アメリカ最古を誇るハーバードが、20世紀における大学の本質と、新しい在り方について深刻な反省をせざるを得なくなったことの所産である。すなわちコモン・マン（common man）に通ずる新しいユニティ（unity）を探求したのである。そして彼らの求めたものは、20世紀の「自由社会」(free society) における一般教育の基底であった。「自由社会」は、フロンティアの喪失、経済不況、二回の世界大戦の生んだ苛烈な社会生活のきびしさに充ちた言葉である。もはや「個人の自由」の喪失さえ感じさせるものである。不況と戦争とにあえぐ現実生活のなかに一つのユニティを求めようとしたのである。永年伝統的に享受してきた貴族的なシェファニアンなデモクラシーと庶民的なジャクソニアンなデモクラシーとを融合するモメントとして、新しいヒューマニティを見出したのである。もはや植民地時代以来のイギリ

スの伝統下に育成されたアメリカの大学精神とは全く異なったものを求めたのである。その新しくしたヒューマン・ネーチュアの根底には熾烈な世俗的な、社会的な要望の反映があったのである。(以上、山本による。)】

　日本において一般教育が定着しなかった原因は、上の山本の見解からも説明できる。すなわち、アメリカにおける一般教育は、「社会的にせっぱつまったものに直かに脈絡をもつものである」のに対して、日本における一般教育は、一部の識者は別にして、そういう「せっぱつまったもの」への脈絡なしに考えられていたのではないか。日本社会に「せっぱつまったもの」がなかったはずはない。「せっぱつまったもの」に対する眼差しが、日本の大学人には欠如していたということである。いま「グローバル世界」は、「せっぱつまったもの」に直面している。現代における一般教育は、そのような事態に脈絡を持つものとして、再構築されなければならない。

1　「ハーバード報告書」概観

　「レッドブック」は20世紀米国のクラシックの一つと位置づけられた。それは単なる教育分野の技術的書物ではなく、アメリカの文化、文明の起源と発展、その現在と将来を明らかにしようとしたのであった。アメリカの文化、科学、教育の現勢図、俯瞰図であり、従来の大学教育の批判と将来への指導の書である、と位置づけられた。

　「レッドブック」は、20世紀のデモクラシーの根底ともいうべき新しいヒューマニズムのよりどころを示している。

　「レッドブック」は当時の教育思想を総合的に検討し、シカゴ大学のハッチンス総長等の主知主義への批判と反批判とを総合した。ジョン・デューイの思想と大学教育との調和を論じている。

2　その背景

　背景には二つの要因がある。
　一つは、世界の国際的緊張関係からの必然性である。当時、太平洋戦争を契機として、国民が一つの新しい拠りどころを求めたころである。孤立主義

をすてて、まったく新しい国際秩序の建設の責任を負ったアメリカの転換期の理想主義を再認識したことである。

二つは社会的変化からの必然である。新しいアメリカにおいては、社会の多様化が強められたので、多の中に一を、すなわちunityを求めることが激しく要望されたのである。その解答が本書である。このunityへの求心的動向は、一般教育のカリキュラムの構成にも、integration, coherence, coreとなって表れている。そして学問研究の細分化の時代への対応にも迫られたい。

3 アメリカの大学の変遷

アメリカの大学の変遷を要約すると、4期に分けられる。

第1期（17-18世紀）は、中世期的な知識への固執、実際からの遊離（ヨーロッからの継承の時代）であった。

第2期（19世紀）は、専門にのみ偏りすぎ、実用主義的な教育（ドイツの講座本位の大学）の風潮とアメリカの実用主義との結合が特徴であった。

第3期（20世紀初頭）は、インテレクチュアリズム、古典への固執（反動への反動）の時代であった。

第4期（本書によって代表される1940年代）は総合的態度がテーマになる。

4 ハーバード大学のカリキュラム構成の変遷

次のように特徴づけられる。

第1期（19世紀半ばまで）は固定的必修性、

第2期（ハーバード・エリオット総長時代）は、無制限な選択制、

第3期（ハーバード・ロウエル総長時代）は、必修性と選択制との折衷、

第4期（コナント総長の時代）は、総合性を目指した。

アメリカの大学の共通の中心問題は、一般教育と専門教育との関連、調和をいかにすべきかということであった。

5 アメリカ社会の潮流

二つの流れがあった：

一つは「ジェファソニアン・デモクラシー」で、少数者の質的優位を認め

る主義であり、二つは「ジャクソニアン・デモクラシー」で、多数の平均の水準を引き上げる主義である。

　両者の接合の時期に、1940年代のアメリカは達していた。これは20世紀中期のアメリカの特質であり、その可能性を人間性（human nature）に見出し、新しいヒューマニズムの再建を求めた。

6　ハーバード報告書の特質

　この報告書の特質は、均衡と総合の二面にある。その関連は次のように示されている。
(1) インテレクチュアリズムに対する批判。
(2) 古典中心の学習法、コア・ブックと経験主義の融合（シカゴ大学ハッチンス総長の主唱する古典中心のインテレクチュアリズムにもかたよらず、また、それに反対するジョン・デューイ一派の経験主義にもかたよらぬ立場がこれを示している）。
(3) 一般教育と専門教育との相関関係。
(4) 大学院のスタッフと4年制大学のスタッフとの調和。
(5) ジェファソニアン・デモクラシーとジャクソニアン・デモクラシーとの調和。
(6) スタッフの多角的な活用、一般教育委員会そのものの構成。
(7) カリキュラムの構成の基本原理。必修制による伝統的な流れとプログレッシブな学習法の相関関係。
(8) 自由と社会、社会的自由、自由社会のアイデアに見られる総合的な理念。

　コナントは言う。「自分は均衡（relevance）を重んずる」。この態度はシカゴ大学ハッチンス総長のインテレクチュアリズムに対する批判的態度にも表れている。そしてこの態度はreasonにのみ重きを置かず、wisdomとの関連にも重きを置く態度にも、それが見られる。そしてこの態度は教育の面でも重大なゴールとなって表れている。また、教育そのものの目標の考え方にも表れている。すなわち一般教育の目的の一つとして、relevant judgmentをな

し得るようにすることにある、と言っている。このように、教育の目的観そのものの中にも、相対観が強いのである。この相対観的な見方は、デモクラシーそのものの解釈にも表れている。また、自由と社会的制約の関連の見方にも示されている。

このようなプロポーション、均衡の思想は、決してコナント一代の創作に成るものではない。彼の前任のロウエルの時代に、有名なDistribution（Concentrationに対する）の理念により培われ、多年に亘って発展したものである。

もう一つの重要な特質は、総合（integration, unity, coherence）にある。この要素は、ロウエルの時代には、まったく発展していなかったものである。

このようなdifferenceの分析は、unityを発見するための準備である。このunityの基底を、人間性（human nature）に求め、新しいヒューマニズムによって、教育の指導原理をうちたてようとしたものである（後節「その基底」に記述）。そして、大学における一般教育のカリキュラム構成の指導原理もまた、同じく上述の二つの要素、すなわち「均衡」と「総合」の原理から成り立っている、とするのである。

7　その基底

ヒューマン・ネーチュアまたはヒューマニティーにまでたどりついた道程は五つある。

第一の道は、社会の事象の複雑化と多様性の中に、一つのユニティ（unity）を求めての経路であり、

第二の道は、教育の目標、理念を追求して、abilityの昂揚と、averageの向上の二つの途の交叉する点を求めての努力であり、

第三の道は、デモクラシーの成立の基底を求めて、結局これを人間と人間とのfellow feelingに、最も深い根底を発見するのであり、

第四の道は、人文、社会、自然の三つの系列の総合の基底を求めて、その究極をヒューマンなものに見出したことよって開けたものであり、

第五の道は、civicなもの、或はcitizenshipの基底を追及して、これも結局humanなものと一致すると考える観方である。

この五つの道程について述べることが、本書の基本的なアイディアを明らかにすることになると思う。
　第一のdifferenceの中にunityを見出そうとし、人間生活の基底として、比較的に不変なものを追及しての道程は、コナント自身の筆になるその序文にも、うかがうことができる。
　教育の基底を、ヒューマン・ネーチュアに求める根拠は、人間性というものが、比較的に安定した、変化の少ないものであるから、としている。この論述には単なる伝統になずむ態度でなく、むしろ科学的な、心理学的な態度が強くにじみ出ている。
　第二の道は、教育の目標を追及しての道である。すなわちこの報告書は、教育上の二大目的がある、としているが、その一つは、才能のある者に、ますますその優れた特質を伸ばさせることで、これをto give the scope to ability or nurture abilityとしている。
　第二の教育の目標は、国民の平均の能力の水準を高めることである。すなわち、to raise the averageである。
　以上二つの目標を、現時のアメリカの教育組織制度は同時に成就しなくてはならない。しかして、かかることが可能かどうか、という大きな問を出して、これに対して自ら、はっきりイエスと答えている。そして、この可能性を人間性、人間的共感に求めている。可能性をhuman natureとhuman sympathyに求めているのである。しかして、この二つの教育目標を別の言葉で言えば、ジェファソニアン・デモクラシー（優れた特質の向上に重点）とジャクソニアン・デモクラシー（平均の水準の向上に重点を置く観方）との、両者の融合を同時に図り得る点に、意義があるとしているのである。
　結局、一般教育の生じた原因は、新しいヒューマニズムを生む要件である、といえよう。
　科学や文明が、専門的技術的な手段にのみ化して、学問は細分に細分を重ね、ついに人類と国民の生活の目的を忘れ、複雑な現象面のみに気を奪われて、総合的な目標を、すべて失うような時代には、人生観、世界観として新しいヒューマニズムが、そして、教育部面においては、一般教育が、最も強く求められるのは、きわめて自然のことと言える。

この観方をコナント総長は次のごとく説いている。

「リベラルな、ヒューマンな伝統を、教育の組織全体の中に浸透させていくことが教育の目的である。アメリカという自由の国の民であることに因る責任と利益とを、本当に理解させることが我々の目的である」。

第三は、デモクラシーの基底を求めての追及である。

第四は、人間、社会、自然の三つの系列の社会の総合、未分化を求めての追求である。

第五の道は、civicなもの、citizenshipを追及しての経路である。ヒューマンという言葉の意味を、「職業的な」ものと対立させて考えている。civicという語を「職業的な」ものと対立させるが、ヒューマンなものとcivicなものとの一致を強調している。公民としての道は結局humanなものと通ずるのである、としている。

市民としての責任、知性を強めるための教育は、『職業教育』でなく、『一般教育』に属するものである。humanなものが、アメリカの民主社会の生活に表れる場合、civicなものとなり、civicなものの根底を追求すれば、最も深くhumanityに通ずると考えているのである。このように考察してくると、一般教育は、ヒューマンな価値を拡大することにその究極の意義を持つものと言えよう。

人文と社会と自然の三つの分野の科学の究極の目標も、結局ヒューマンな価値の昂揚にある、と言えよう。そしてかかる思想が、ハーバードの場合は、そのマサチューセッツにおける歴史的起源にまでさかのぼってプロテスタンティズムとも融合し、プラグマチズムとも融和しているのである。

教育は究極においては、モラルなガイダンスなくしては成り立たないが、モラルなものは、結局宗教的なものに通ずるものである。ヒューマニズムも、庶民的なものも、根底においては宗教的なものに通ずるものであるとしている。このように、深く国の成立の当初にまで遡り得る思想の流れが、ハーバードという一つの大学のみならず、アメリカの精神的背骨にまでなっているのであろう。

8　一般教育と専門教育

　一般教育と専門教育との差異は、まずその両者の目的の差異に見出される。一般教育は前述のごとく、ヒューマンなもののまたシティズンに関するものであり、専門教育は結局は職業的なものに関連するものである。

　両者のコースの相違は、科目の名称によるのではない。方法（method）と目的または観方（outlook）の相違に因るものである。すなわち同じく「歴史」と呼ばれる科目でも、教育の目的と方法によって、一般教育科目ともなり、また専門科目ともなるのである。したがって、コースの目的と方法に対する省察が根本的となる。

　一般教育の目的は、次の四つの能力を培養するにあるとも言える。
　(1) 効果的な思考の仕方を教える。Effective thinking
　(2) 意志、感情、情意等の伝達、発表の作用の習熟。communication
　(3) 総合的相対的な思考による判断。making of relevant judgment
　(4) 価値判断の決定。discrimination among value

　以上の四つの項目も、結局独立的に個々別々に考えるべきでなく、それぞれが互いに依存して成立するものである（coexistent functionの一部である）。

　ところで、ここで第一項のeffective thinkingを考察してみると、これは自然、人文、社会の科学の三系列においてはそれぞれが次のごとく養われるのである。きわめて簡単に言えば、自然科学においては主としてlogicalな、社会科学においてはrelativeな、人文においてはimaginativeな考え方が養われる、と言えよう。

　<u>一般教育は木の幹の如きものであり、専門教育は枝や葉の如きものである。思うに、木は幹によって立ち、木の成長は幹の成長であるが、枝や葉の成長も幹の成長を助けると言えよう。</u>

　一般教育は専門教育の幹となり、これを強めることは、何人も理解に苦しまないが、この報告書は、また逆に専門教育が一般教育を強めることも十分に認めている（この報告書は、別の個所で、一般教育は手のひら（palm）であり、専門教育は指のごときものである、とも言っている、がこれはあまりにも物象的で賛成できない）。

　マッグレール氏の用いた比喩では、「一般教育も専門教育も虹のごとく、

その要素は有機的に関連し合っている」となる。

　我が国では、一般教育を重んずる風潮がようやく生まれたと思うと、専門教育が一般教育を育てるのに役立つ部面をまったく看過している向きがある。これでは皮相な反動に堕する恐れがないとは言えない。

　ハーバードの特色は、この両者の有機的な相関関係をきわめて微妙に活かしていることにある。その大学の組織構成からして、いわゆるuniversity collegeとしてのハーバードの有機的な特質が発揮できるようになっている。この点は、一般教育と専門教育との相即相補の関連を知る上において、きわめて重要である。

　一般教育は、一つの全体的総合的なもので、目的を持ったものである。すなわち専門教育に目的を与える立場をとっている。専門教育は、結局目的達成のための手段的性格を持つものである。

　一般教育はgeneral relationshipのinsightをもつものであり、専門教育はこれを欠いている。この点に専門教育の限界がある。

9　ハーバード大学の一般教育：伝統と影響

　学問分野を人文と社会と自然の三分野に分けているのは、コナントの先任者、ロウエル総長以来の伝統である。ロウエルは有名な「集中」「分散」の原理と方策をハーバードのみならず、アメリカの大学教育に広く普及したのである。集中（concentration）とは、現今の言葉で言えばspecialization, special educationすなわち専門部面を指し、分散distributionは、一般教育の各部面の考慮の配分を示している。この原理をアメリカ流の通俗な言葉で表せばmajor, minorである。

　このロウエルの「分散」distributionの原理はコナントの「平行」「均衡」の原理の母体となっている。ロウエルが「分散」の原理を打ち立てたのは、その先任者エリオットの布いた自由選択制（free elective system）に対する批判的反作用としてである。エリオットの自由選択制は、アメリカの植民地時代以後、二世紀にわたる中世期的必修制度に対する反作用であった。すなわち中世期的な固定絶対的な、必修制に対するアンチ・テーゼとして、エリオットの放任的な無制限の自由選択制が布かれ、学生の科目選択が一部にのみ偏

りすぎ、学生の趣味や得点の都合上のみに偏向する弊害が著しくなったので、その傾向をたしなめて、一定のワクを設けて、そのワクの中においての「配分」「平衡」の法則をロウエルが作り、これを洗練したのが、現時の一般の傾向である。

　日本における一般教育については、その生命とも言うべき「総合」の原理を生かす上からは、不十分である。この問題が究明されぬ限りは、我が国の一般教育は旧態依然として大学予科または旧制高校の予備的、入門的、専門科目の手ほどきにすぎない運命に終わるであろう。

10　"University College" の特色

　ハーバード大学の特色は、"University College" にある。すなわち、

- 大学院とカレッジとが、同一の場所で一つの組織の中に存在し、融和的である。
- 教授団が上述の両者を共通的に受け持っている。世界的な学者が、カレッジの初歩の段階においても、一般教育科目を担当している。
- 授業科目によっては、カレッジの学生が大学院のコースに出席できる。
- 上述のごとき機構で、一般教育と専門教育との融合を図り、偉大な学者が、よき教師となる仕組みを整えている。
- university college なる術語がすでに一般教育と専門教育との double presence を示し、一般と専門の教育の double nature を表し、両者の不可分的な関連と補強的な関係を示している。

11　結び

　中等教育も大学教育も、一般教育に関する限り、その kind においては同じものである。ただ degree が異なるのみである。さらに一般教育をあまりにも専門教育と峻別し、まったく無関係のごときものとする傾きも、大いに反省されなくてはならない。

II.

大学教育を語る

1　禁じられた学び

はじめに

　『大学コンソーシアム京都』の名称は、「京都・大学コンソーシアム」と京都が頭にはじめは付いていました。その第1回のFDフォーラムが1995年に行われ、その時にお招きいただき、お話をいたしました。森島事務局長（当時）がその時の話をなぜか覚えておられまして、今回もう一度登場ということでした。私は客寄せパンダだと思っているわけです。一度はお招きいただけるけれども、二度とは招かれないという。しかし、『コンソーシアム京都』からは二度お招きをいただくことになります。

　1995年から今日まで7年少し経っていますが、昨晩、95年の時の資料を出してみると、今私が考えていることとまったく同じことを、7年前に話しているのです。ということは、私が進歩していないのか、日本の大学が相変わらず7年前と同じなのか、どちらであろうかと思ったわけです。結局、同じことを私はオウム返しのようにあちらこちらでお話をしてきたと思います。

1　教養教育のグランド・デザイン

　今日は教養教育のことについて話をということですが、後で天野先生をはじめそうそうたる先生方が体系的なお話をなさるかと思いますので、私はほんの前座として一つのことを申し上げたいと思っています。教養教育についてはいろいろな報告がここ数年間に矢継ぎ早に出されています。文部省の委託研究で慶應義塾大学を中心に教養教育の研究をずいぶん長い時間をかけて行い、その報告書が最近出されました（慶應大学2002）。色刷りの非常に立派な報告書です。それには要約したパンフレットまで付いています。『教養教育のグランドデザイン、新たな知の創造、高等教育における教養教育モデル』というタイトルの報告書です。私も一度参考人としてその研究会に呼ば

れて、いくつか意見を申し上げました。その報告書を拾い読みしていきますと、「教養教育の意義というのはより良く生きることの新しい意味の発見、そのための人類の知の継承、継承した知を時代の変化に対応した知の体系へと統合するシステムを構築することである」。これを若い世代へと伝達するのだと、述べています。要するにより良く生きるための現代的知識の構築が教養教育だというように私は受け取りました。その中で、キーワードがいくつかあります。「知の体系を現実に適応させるための明確な自己の座標軸を与えることが教養教育だ。そのためには、古典から現代にいたる有機的な知の連鎖の理解は必要である。それらを自らの経験と符合させ自己内在化をさせることで、確固たる世界観・価値観を期待するのだ」ということです。

　具体的には教養教育の目的は次のとおりであるというわけです。人間の"知"は、身体知・言語知から始まって文化知・社会知・科学知で、そして複合知に至る、と言っています。そのことを綺麗な図に書いています。文化知・社会知・科学知を通り抜けて言葉・人・身体を真ん中に円が書かれておりまして、それが複合知というわけですね。その中に言葉を囲んで身体知というものが書かれております。

　これが"知の小宇宙"だということでありまして、このモデルでは、以上六つに分類した"知"を総合的、相互関連的に学習することを大学における教養教育の具体的目的と位置づけた。ということで、いろいろなことを言っています。一つは総合知に関係する科目群をモジュール科目という。そして、もう一つは言語・数学・情報のように一種の基礎技術をグレード制科目と言う。モジュール科目とグレード制科目、それから身体知の科目、これら三つの分野を使ってカリキュラムを構築する。教養教育というよりも学習過程全体を教養教育の場であると考えるべきであろうという考えを主張しています。この慶應大学のグループの言っていることは結局、「リベラルアーツ」ということで、それに現代的なネーミングを作った。"知"の総合講座を導入し、そして単位制も変えてレベル達成をポイント制にするとかいろいろなことを言っているわけです。

　初めに述べているように、教養教育というのは学生たちに自分たちの座標軸を作らせることだ。より良く生きるための座標軸を作る。そうすると、先

ほど言った六つの"知"というものをめぐっての学びがいかにして自己の座標軸の形成につながっていくのか、ということが問題になりますが、そのことに関してはほとんど語っていないように私には見えます。どうも問題はそういったところにあるのではないでしょうか。

2 教養教育の諸提案

教養教育については、いろいろな答申が先ほど言いましたように出ています。例えば、大学審議会の「21世紀答申」の中では「社会生活の中で必要な知識と技能」というような言葉で総括されるようなことが述べられている。その後に出た「グローバル化答申」では、倫理・他文化・外国語・科学・IT、そういうものが教養教育のテーマであるとされています。中央教育審議会に至っては新時代の教養として修養的教養を主張なさるわけですね。修養的教養というのは明治時代に流行ったことですが、それを現代に復活させよと言わんばかりです。古典への感動を与えなければならないとも述べています。先ほどは慶應義塾の文部省助成研究を紹介しましたが、その少し前に京都大学を中心とした協力者会議があり、そこで議論された教養教育に関する報告もあります。ICUも協力校として参加しました。そこではコモンベーシックということを言っています。このようにいろいろなことが言われていますが、要約すれば、リテラシー・コモンベーシックを教養教育としている。それから、ディシプリン（専門分科）の基本的理解とディシプリンの意味づけ（総合）です。さらに、知的世界への動機づけと実践、そして課題探求能力、人間形成・修養、といったようなことを教養教育の内容としています。

教養という言葉は英語で何というのでしょうか？ 教養という日本語に対応する英語はないようです。ドイツ語では何と言うか？ ドイツ語ではBildungが教養に近いという説もあります。英語で書かれた本の翻訳の中に「教養」と訳されているところを原典にあたってみますと、エデュケーションです。エデュケーションを教養と日本人は訳すわけです。教養と教育は同義なのか？ 同義という立場から学部課程・学士課程の教育がいわゆる教養教育だという言い方ができるのではないか。すなわちリベラルアーツ教育でいいのではないか。しかし、そういう報告を聞いて何か物足りないというか、

では、どうしろというのか、という問いがでてきます。六つの"知"を並べ、うまく言葉の上で体系づけて、それが教養教育だと言われても、釈然としません。スローガンと枠組みが与えられるけれども、「なぜ、教養教育なのか？」という必然性が浮かんでまいりません。先日、京都大学のセンターに田中毎実先生からお招きをいただいてお話したことなのですが、結局、そういう教養教育像というものは、知識に過不足がないまろやかな紳士淑女のようです。そういう紳士淑女を養成しろと大学審・文科省等々は言っているようにもとれますが、他方では個性的な人間を作れとも言っています。個性的な人間と言えば私どもはイメージがあるわけですね。自分もそうですが、いわゆる専門に偏った人間、もっとはっきり言うと偏執的な人間を個性的と言うのでしょう。圭角的な人間像を必ずしも教養教育は求めてはいないことになります。教養教育というのはそういう過不足のない人間を作れと言うことなのでしょうか？　要するに、教養教育の主張に迫力がないのですね、なぜ、迫力がないのか？　結局は従来の教養教育のコンセプトをもう一度焼き直しているだけだからでしょう。あるいは、中教審のように明治期の修養主義の残滓だからでしょう。教養というと常に普遍的なものを求める。普遍的なものを与えれば、あるいは提示すれば学生は何かに目覚めるのか？　そうではないのではないか？　普遍の立場というものと個人の教養というものの間に緊張がない。普遍では教養は得られないのではないか。教養は生きるためだと言っていますが、六つの"知"を総合して生き方というものを出すことができるのか？　何のために生きているのか？　そういう問いが欠落している。もう少し、個人の立場を超えて言いますと社会をどうするのかという理念が見えない。これは日本の最も大きな問題ですね。総理大臣が日本の国をどうしようとしているのか、まったく見えません。そういう哲学的な知恵の発言が一切ありません。教養とは、そのような問いへの答えを用意するものではないでしょうか。

3　私が考える教養教育

　今日の題は「私が考える日本の大学教養教育」ということです。「私が考える」という枕詞をつけていただいたので、勝手なことをしゃべればいいと

いうことで気が楽になりました。すなわち、自分の言葉で語る教養論をご披露すればよいということで、お許しをいただきます。

　私の妻はフェミニスト神学者で、アメリカにおけるその方面では結構、名が知られていますが、日本のキリスト教会全体としては知名度はそれほど高くありません。キリスト教の話で恐縮ですが、フェミニスト神学者は聖書を、女性の言葉で読むと言います。聖書というのはそもそも男の言葉で語られています。それを女性の言葉で読み返してみると、どういうことが発見できるか？　そういう作業を私の妻は営々とやっているわけです。すなわち、自分の言葉で読み、語る。私は常に、先ほどもそうでしたが、人の言っていることを引用しているわけですね。いつまで他人の言葉を語っているのか？　自分の言葉で語り直したらどうか、というのが彼女の私に対する批判です。女性の言葉で聖書を読む、あるいは自分の言葉で教養を語る。その際に一番必要なのは、妻に言わせるとイマジネーションだと言うのです。イマジネーションがなければ、あの男性言葉で語られた聖書の中から新しいものを発見することはできない。このイマジネーションということを考えて、教養とイマジネーションをつなげたらどういうことになるか？　まさに教養というのは、イマジネーションを生む源泉ですね。そういうイマジネーションがない者に教養は語れるのか？　というのが妻の批判でありまして、私はその言葉の前に沈黙しているのです。

4　なぜ大学へ行くのか——高校生との対話

　さて、私の経験を若干ご披露したいと思います。先日東京のある高等学校から、大学とはどういうところか、高校生に話をしてほしい、ということでありました。その対象は、その高校の中で一番できる者だけを集めたエリート学級でした。私の講演の前に、いろいろな大学の有名な先生が登場して話をした後を受けて私が話す、というプログラムでした。「社会学とはどういうことか？」「物理学とは？」「経済学とは？」。そういう話が一泊の研修で、前日からずっと続いたわけです。私は最後のところに登場いたしました。生徒さんもくたびれ果てて眠っているのもいるわけですね。私が話し始めてもまだ机にうつ伏せしている者もいました。私はそこで彼ら・彼女たちを揺り

動かしてやろうと思いまして、熱弁を振るった。ところが、彼ら・彼女たちは全然反応しないのです。何人かは私と目を合わせているのですが、全然目が輝いてこない。無反応。それを私は躍起になって用意した原稿をところどころ変えながら何とかして生徒たちの気持ちを沸き立てやろうと懸命な努力を1時間したのですが、結局彼らは黙って座っている、あるいはうつ伏せているだけです。私は非常に消耗しました。今日は消耗しません。皆さんご熱心ですから。熱気が来るのですね。そうすると疲れないわけですが、熱気が来ないと途端に疲れてしまう。クラスというはそういうものなのですね。先ほどもちょっとお話ししましたね。我々の熱意だけではだめで、学生との間に熱意と意気投合がないとだめだ。私と彼ら彼女たちの間にギャップがある。言葉が通じないのか？　絶望的な気分で帰ってきたのです。このままではあんまりですから、ふっと思いついて話の最後に「君たち感想を書いてくれない」と頼み、担当の先生に、感想を集めて送ってくれるよう頼んで帰ってきたのです。何日か経ってその感想が来ました。それを読んで大変に驚きました。

5　君はなぜ勉強するか

　生徒たちにどういう話をしたのか、今日の話に関連しますので、大筋を紹介します。「君たちはなぜ大学に行くのですか？　なぜ勉強をしているのですか？」
「大学に入るために。」
「大学に入るために勉強をするのだったら大学に入ったら勉強はいらないのですか？」「勉強は必要です。」
「なぜ？」
「良い会社に就職するため」
「なぜ、良い会社に就職するのですか？」
「豊かな生活のために」
「豊かな生活とはどういうことですか？　貧しい人は幸いって言葉がありますよ。」
と問題提起をしたのですが反応しないわけです。

6 『それでも君は大学に行くのか』

次に吉村作治さんの本を引用しました。有名なエジプト学者ですね。何かピラミッドについて大きな発見をしたというようなことでありますが、あの人が書いた本で『それでも君は大学に行くのか？』(吉村作治1995) という本があります。お読みになった方がいらっしゃると思います。それを読みますと、いきなり、学生に対する批判が書いてあります。いまの学生は、「私語ばっかりしている」、「廊下で大きな声で立ち話をしている」とか、「面白い授業を求めている」、「面白い授業でないと聞かない」とか、「燃え尽きた学生ばっかりが集まっている」、「こんな学生はいらない」、「今の大学生は幼稚園児だ」。そういうことが書かれています。吉村教授いわく「大学というところは学問をするところだ。学生というのは教授の後継者である。大学は後継者を養成している。ところが、現実の学生は学問をしに大学には来ていない。大学がダメになったのは学生を学問予備生として扱わないからだ」として、だから学問に徹底しろというのです。そこで吉村さんがそう言っているが、「君たちどう思うか？ 君たちは学問をしに大学に行くのか？」と問い返してみました。

7 学問とは──「始めに言葉があった。」

そこで、吉村先生が言っている学問とはどういうことか？ ということから、「始めに言葉があった」「言葉は神と共にあった」ことを引用しました(ヨハネによる福音書)。そして、宗教というのは人が生きるためにある。言葉によって人は生きるのだ。また学問とは言葉によって成り立っている。学問は人が生きるための営みであった。このことは上手に説明できたかわかりません。本来、学問というのは生きるためのものであった。ところが今の学問は違うのだ、今の学問というは専門分科、ディシプリンの集合である。現在の学問はいかに生きるかという問いに対して直接には答えない。ところが皆さんが求めているのはいかに生きるかという問いへの答えでしょう。大学で学ぶことは、生きるっていうことに意味を与えるのだろうか？ 専門分化した学問は、そういう答えを与えません。だから、あなた方が大学に行っても、生きる意味は発見できるかわからない。もっと問題なのは「具体的にあなた

方はどういう大学を選ぶのですか？」 多くの大学は専門を選ばないと大学の入学試験は受けられませんね。文学部とか、経済学部というようにまず学部を選ばなければならない、学部を選んで、経済学科か商学科かそういうものを選ばなければならない。「どうやって専門を選ぶのですか？ 専門を知っていますか？」、「専門を知らないでどうして学部・学科を選ぶことができるのですか」と問いかけてみました。

8 私の貧しい経験

　そこで私は自分の貧しい経験を話しました。戦争中に旧制の中学生でしたが、そこで一人の数学の先生に出会った。その先生から「素因数分解の一意性」という不思議なことを教わった。もちろん、クラスでではありません。個人的な対話の中で。6という数は3×2×1以外に素因数によって表現することはできない。なぜか？ 私はその時非常に不思議な気分になったのです。そのことをやがて忘れていまして、旧制の専門学校経由で新制大学に入り、工学部の機械科に進んだのです。しかし、すごい違和感があった。機械科の教授が言っていることに、なじまないのですね。それで、電気科にいこうと思って電気科の授業を聞いてみた。なじまない。それで、理学部に転部して、物理の講義を聞いてみた。それでもまだ違和感が残っている。だんだん考えていくうちに結局自分の心は「素因素分解の一意性」に魅せられていたのだと、ということに気がつき、数学をやろうということに心を決めた。その時、すでに大学3年生。私は違和感にこだわり続けたのだということをお話ししたのです。

9 青年期と大学の選び方

　大学を選ぶ時にこだわりがあるのなら転部ができるような大学を選びなさい。とにかく、とりあえず選ばざるを得ない、世の中がそうなっているから。とりあえずは選ばなければならないけれども、選んだところに対して可能性をかけてみる。というようなことから、リベラルアーツのことを少し言って、「君たちの今というのはどういう世界の中にいるのか？」子どもの世界というのは自分の中に世界があるのだ。大人の世界というのは、世界の中に自分

があるのだ。青年期というのはちょうど中間、子どもから大人への転換期であって葛藤の時代だ。危機の時代だ。クライシスの時代だ。私の大学はICU（International Christian University）というが、ICUというのは、インテンシブ・ケア・ユニットである。青年期のインテンシブ・ケア・ユニットがICUという大学である。葛藤というのは大変なことだけれども、これはものすごいエネルギーなのだ。何か新しいものを作り出すエネルギーがそこに潜んでいるのだ。大学というのは青年期を作るところだ、葛藤を経験するところだ。世界の中に自分を位置づけるそういう選択をするところだ。専門選択というは実はそういう営みの一部なのだ。今のあなた方は創造の源であるのだ。あなたが生まれるためには二人の親がいる。二人の親に対してそれぞれ二人の親がある。50代さかのぼると100万人になる。あなた方は100万人の遺伝子を継承している。そこには無限の可能性があるのだ。そして、最後のとどめは夏目漱石の『三四郎』で、三四郎が熊本から出てくる時に、「偉大なる暗やみ」と言われていた広田先生と列車の中でお話をする。その広田先生が「熊本より東京は広い、東京より日本は広い、日本より……」と言いかけて、しばらくおいて広田先生が「日本より頭の中の方が広いでしょう、囚われちゃだめだ」といった、という話をしました。しかし、現実の大学は、皆さんのそういう葛藤に正面から向かい合っていない。私は矛盾を抱えている、ということで講演を終わったのです。これでは、生徒が感激しないわけです。

10　生徒は感動していた！

　ところが感想を見て驚いたのですが、実は生徒は感動していたのです。ほとんどの生徒が反応している。中にはそうでないものもありましたけれども。わかったことは、彼らは自分たちの感動を直接に表現できない、ということです。これは一つ大きな問題ですね。自己表現ができない。それで私は絶望したことを反省したのです。現代の大学の教員は希望を持たなければならない、希望を持続させなければならない。絶望的な事態を絶望と見ない。そう言う心がけでないとだめだと思ったのです。

　いくつか生徒の感想を紹介しましょう。「大学で学ぶという一つの主題を大きく膨らませて人間について触れてとても興味深かったです。人間がどの

ように成長していくのか。また今の自分には何億個の遺伝子を引き継ぎ無限の可能性があることを教えてくださいました。最後は矛盾で終わってしまったけれども、僕もこの矛盾をこれから解けたらいいなぁと思います」。もう一人は、「とても重みのあるいいお話でした。もっとも印象に残っている言葉は"貧しい人は幸いだ"です。僕もそう思います。また、最後におっしゃった自分の矛盾を解くために生きるということも感動しました。この問いはどんなに難しい数学や国語や英語の問題を解くよりも大変難しいものだと思いました。きっとこの難問を解いて見せます」とけなげですね。

11　絶対の世界を知る

　もう一つの経験とは、私が担当していた「一般教育」、ICU（国際基督教大学）では今でも「一般教育」と称していますが、「一般教育」での経験です。私の一般教育は「思想としての数学」というテーマで30年間行ってきました。私の一般教育では、翻訳によりますが、いきなり「ストイケイア」を読ませました。「ストイケイア」は日本語では「ユークリッド幾何学原論」と意訳していますが、英語では「エレメント」と言います。エレメントというのは「ストイケイア」の訳語です。「ストイケイア」を通して絶対の世界というものを徹底して学ばせる。高校で学んでいる幾何学は、編纂してあってわかりやすいようにしてありますけれども、「ストイケイア」そのものは非常に難しいですね。それをそのまま読ませるわけです。始めに定義がある。定義の冒頭はなんの説明もなく、「点は部分のないものである」というところから始まるわけです。そして、五つの公準、公理が提示されている。その第5公準が有名な平行線公準である。そして、公理があって「同じものに等しいものは互いに等しい」と述べている。それから、命題の1から始まって、命題の論理的連鎖がある。そして、命題の32番目のところに有名な「三角形の内角の和は二直角である」ということが証明されるわけです。これを正確に読ませるのです。全部はクラスでやる時間はありませんから、自分で読ませるわけですね。読んできたことはチェックするのです。どうやってチェックするかというと、命題の連鎖ですから命題の一つを使ってどの命題が証明されているか、命題がつながっているところの経路図を書かせるので

す。その経路図の大事なところを見て、正確に読んでいるかチェックします。とにかく、強制的に「ストイケイア」をきちんと読ませる。それに続いてプラトンの「国家」を読む。いわばイデア界を「ストイケイア」を媒介にして弁証する。イデアを知るわけですね。そういう作業を学生たちにさせる。そして、絶対的必然性の世界を、その後のいくつかの著作を通して学ばせる。ニコラス・クザーヌスの『学識ある無知』を引用する。ここでは幾何学の絶対性を媒介に、絶対つまり神を弁証するわけです。そして、カントの『純粋理性批判』においては幾何学と物理学を媒介にして先天的総合判断の弁証を読ませる。何をやっているかというと学生に対して断定的に絶対的世界観を刷り込むのです。

12 絶対的世界観をひっくり返す

絶対的世界観を刷り込んでおいて、その次に全部それをひっくり返してしまう。すなわち、近世における非ユークリッド幾何学をまた学生に読ませる。だいたいはロバチェフスキーの説に従って編纂したものをここでは読ませます。そして、第5公準の否定・矛盾公準から、当たり前かもしれませんけれども、三角形の内角の和は二直角より小さいということの証明まで読ませます。そして、「ユークリッド幾何学が正しいか、非ユークリッド幾何学が正しいか」の論議を経て、実はどちらが正しいのではないのだ。どちらも正しいと言えば正しいのだ、ということで絶対の世界を相対化することを経験させるわけです。完全に相対化する。世界は相対的なのだ。かくして知的混乱を引き起こすのです。そこで放り出して、さよならしてしまうのです。

13 学生の反応

学生はどのような反応を示すか。真二つに分かれます。「けしからん。こんな講義を取るのではなかった。そもそも自分は数学が嫌いだったのだ。単位が不足だから取ったのだ。それなのにこの話は何か？」半分ぐらいの学生は、「絹川教徒」と言われているのですが、私を教祖のように心酔する、そのような学生も出てきます。これは良いか悪いか問題ですね。こういうクラスというのは本当に問題です。

最近のことですが、地方に学生のリクルートで出かけたついでに、在学生の父母会を開きました。ご父母の方といろいろとお話をしていましたら、あるお母さんがこう言われたのです。「私はクリスチャンです。娘は子どもの頃から教会に通っていましたが、どうしても信仰が持てませんでした。ところが先日突然、洗礼を受けると言い出したのです。仔細を問うと、絹川から非ユークリッド幾何学を学んで決心がついた、というのです。私にはなんのことかわかりませんが、先生の授業のおかげです」。驚きました。学生がどう反応するか。これは我々の予測を超えています。自慢話をしているわけではありません。私の罪をお話しているのです。

14　教養教育の隠し味
　結局、私は思うのですが、知識それ自体は教養にならない。いくら知識を教えてもそれは意味がない。客体である知識を主体に取り込む契機を用意できるかどうか、これが教養教育の極め付けであろうと思います。その契機は結局は学生と教員との人格的な出会いに潜んでいる。これは予測できないことなのです。意図してそうなるものではないわけですね。しかし、そういうことをもう少し整理してみるとどういうことなのか？

15　学びのドーナッツ
　佐伯胖(ゆたか)先生（現在は青山学院）が、「キリスト教学校教育同盟」の会議の席上でお話になった中に出てくることですが、『学びのドーナッツ』という説があります。これについては佐伯先生の本があります（佐伯胖1995）（注：以下、本書Ⅲ-1に記述した『学びのドーナッツ』の説明をしたが、ここでは繰り返さない）。

16　禁じられた学び
　私の専門は数学です。最近は、数学者とは言えなくなり、数学者であったと言っていますけれども、自分の過去を振り返ってみると、伝統的な学問の世界に生きてきた。それは究極的にはエロスである。今、流行りませんが浅田彰さんが言っている言葉（浅田彰1983）を引用しますと「祭司の如き情熱を持って自己目的化した知に拝跪する」、そういう世界に生き続けてきまし

た。そういう世界に生きている者にとって、教養教育というのは、「禁じられた学び」なのだと思うのです。ある大学に行きましたら、私のクラスを取った学生が何年か経って立派にその大学で先生になっていました。そして、私の教養教育に関する話を聞いた後で、自分の同僚の教員たちに向かって、この先生は数学者のくせに臆面もなくプラトンを語っているのだよ、と言ったのです。褒めているのか、貶しているのかわからないですね。臆面もなく語るというのは罪です。我々の伝統的な学問のエトスから言えば、そうではないですか。ある大学の理学部では、教員が教育について語り始めたらその教員は終わりだと言われる。あくまでも学者の世界というのは徹底的にエロスの世界の中にいなくてはいけない。教養教育というのはそこから一歩踏み出すことを要求しているのですね。そのことを私は「大胆に罪を犯す」と言っているわけであります。教養教育の秘訣は「大胆に罪を犯す」ことです。これはなかなか大変です。スライドがなくなりましたので、終わりですが、私が何を言っているのか、わからないかもしれません。けれども、何かは言っているはずです。今日、明日と続くFDフォーラムの中でぜひそれが何であるかを発見していただければ私は望外の幸いでございます。どうも失礼いたしました。（拍手）

〔参考文献〕

浅田彰1983『構造と力──記号論を超えて』勁草書房
慶應大学2002「高等教育における教養教育モデル」『教養教育研究会報告書』
佐伯胖1995『「学ぶ」ということの意味』岩波書店
吉村作治1995『それでも君は大学へ行くのか』PHP文庫

2　大学教育のデザイン

1．日本の文教政策

1　種別化・多様化・機能化

　本日のテーマは、グランドデザインというか、私立大学はこれからどうするかという問題であります。その背景には、言うまでもなく日本の文教政策があるわけです。最近の日本の文教政策には大きな流れがあります。今日の文教政策の発端は、私が見るところでは、中央教育審議会の「四六答申」(「今後における学校教育の総合的な拡充整備のための基本的施策について」)(1971(昭和46)年)から始まります。そこで大学の種別化ということが取り上げられました。これが一番大きな問題です。その後、1998年には大学審議会が「21世紀答申」(「21世紀の大学像と今後の改革方策について——競争的環境の中で個性が輝く大学」)というのを出ましたが、その中では、「種別化」という言葉の代わりに、「大学の多様化」という言葉が使われています。すなわち「高等教育機関全体で社会の多様な期待や要請等に適切にこたえていけるよう各大学等の自律性に基づく多様化・個性化を進める」としています。

　そして2004(平成16)年には、中央教育審議会答申「我が国の高等教育の将来像」(「将来像答申」)が出ています。その答申を見ますと、そこでは今度は「緩やかに機能別に分化していくものと考えられる」と言っています。「種別化」ということについては、反対が強くありました。私も批判をしましたが、そういう「種別化」ということを避けて「多様化」と言い、今回は「機能別分化」という言葉で、大学の在り方を主張しています。私の批判の焦点は、「機能別分化」ということが、「大学の階層化」になりかねない、ということにあります。にもかかわらず、そういう大学の在り方がなぜ求められるのかという問題です。

> 「46答申」大学の種別化
> 多様な資質を持つ学生のさまざまな要求に即応する
> 教育の内容と方法を備えた高等教育機関：
> 　　第1種の高等教育機関（仮称「大学」）
> 　　（総合領域型）（専門体系型）（目的専修型）
> 　　第2種の高等教育機関（仮称「短期大学」）
> 　　第3種の高等教育機関（仮称「高等専門学校」）
> 　　第4種の高等教育機関（仮称「大学院」）

> 「将来像答申」大学の機能別分化
> 　　世界的研究・教育拠点
> 　　高度専門職業人養成
> 　　総合的教養教育
> 　　特定の専門分野（芸術、体育等）の教育研究
> 　　地域の生涯学習機会の拠点

2 『世界の大学危機』

　潮木守一（2004）は、大学の危機というのは日本だけの問題ではなくて、これは世界的な問題である。なぜ大学が危機に直面しているか、世界の大学が共通に直面している課題は四つあるということを言っています。

　一つは、あとで私もコメントしますけれども、知識社会に対応する大学というのはどうあるべきかという問題です。もう一つは、「大衆化大学」と潮木さんは言っていますが、大衆化（ユニバーサル化）大学における卓越性、エクセレンスとは何なのかということです。それからもう一つ、これは教育社会学者が言っていることだと思いますが、社会的に居場所を失った青年層に意味を与える大学というものが社会から求められている。そういう大学とはどういう大学なのか。最近、「ニート」という言葉を聞きます。勉強をしない、職業にも就かない、訓練も受けないという青年の在り様がいま大きく問題になっています。フリーターとは違うというのですね。そういうような青年が多数存在している。そういう青年たちに、意味のある場所を与えなければいけない。そういう場所として、大学というものは問われているのだということなのでしょうか。

　それから、四番目の大きな世界的な問題は、高等教育の財政負担をどうす

るかという問題です。これは私の論の中では扱いませんけれども、例えば認証評価、私大協では認証評価機関をお作りになるようでありますが、認証評価機関等々で評価をする場合に、評価の経費は一体だれが負担するのか。これは莫大な経費がかかります。国立大学のほうは大学評価・学位授与機構を通じて評価を主に行います。その機構に専門委員として多少関与した経験から言いますと、これはもう大変な経費をそそぎ込んで大学評価を行っているようです。私は、大学基準協会のほうで長年奉仕をしましたが、大学基準協会と大学評価・学位授与機構と比べると、予算規模が断然違うわけです。大学基準協会は、加盟大学が自力でやっているわけで、会費を払って、お互いに評価をし合うという営みです。機構のほうは完全に国費で運営されている。私立大学協会の評価機関では、評価を受ける時にどのくらい経費負担があるのでしょうか。そういう経費負担をどうするのかが問題ですね。このことはほんの一例で、大学の財政規模は拡大の一途です。

　話がどうも脱線してしまいますが、大学基準協会のほうは相互評価でありますから、関係大学教員たちのボランティア活動で主に支えられています。ボランティアなので審査に対する報酬はわずかです。それをきちんと払えということになると、これはもう大変な金額ですね。

　いずれにしましても、そういう共通した大学問題が世界的にいま広がっている。日本だけではないのだということです。

3　大学の種別化は階層化

　もとへ戻りますと、そういう日本の文教政策の中で、「大学の種別化」という言葉で表現されているような一連の問題があるのです。国立大学の独立法人化の問題もそれに関わるわけですね。山岸駿介さんという新聞記者出身の方が、結局は国立大学を温存・強化するための政策になるのだ、とうがった見方をしていました。国立大学を温存するために、言ってみれば、国の政策としては国立大学中心である。裏から見ればそういうふうにも見えるような政策の傾向が出ているわけです。

　四六答申の「種別化」に多少触れますと、大学というものは「総合領域型」、いわゆる教養型と言いますか、社会的進路に細分化されない教養を授

ける総合領域型と、それから「専門体系型」に分ける、そういう案を四六答申で出した。そのことがその後の大学に関する各種答申の中ではもっとはっきりしてくるわけです。

「21世紀答申」では、大学の「多様化」と言いながら、はっきりした種別化が提案されている。総合的な教養教育の大学、専門的な職業能力育成の大学、生涯学習のための大学、最先端の研究大学、学部中心の大学、これはよくわかりませんが、それに対応して大学院中心の大学、いわゆる大学院大学というわけですね。こういうふうに種別化しないと、日本の大学は社会のニーズに対応できないという主張です。

「将来像答申」の中では、先ほどの潮木氏は「知識社会」と言いましたけれども、それを「知識基盤社会（knowledge based society）」という言葉で表現しています。それは翻訳でして、knowledge based society という言葉が、EUの中でイギリスあたりから出てきたようでありますが、そういう社会問題に対応する大学の在り方ということを考えなければいけない。中央教育審議会では、そのような知識基盤社会に対応する大学の在り方を求めると言うのです。さらに、物質的・経済的側面と精神的・文化的側面のバランス、他文化理解、コミュニケーション能力の重要性も求めています。なお、こういうことは「21世紀答申」の中でも述べられています。

そして、大事な点ですが、各大学は「緩やかに」機能別に分化すると言っているのですが、さてそうなるでしょうか。答申では、種別化ではないのであって、機能の比重の違いである。別の言い方をすれば、あとで申しますけれども、それぞれの大学が、それぞれの大学のアイデンティティをどこに置くのかという、そういう問いかけである、としています。

種別化と言い、多様化と言い、あるいは緩やかな機能分化と言っても、私どもの心配は、はっきりと階層化が起こるのではないか、ということです。特に、法人化した国立大学と私立大学の階層化、それから、先ほどの言葉を使えば、いわゆる教養を中心とする大学と、それから、専門あるいは研究を中心とする大学との間に階層化が起こるということは目に見えています。それがもたらす問題性ということをきちんと踏まえる必要があるでしょう。特に気になることは、大学への補助金政策によって、それぞれの大学が、階層

化の道を選ぶよう政策による誘導が始まっていることです。

　国立大学の独法化について、河合塾のある幹部が公開の席上で、「国立大学が独法化して、法人化して本気になったならば、私立大学はイチコロだ」と、述べたことがあります。私は国立大学にも多少関与いたしましたので、そういう経験から見ていますと、そう簡単に国立大学が私立大学に対抗できるような布陣をすることは多分できないだろうと思っていますし、国立大学は独法化しても本質は変わらないのではないかという予感を持っていますが、これは間違っているかもしれません。もし本気でこの法人化の趣旨というものを国立大学が徹底することになるとすれば、河合塾幹部が言うように、私立大学はイチコロなのかもしれません。具体的にはどういうことを言っているかと言うと、学生はみんな国立大学に流れる、私立大学に来ない。少子化で大変なことになるのではないかということを言っているわけですね。

　結局、この種別化で想定されているのは、大学院大学と教養大学の二極化、その間に若干のバリエーションがあっても、はっきり言えば研究を中心とする大学と教養大学の二極化が起こる。その二極化は、結局は国立大学と私立大学の構図に重なってしまう。大手の私立大学等は違う、自分たちも研究大学だと言うかもしれませんけれども、趨勢としてはそういう階層化構造に移ってしまうのではないか。そういう中で、私立大学がどうあるべきかということが大きく問われるわけです。

4　大学評価

　文教政策でもう一つの流れというのは、評価の問題です。ご承知のように、1991年に大学設置基準の大綱化が行われました時に、基準を大綱化する、いわば大枠規制にする。もっと具体的に言いますと、定量規制から定性規制に変えた。この大綱化答申というのは、日本の大学の歴史の中では画期的な出来事に位置づけられる事柄ですが、規制を大枠規制にする代わりに、各大学は自己評価で大学の質の維持を図れということになった。すなわち、自己評価ということと大学設置基準の大綱化ということは、相互的な関係にある。そういう構図であの大綱化答申というのは構成されていました。

　それで、大学設置基準の中で自己評価が、ご承知のように努力義務化され、

さらに義務化されました。大綱化答申の時に、それまで自己評価ということをしたことがないので、自己評価とは何であるかということで大騒ぎになったことを私は覚えています。ある大学で、いよいよ自己評価をするということになった時に、自己評価委員長になった教授が、「いよいよ私も懺悔する時が来た」と言ったのですね。自己評価が懺悔であるとは、まったくの見当違いの考え方です。そのくらい日本の大学では自己評価ということは地についていなかった。それで、日本の大学は自己評価によって大躍進するということが期待された、期待されていたかどうかはしりませんけれども、とにかく、日本の大学はまったく変わらなかった。

そこで、1998年に、先ほどから引用している「21世紀の大学像と今後の改革方策について——競争的環境の中で個性が輝く大学——」という答申が出てきて、自己評価ではだめなので、第三者評価をすべきである、すなわち外部評価を入れるべきであるということが提唱され、その結果、学位授与機構に「大学評価」という頭をつけて、大学評価・学位授与機構を設置することが法令で決まることになるわけです。

ところが、第三者評価のシステムというものもはっきりしないうちに、中教審が2002年に、「大学の質の保証」ということで、認証評価制度の導入を提示し、学校教育法が改正されました。学校教育法において、ついに大学評価は法律になるわけですね。法律でやらなければ日本の大学は自己評価しないのかという、はなはだ不面目なことになりました。大学評価が法令化され、そして認証評価機関による評価を各大学は7年の周期で、強制的に受けなければならないというシステムになりました。

そもそもは、大綱化というのは、規制緩和から始まったことでした。大学のチャータリング、すなわち大学の設置認可を緩和するということで、入口規制を緩和し、その補填として改めて設置後の評価を、国が認証をした機関（認証評価機関）によって受けるということを義務づけることで、大学の質を担保しようという筋書きになったのです。いわゆる第三者評価とはちょっと意味が違うわけです。いずれにしましても、外部評価というものを日本の大学は受けなければいけないということを法律で決めることになったのです。

5 特色GP

　そういう評価という視点での文教政策の流れの中に、一つは「COE：センター・オブ・エクセレンス」の問題、それからもう一つは、「特色GP」と言うようになりましたけれども「特色ある大学教育支援プログラム」が実施された（参照：大学基準協会2011）。いずれも、競争的環境の中で日本の大学の質の向上を図ろうということで、言ってみれば、アメとムチでもって日本の大学を良くしようというようなことが一つの流れとして出てきているわけです。

　私はそういう考え方には反対でありますから、反対の人間がなんで「特色GP」の実施委員長になったのか、自己矛盾しているではないかというご批判をいただいています。私は、「特色GP」は、いわゆるアメとムチのアメに相当するものではないのだと、ミイラとりがミイラになるかもしれないけれども、敵地に入り込んで、「特色GP」を正統的に取り込もうという大それた考えを持っていて、若干の努力をしたわけです。

　「特色GP」というのは競争のためにやっているのではないということを、あちらこちらで申し上げております。その話をすると長くなりますから、ここでは省略致しますけれども、いずれにしましても、特色GPは、世の中から見ますと競争的政策の一つであるわけです。

6　文教政策のベクトル

　法人国立大学においては、それぞれの大学の評価は、大学評価・学位授与機構を使いますけれども、さらにその上に国大評価委員会という大変大きな委員会が作られて、そこで各国立大学の中期目標に基づく成果を評価して資源配分をするという、恐ろしいことが始まりました。

　したがって、文教政策のベクトルは、私の目から見ますと、一つは種別化、一つは質保証、そして、それらに対応する「財政政策誘導」です。そういう状況の中で、日本の大学は年ごとに改革をしなければいけないということになります。すなわち、日本の大学は常時評価体制を持つことになる。常に評価をしていなければいけない。あるいは、次の評価を受けるための準備をしなければいけないことになります。ほとんどの国立大学は、中期目標に基づ

く評価を受けるために、恒常的な組織として、専任職員を配置した「評価室」のような部門を設置して、評価作業を常に行っています。その結果、「評価」ということが、膨大な書類作りになってしまいました。

また、私立学校法の改正によって、監事機能の強化ということが求められています。今までは、監査と言いますと単に財政の監査に限定されているような趣がありました。しかし、監査の趣旨はそうではありませんで、日常業務に関する監査機能の強化ということがいま言われています。監査機能の強化のためにも、調査ということが必要ですし、それはある意味では評価でありますから、そういう意味においても、各大学に常設の評価機関を組織として置かざるを得なくなってきているのです。すなわち、ますますお金がかかるわけです。また誰がそういう業務に携わるかという問題があります。教員はやるはずありませんし、結局はスタッフ機能の一つとして展開していくのではないかと考えます。スタッフ機能としてこの評価組織の強化ということが新しい業務として出てきたと思われます。

2. 私立大学のグランドデザイン——デザインは21世紀のキーワード

1　特化政策

それで、私は、極端ですけれども、そういう独法化された国立大学との競争的な環境の中で、ある意味で私立大学は種別化を引き受けざるを得ないと考えているわけです。むしろ逆手に取って、積極的に種別化を引き受けたらどうだ、徹底して教養大学になったらどうだと考えています。もちろん研究大学で生きられるところは研究大学になって結構だけれども、マジョリティの、ほとんどの私立大学が、資源的に言っても、研究大学で国立大学に太刀打ちできるとはとても思えません。

私が勤めておりましたICU、国際基督教大学についての世の中の評価は、教育ですね。あの大学は教育に徹底しているから高い評価を受けている。そういう大学があってもいいではないかと、文科省の課長さんもそう言うのですね。「ICUさんはそれで行けばいいじゃないですか」と、言うわけです。教員の意識はまったく違う。教員の意識は研究ですから、ICUが教育で評

価をとることに関して快く思っていないのです。研究で一流にならなければいけないんだと、しきりと学長に文句を言います。私は、教育でしかICUは生きる道はないから、教育だ、教育だということで、学内がぎくしゃくしまして、「もうそろそろ、あんたはいなくていい」ということで学長を辞めたわけであります（笑）。

　私立大学は、はっきり種別化をしていけばいい。どういうふうに自分を種別化するかということを考えたほうがよいのではないかということです。大学院を持つことが私立大学の一つの格式のような感がありましたけれども、大学院はもうやめたほうがよい。

　しかし、やめるというわけにもいきませんので、ICUでは私は「特化」政策を提案しました。ICUでなければできない研究に大学院は特化すべきであるということを言いました。私が主張しましたのはICUの成り立ちから考えて、ICUの焦点は平和研究である。平和研究の大学院に特化する、と主張しました。専門としての平和研究者は四、五人しかおりませんから、あとのマジョリティは大学院担当から外される可能性がある。これは大変なことになるわけで、猛烈な反対を受けました。私の考えでは、平和研究に関与するように、各教員の専門性を生かすということでした。しかし、教員は自己の専門分野が中心でなければ不満足ですから、大反対ということで、特化はうまくいきませんでした。にもかかわらず、私立大学はそれぞれの大学が本当に個性ある大学院を持つという方向に行かざるを得ないのではないかと思います。そういう大まかな考えが私の私立大学のグランドデザインです。

2　イコールフッティング

　私立大学のグランドデザインということに関連して、私立大学と国立大学とのイコールフッティングということが強調なされることがあります。私はイコールフッティングはあまり現実的でないと思っています。国立大学と同じだけの財政、あるいは国立大学に準じた財政的支援を私立大学が得るということは、現実に不可能です。もし完全に国立大学と同じように財政の援助を得るとすれば、それはもう私立大学ではなくなってしまいます。私立大学としては自滅するわけでありますから、私はイコールフッティングというこ

とは問題だと思うのです。

　ある私立大学の学長が、法科大学院のイコールフッティングを非常に強調したことがありました。法科大学院が発足するころの話です。なぜ法科大学院がさらなる財政支援を要求したのかというと、有名な教員をリクルートするためにはお金がかかる。法科大学院の教授の給料を上げないと来てくれない、ということでした。それに対して、「国立大学と同じ給料を払えばいいのではないか」と文科省の役人から切り返されて、窮しておられました。イコールフッティングは、とにかく現実性がないと思います。

　私はむしろ、国立大学と私立大学との関係から言えば、国立大学は研究機能を私立大学に開放せよということを主張したいのです。これは国立大学の学長さんたちの間でもある程度受け入れられている考え方です。国立大学の教員の定員を半分任期制にする。そして、その任期制にしたところに私立大学の教員が、任期を限って就任するという、そういうシステムを私は提案しているのです。

　国立大学は学部を捨てて、全部大学院大学になる。学部を捨てろ、と言いましたら、ある地方の国立大学の学長は青くなって、「とんでもない。学部を失ったら、地方の国立大学は存続できないのだ」と言っておりました。いずれにしましても、そういう思い切ったグランドデザインをしないと、本当に私立大学の機能を向上させる、あるいは国立大学のいい点を伸ばすということはできないのではないかと思います。

3　理事会と教授会

　それから、もう一つ大きな問題があります。私立大学のグランドデザインとして問題になるのは、理事会と教授会の関係です。これについてはうまくいっているところもありますけれども、大変な問題ですね。国立大学は、現在の私立大学の理事会・教授会の構造とまったく違う構造をとることになりました。学長は理事長と学長の機能を合わせ持つことになります。しかし、私立大学における理事会に相当するものがない。役員会が理事会だというのでしょうが、私立の理事会の機能とは異なります。というのは、教授会との関係から言えば、理事会が設置者ですから、理事会は一種のチェック機能を

発揮しなければならない。教授会が行っている教育活動というものが、理事会の設置の趣旨に合うか合わないかということをきちんとチェックするのが本来の理事会の機能です。アメリカではそうなっています（このことについては、本書Ⅴ部で改めて論じます）。

　独法化した国立大学において、そういう機能を持つところは、設置者である文部科学省、特に「国立大学法人評価委員会」というのがそれに相当するのかもしれませんけれども、それは現実的ではありません。あれは、偉い先生方が年に何回か集まるだけのことであって、恒常的な組織ではありませんから、チェック機能が日常的にはできません。

　いずれにしましても、国立大学はおかしな形をとり始めています。私立大学の場合には、理事会と教授会の関係をもう一度見直して、それぞれが本来の機能を発揮するようにデザインをし直す必要があります。

4　学士課程のデザイン

　それから、グランドデザインでもう一つの大きな問題は、本日のテーマである、学部あるいは学士課程のデザインです。伝統的な大学の存在様式はすでに崩壊しているわけであって、そういう意味においては、大学という名前をこのまま保持するのが適当であるかどうかというところまで来ています。全部一律に大学と称していますが、そこで行っている内容には大変な差があります。今回株式会社が大学を設置することができるようになった。ちょっと聞いた話ですから怪しいのですけれども、専門職大学院の中に、ペットの美容師の養成をするものが登場したということです。これは、いい悪いの問題ではありません。それくらい大学の機能が拡散してしまっているということです。特に私などは数学という古い学問をやっていますから、現在の動向には違和感があります。数学の始まりは紀元前300年頃で、それ以来延々とやっているわけです。そういう古い頭で考えますと、「それが大学のやることか」というふうに考えてしまうわけですが、世の中は、それでも大学だと言っている。

　すなわち、伝統的な大学の存在様式が完全に崩れている。そういう中で、意味のあることをしなければいけないわけです。私たちが意味のあることを

やっているかどうかというのが問題ですね。意味があるということはどういう意味かということが、また問題になりますけれども、そういうような視点から、大学というもの、特に私立大学のグランドデザインというものを考えなければならいでしょう。

5 「デザイン」は21世紀のキーワード

21世紀は「選択の時代」と言われています。その具体的意味は、人間の在り方がパターン化できない。どう生きるかは、それぞれが意志的に選択、すなわち、「デザイン」しなければならない。そのことは大学についても言えることであろうと思います。しかし、先ほども申しましたように、グランドデザインというのは、ある意味では国政レベルの議論です。天城学長会議というのがありました。IBMがスポンサーになりまして、毎年夏に天城で国・公・私立の大学が40校ほど選ばれて、それらの学長が集まって、サロンみたいなものですけれども、いろいろと議論をし合う機会がありました。そこでも、グランドデザインの問題を取り上げましたが、結局国政レベルの問題ですから、私立大学の日常に携わっている者としては、少し距離がある。

グランドデザインよりは、各大学のデザインをどうするかということのほうが、私どもにとっては差し迫った問題です。生きるか死ぬかというところまで来ているわけですから、自分の大学をどうデザインするのかが、重要な課題です。具体的に言えば、学部教育、それを「21世紀答申」では「学士課程」という言葉で、括弧付きで言い始めたのですが、この学部教育、あるいは「学士課程教育」と言われているものをどうデザインするかということが、私立大学にとっては生き残り戦略の核心です（「学士課程」ということばは、「学士課程教育の構築に向けて」（中教審答申、2008年）において公的に用いられましたが、学校教育法には見られません。「学部を置くことを常例とする」とだけ記載されている）。

学生が集まればいいというようなことではないと思います。学生が集まって、授業料収入があって、財政基盤が確立すればそれでいいのか。最近、大学の財政に関する格付けを取ること、AAとかAAプラスとかという財政状況でランキングをつけることが、始まっています。週刊誌がそういう財政面

から見てすぐれた大学、実力のある大学はどこかというランキングをしている。ICUは50番目ぐらいですね。私は、50番目ぐらいでランキングされるということは名誉だと思っているのです。大学というところは金を儲けるところではないわけですから、財政的に健全であるはずがないのです。金を使うところですから、金がたまるのはおかしい。そう私は思っています。

　余談ですけれども、ICUは学生の数が少ないですから、授業料を少々上げたぐらいでは、どうにもなりません。創立以来50年間の累積赤字莫大です（減価償却予算を食って、帳簿上では取り繕っていますが）。とにかく、経常経費の節減に努め、赤字幅を縮小するようにしてきました。いずれにしろ、財政が健全になりようはずがありません。

6　「商品としての学科開発」

　ところで、『カレッジ・マネジメント』をお読みになっている方はどのくらいいらっしゃいますでしょうか。これは、学長のところに配ってくる非売品です。非常に参考になる記事が載っています。今日本の大学は、また世界の大学はどういう傾向にあるかということについての非常によい情報源になります。この『カレッジ・マネジメント』の1990年3月号に、「商品としての学科開発」というテーマの記事が出ていました。学科のネーミングが商品である、だから、学生を引き付けるネーミングをうまく作るという考え方です。

　例えば、国際コミュニケーション学部・国際福祉開発マネジメント学科というのがあります。こういうネーミングでないと学生が集まらないのでしょうか。それはともかくとして、大学のデザインを学科名でする。学科名でデザインする時の、その本質は何なのか。大学が生き延びるためなのか。生き延びるということよりも、学生にとって意味があるのかということを問わなければならないと思います。

　これは大学セミナーハウスでの話でありましたが、「日本の大学改革というのは、浴衣をワンピースに裁ちなおすようなものだ」と言った人がいました。比喩としては、今の若い方には通じないでしょうが、敗戦後に、衣類が非常に不足した。衣類は配給制だったのです。それで、古い浴衣などを裁ち

かえて、洋服、ワンピースにしたわけです。浴衣をワンピースに変えても、中身は何も変わらない。つまり日本の大学改革というのは、実質は何も変わらなくて、見た目が変わっているだけで、生地はまったく同じであると、そういうことを言っていました。それではどういう視点でグランドデザインを考えるのか、が問われます。

3.「多様化する学生に対応した教育改革」
——大学教務研究委員会・研究報告

　私立大学協会・大学教務研究委員会がまとめられた「多様化する学生に対応した教育改革、大学教務研究委員会研究報告」(2004年)という報告書を拝見しました。よく勉強し、整理なさっていて、これは大変立派な報告書です。私のくだらない話をここで聞くよりは、この報告書についてセミナーをなさったほうがよろしい。小グループに分かれて、この本を始めから終わりまで全部読み通したほうがよほどためになると私は思います。

　結局、この報告書の補いのようなことを、私はお話しするにすぎないわけです。内容を拝見しますと、まず、「学士課程教育」という視点で現状認識をなさっている。その学士課程教育という視点で現状認識をする論の冒頭に、光栄にも私の小論（絹川正吉1999）が引用されています。その取り上げ方が、なかなか優れていると思います（笑）。着目点がいいですね。ざっと読んだだけでは、私の論文で言っていることの意味がよく汲み取れないと思うのですが、そこをきちんと視点を据えて読まれておられる。さすがだと、感心いたしました。そういう視点でずっと整理なさっている。カリキュラム改革の視点、多様な学士課程教育への取り組み、学習支援システムの構築、そして、少し教職員の意識改革の問題を取り上げています。この報告書を通読して見て、ほとんど私の問題意識と重なっていました。したがって、以下はこのすぐれた報告を私の視点でたどるということになります。

4. 大学改革の背景

　元の東大総長で、文部大臣や参議院議員をなさった有馬朗人さんの講演を、

私は何回か聞きました。大学セミナーハウスにもお出でいただいて講演を聞きましたけれども、彼の話は何回聞いても同じなのですね。ご本人が言ったかどうかははっきりしないのですが、そのことを「ベートーベン」と言うのだそうです。ベートーベンの名曲は何度聞いてもいいということでありますが、私の話も毎回同じでありまして、あちこちでお話ししていましても、結局同じことしか言っておりませんので、二度三度聞かされている方がいらっしゃるとすれば、大変迷惑な話かと思います。「ベートーベン」として受け止めていただければ幸いです。

1　21世紀の構造

　先ほど引用した研究報告書にあったことに重なりますけれども、私なりに整理しますと、世界の大学危機の背景にある事柄は、一つは次のようなことだということです。21世紀というのはどういう時代か、先ほどもその問題に触れました。ここでは少し視点を変えてみましょう。大量生産、あるいは簡単な言葉で言うと右肩上がりの発展が特徴であった20世紀と比べて、21世紀というのは右肩上がりではなくて、循環型である。渦を巻いてしまう。星雲状になってしまうというのが、社会学者たちの予測です。

　別の視点から言えば「循環資源型生産システム」になる。あるいは数学の言葉で言いますと、「ノンリニア（非線形）」または「複雑系」ということになります。20世紀というのは「リニア（線形）」ですから予測可能でしたが、21世紀では星雲状ですから将来どうなるかということを予測できない。

　予測できないということは、先ほども述べましたように、私どもは一人一人が自分の生き方を選択しなければいけない。自分で選ばなければいけない。昔は、大体出世コースに乗ればそのまままっすぐに行くということでした。出世コースに乗るために大学へ行くというわけです。しかし、21世紀になりますと、大学に行っても出世コースに乗るわけではない。そうすると、大学に問われていることは、学生が自分の生き方を選択できるような基盤を準備させる、あるいは基盤をつくることを支援しなければいけない。「選択」ということが21世紀のキーワードになる。そういう問題と、大学の教育の問題や大学の在り方の問題というのは不可分の関係になってきています。

2　政財界の意図

　それで、端的に言って政財界は何を問題にしているかと言うと、何度も審議会答申に出ていますが、中教審答申で言えば、「知識基盤社会」に日本の大学は対応していない、ということです。具体的に言うと、知識基盤社会というのは、知識が経済効果を生むということです。知識は金になる、といえば品がありません。日本の経済が発展するためには、知識基盤社会を構築しなければいけない。そういうことに日本の大学の対応が遅れているから、日本は大変な経済的苦境に立っているのだということで、最近は聞かれませんけれども、つい二、三年前までは日本には「第二の開国」が必要だと言われた。すなわち、知識基盤社会への対応ができていない日本には、明治維新に匹敵するくらいの社会変革がいま求められている、ということを政財界の人は本気で考えたのです。

　この「第二開国論」とか「第二の明治維新」という言葉を聞いたことがあるかと、ある席で大学関係者に聞いたのですが、誰も知りませんでした。ところが、これは政財界では生きるか死ぬかの問題で、そのことをこういう言葉で表現したのです。しかし、大学関係者は、その言葉を知らない。それほど日本の大学は世の中を知らないのです。世の中を知らないというか、日本の国が本当にどういう仕方で成り立っているかという具体的な現実相を、その方面の専門家は別として、大学人はほとんど関心がない。

　これは余談ですが、余談ばかり言っていると本論になかなか入らないのですが、大学セミナーハウスでの大学教員研修会で、大学はどうあるべきかという議論の発題者として、日本の財界の人を呼んで意見を聞きました。一流企業の重役を招いて、大学に何を期待するかということを話していただいたのです。

　私はそれを聞いているうちに、私どもの考え方とは違うわけですから、イライラしてきました。企業関係者は、企業への忠誠心を学生に求めていると言いました。それに対して私は、今はそういう時代ではないのだ。学生は、自分がどう生きるかということを求める時代になっているのだ。企業への忠誠心などということを企業が言っているから、大学を企業が評価する面が育たないのだ、というような意味のことを私は言ったのです。

そのあと懇親会になって、ごちそうを食べ始めた。すると、その財界人が私のところへやってきて、私がごちそうをつまもうとしたら、「あんたは、それを食べる資格はない。こんなところでこういうごちそうが出るのは、日本の財界が稼いでいるからだ」と言うのです。大学セミナーハウスもご寄附でもって賄っているわけですから、財界の寄附も少しは入っています。「おれたちが働いて金を儲けているから、日本の大学は存在できているし、あんたも食えているのだ。さっきお前は何と言ったか。おれたちを非難したではないか。そういうことを言うのだったら、おまえはごちそうを食べる資格はない」と言うのです。そういうことを、面と向かって財界人は言った。私はその時、はっきり言って驚いてしまった。それで、黙々と食べ続けたのですが（笑）。

3　大学への期待

　財界の人というのは、お金儲けということが仕事ですから、それくらい本気ですね。本気で自分たちはやっている。そうでなければ、日本の国は成り立っていけない。これからも日本社会がいまの生活水準を維持できるかどうかという問題です。それができなくなる。だから、日本の政財界は、大学がちゃんと金儲けができるような人間を育ててくれと言ってくる。金儲けができるためには、「課題探求能力の育成」が必要なのだということです。これは「21世紀答申」が出した標語ですね。すなわち、クリエイティブな人間を育ててくれ、新しい富を生み出すような人間を育てろ、そういうことに日本の大学は貢献していないということなのです。

　特に先端科学技術で必要な人材の供給ができていないということから、大学教員任期法というものが出てきたことがありました。この大学教員任期法が国会で問題になった時に、大変な騒ぎになった。これは大学の基本的原理にもとるということで、私どもは大反対をしたわけです。結局、骨抜きになった。

　なぜ任期法が必要か。学術の在り方を表す概念にモード1、モード2という言葉があります。簡単に言うと、伝統的な学問の在り方をモード1と言い、先端的学問の在り方をモード2と言います。先端的科学技術の問題解決のた

めには、多様な学問分野からの参画が求められるモード2の在り方が必要である。大学教員が常に研究テーマごとに流動できなければならない。テーマごとに動く、そういう大学の在り方をしませんと、先端的な科学技術の開発はできないのです。そこで、短期任用を許容する大学教員任期法が必要になってきた。

そういう時代の要求に日本の大学は対応しないで、一度その大学に勤めたならば定年までいる。私などは定年を超えて同じ大学に49年も勤めていたのですね。半世紀、同じ大学にいたわけです。そんなことをやっていてはだめだというのですね。どんどん、大学教員は動けというわけです。そのために任期法を作ったけれども、結局、任期法は大学教員の居座りが強くて、有効性を発揮しないまま今日に来ています。

それで、社会学者は次のように言います。これまでの20世紀は企業を中心に社会が動いていた。来たるべき社会というのは、大学が中心になって動くようになる。そうでなければ、知識基盤社会に対応できない、というわけです。知識基盤社会の根本は大学だというわけです。果たしてそうなるのかわかりませんが、そういう大変な期待が大学に寄せられているのです。

4　知的財産先進国

そして、もしそういうふうに知識基盤社会の中で大学が機能したらどうなるかという予測があります。社会学者の予測ですから、当たらないかもしれませんが、この予測はちょっと面白い。

まず、国民総生産が飛躍的に増加する。これはあまりピンと来ませんけれども、次は特許のことです。日本の場合、特許を買うほうが多かったのですが、やがては特許を売るほうになる時代が来るというわけです。大学発のベンチャーも断然増える。特許数も増える。こういう世界になりますと、知的財産に関する訴訟が猛烈に増えてくる。特許をめぐって争いが増える。ということで、知財関係の弁護士の数が、急激に増える。法科大学院が必要とされているというのは、こういうこととも関係しているようです。弁護士が圧倒的に不足する事態が予測されている。ノーベル賞受賞者が20人を超えるという予測もありましたが、これは当たりましたね。

それで、驚くのは大学教授の年収の予測です。今は大学のシニアの教授が1,000万円ぐらいでしょうか。それが4,000万円になるというのです。この予測はまだ実現していません。しかし、『万葉集』の研究をしている大学教員の年収が4,000万になるかというと、そうはいかないですね。どういうことかと言うと、大学教員の給料に格差が出てくるということです。古典的な、私のようにカビの生えそうな学問をやっている者と、先端科学を専門にする者とでは、給料が断然違ってくる。そういう時代が来ると言うのです。だから、大学教員のすべてが、年収が4,000万円になるとは限らないでしょう。

　そうなってくると、スタッフの給料も変わってくるでしょうね。最先端の研究をやっているところを支援する人たちの給料と普通の単純事務をやっている人たちが、同じ給与体系ではやっていけません。収入源が違いますから、変わってくるだろうと思います。

　先ほど、申し上げた「ナレッジ・ベースド・ソサエティ」という言葉、これは木村孟さんが言っておりましたが、ケルンのサミットで出たそうであります。それで、「知識基盤社会」ということを中教審答申が使おうとした。ですから、潮木さんが言ったように、大学教育の世界的規模での重要性の再認識ということが問題だということです。

5　企業が求める能力

　企業が求める能力という記事が『カレッジ・マネジメント』等にあります。それらを見ますと、「21世紀答申」と同じことを言っています。創造力とか、問題解決能力とか、論理的思考力だとかいうことを問題にしています。最近は、論理的思考についてマニュアル的な本も多く出ていますが、一体、課題解決能力とか、課題探究能力とか、論理的な思考というのはどうやって育つのでしょうか。

　私どもは学問に携わっていますから、曲がりなりにも論理的に思考できるはずです。皆さんも大学にお勤めですから、ちゃんと論理的に思考なさっておられる。もっとも、世の中は論理で動いているわけではありませんから、論理的に思考できるようになれば世の中がうまくいくかどうかわかりません。パスカルはそういうことを言っています。

どうしたらこういう能力は育つのかということですが、昔の大学で私どもはどうやって育ったのかということを考えてみますと、課題探究能力の育成を標語に掲げて大学教育を受けていたわけではないですね。ただ学問をやっていただけです。

　中教審、あるいは企業は何を求めているのか。先ほどは『カレッジ・マネジメント』に出ていた、企業が求める能力ということを紹介したのですが、別の企業人に聞きますと、「いや、違うんだ」と言うのですね。「きちんと勉強してくれ」と言うのです。「基礎的な勉強をきちんとし、体系的に物事を考える基盤を作ってほしいというのが、企業が本当に求めている能力だ」と言っているのです。企業といってもいろいろな企業がありますから一概には言えませんけれども、そういう意見がある。

　いずれにしましても、そういう社会が要求している、あるいは企業社会が要求していることに応えるような教育プログラムというのは何なのか。どうすれば、問題解決能力が育つのかということで、問題解決能力ということをテーマにする学部構成をした大学があります。どうも結果は芳しくありませんね。すぐ底が割れてしまうわけです。ですから、だんだんと評価が下がっている。もっとも、大学というのは作った時は勢いはいいけれども、10年経つともう古びてきてしまいますから、そういう意味で評価が下がっているのかもしれません。課題探究能力というものを前面に出してカリキュラムを作った時に、果たしてうまくいくかどうかというわけですね。本当に意図しているような教育ができるかどうか、非常に難しい問題です。

6　21世紀のブルーカラー

　アメリカの経済学者が「21世紀のブルーカラー」ということを述べていました。それによると、21世紀に要求されている人間というのは変人と精神分析家だと言うのです。大学は変人を育成すべきだと言うのです。クリエイティビティがある人というのは大体変人が多いでしょう。大学の教員についても、変人のほうが研究能力が高く、まともな人というのは大体だめとも言われています。私が院生の時に、ゼミの教授に向かって、「この研究室の人はみんな変だ」と言ったのです。数学のゼミをやっているところですから

ね、本当にみんな変なんです。「変だ」と言ったら、教授が私の顔をじろっと見て、「おまえは変じゃないのか」と言ったのです（笑）。

　新しい技術を生み出す才能を育てることは、変人を養成しろということになります。しかし、いわゆる「教養教育」を重視していたら、変人なんか育ちません。「教養教育」ということで何を目指しているかというと、どうもまろやかな円満な人間をイメージしているような感じがします。中教審の答申を見ても、礼儀作法がちゃんとできる人なんていうふうに言っているわけですね。変人というのは、礼儀作法なんか無視しています。ちょっとこれは冗談が過ぎるかもしれませんけれども、21世紀に求められる能力というのは、どちらかというと変人的な能力なのです。

　もう一つは、精神分析家だというわけです。消費者ニーズが分析できて、マーケティングを見通せなければしょうがないと言っています。清家篤さん（慶應義塾大学）は、それに加えて「商品化プロ」の能力と言っていましたが、ちょっとこれは迫力がありません。

　変人と精神分析家ばかりが世の中に出たら、どうなりますか。しかし、そういう人間が求められていることは事実でしょう。かっこよく、考える能力の育成が21世紀の大学の課題だというのだけれども、それはまさに変人育成ということではないのでしょうか。

　大学というのは、ある意味でシステムですから、システムというのは、言ってみれば平均的な一つの目標を掲げることです。変人を育てるということは、そういう平均的な目標とはかけ離れているわけです。変人というのは、勝手に育つのです。青色ダイオードを発明した中村さんがそうですね。彼は「あんなくだらんものはない」というわけで、大学院の勉強を放棄したのです。会社に入っても、自分勝手なことをやっていたと会社の人は言っています。それで、青色ダイオードを発明した。

　大学審あるいは中教審の答申などは、課題探究能力の育成ということを大学がやれと言うけれども、実はちぐはぐなことを言っているのです。大学はそもそも変人を作るところではない。変人の育成には教育という言葉が当てはまらないのではないでしょうか。

7　今後の大学教育

　私が問題にしたいのは、とにかく大学はボーダレス化して、先ほどから言っていますようにすでに拡散状況にあって、大学という一つの言葉ではくくれないような状況に入っています。特に専門学部教育というのは拡散している。専門学部という意味で学部名を呼称することは、私は、言葉は悪いけれども、一種の詐欺行為ではないかとさえ感じています。かつてのエリート時代の専門学部教育を今はできていませんし、できるはずもありません。現実にやっていることは、はっきり言って専門教育ではありません。専門学部教育はすでに崩れている。伝統的な専門教育は行っていない。にもかかわらず、法律上の設置形態は「学部」なのです。

　ICUを創設する時に、学部形式にしなければ設置認可しないというわけでありますから非常に困りました。リベラルアーツというのは学部ではなく、カレッジですから、学部とは言ってもらいたくないのです。しかも学科を置かなければならない。「学部には学科を置く」と学校教育法に書いてあるのです。学科を置かなければ学部を認めないというわけで、非常に困りました。そこで、リベラルアーツ教育で当時強調されていた一般教育が人文、社会、自然という三分野で構成されていたことに留意して、人文学科、社会科学科、自然科学科という学科を作って、設置を認めてもらいました。このことが後にICUの在り方に大きな問題を引き起こすのです。横道にそれました。本題に戻ります。

　とにかく、そういう状況の中で、学部教育ということで一体何をやろうとしているのかということから、私どもは学士課程教育ということを一般教育学会で提唱しました。

5．日本の大学改革のベクトル

　そこで、「日本の大学の改革のベクトル」ということになります。文科省では大学改革推進室というのをおいて、大学改革の統計をとっています。何を調べたかと言うと、大学改革ということでシラバスを作っているかとか、ティーチングアシスタントを使っているとか、授業評価をやっているとか、

GPA（Grade Point Average, 履修各科目の（単位数×ポイント）の合計を履修登録単位の総数で除した数値）を実行しているとか、FD（Faculty Development, 大学教員資質開発）をやっているとか、そういうことを調べているわけです。

　脱線しますけれども、先ほどの引用の私大教の報告書では、GPAの問題について、あまり本格的に取り上げていません。GPA制度というのは、なぜかほとんど進展していません。先日、ある旧帝国大学の国立大学に呼ばれました。中期目標にGPAを実施すると書いたので、来年はどうしてもGPAをスタートさせなければならないので、私に話をしてくれと呼ばれたのです。そこで、私がGPAの話をしたら、私は呼ばれて行ったのに、その大学の教授連から、猛烈な反撥を受けた。「なぜ今までのようではいけないのか。けしからん」と言われました。なぜけしからんのかというと、私が一言言ってしまったのです。「学生の成績は、大学教授の権威によって付けるのではない」と言ったのです。それが逆鱗に触れたのです。帝国大学の教授というのは、学問の権威がアイデンティティであって、学生の成績は自分の権威において付けている。ですから、そういう体質とGPA制度というのは水と油なのです。これは真っ向から対立するような事柄らしくて、なるほど国立大学ではGPA制度はほとんど普及していません。

　皆さんの大学ではGPA制度は実施していますでしょうか。このGPA制度というのは、単に単位の重みがついた平均成績を計算しただけでは意味がないのであって、これをどう使うかということが大事な問題なのです。そういうことを、私はあちらこちらでお話をしています。

　文科省における大学改革の内容に戻りますが、調査によれば、ほとんどの大学がカリキュラム改革を実行しているというのです。ですから、私は逆説的に、ICUは大学改革をしない、しないことが改革であるということを言いました。大学改革というのは、文科省の視点ではシステム改革です。先年、国立大学の教養教育評価を大学評価・学位授与機構が行いました時に、私は教養教育評価をどうするかということを議論する一番初めの専門委員会に出まして激論をしました。私の立場は、教養教育は評価できないという立場なのです。

　結局、機構の結論は、先ほど言ったような、例えば授業評価をやっている

とか、やっていないとかというシステム評価、これは一種の間接的な評価ですが、この間接評価によって教養教育について客観的な評価を行うのだということになりました。私はできないという立場ですから、反対だったわけであります。にもかかわらず、評価の作業までやらせられまして、いい勉強にはなりました。

また話が脱線しますが、「特色ある大学教育支援プログラム」、「特色GP」は、結局はシステム評価ではないかという批判もいただいています。教育の評価は、システム評価以外にできるのかということです。そこで一つ私が考えましたのは、プロセス評価です。どういうプロセスで教育を実践しているかということが、良い教育をしているかどうかという評価のある部分を占めている。だから、システム評価とプロセス評価の二つをもって教育評価をするということを、私は「特色GP」の中では徹底させるように努めました。

しかし、それはずばり教育評価であるのかと言うと、やはり問題です。はっきり言いますと、教養教育評価ができないということは、実は教育評価はできないということなのです。「特色GP」の実施責任者であった私の立場は矛盾的です。私の一つの到達点は、審査のプロセスにあるわけで、教育のプロセスを審査する審査のプロセス、この審査のプロセスの中で、そういうシステム評価を超えた、教育に関する本質的な評価の芽生えが出てきている、ということです。

ということはどういうことかと言うと、教育評価と言うのは、何かを裁くというようなことではありません。あなたのところは合格か、不合格か、というような、そういう判定ではありません。教育評価というのは相互評価、別の言葉で言いますと、相互向上のための営みの一つである。私は「特色GP」の作業をしている過程の中で、だんだんと強くそういう考え方を持つようになってきました。どこまで私の考えが発展できるか、これからの研究課題です。

いずれにしましても、文科省が推奨する大学改革というのは、システム改革です。システム改革によって、先ほどから問題になっています、大学が社会から課せられている課題に対応できるかどうかというのは、非常に難しい問題です。

6. ユニバーサル・アクセス

1　ユニバーサル化時代の学生像——学生満足度空間

　教育課程の問題に不可分に関係する「ユニバーサル・アクセス」（進学率が50％を超える高等教育段階、大学で学ぼうと思う若者のほとんどが大学に入学できること）の問題があります。ずいぶん前に私立大学連盟が、加盟大学の約8,000人の学生を対象にして、調査をしたことがあります。横軸には、大学で学問的な、知的満足を得たかどうかという「学問的満足度」をとり、一方の縦軸には「人間関係の満足度」をとり、調査対象の学生の分布を見ました。すると、驚くことに、学生が全平面にほぼ広がっていました。これは「ユニバーサル・アクセス」段階の大学像の象徴です。学問についても、人間関係においても「両方に満足」している学生は、伝統的というか、模範的な学生ですね。おおよそ大学の教員が対象にしている学生というのはこういうタイプです。「不満足タイプ」というところをほとんど無視してしまっているのです。しかし、人間関係でも、学問的にも不満足な学生がたくさんいることに、大学はどう対応するのでしょうか。

2　大学の大衆化

　大学の大衆化というのはどういうことでしょうか。私がよく取り上げる譬えは、教員の数で考えてみることです。私は旧制の中学校の卒業ですが、1944（昭和19）年の旧制の中学校の教員の数が全国で約9万5,000人いました。一方で、大学の教員の数は1992（平成4）年ですでに12万6,000人です。そうすると、日本人に急に優れた人が大量に存在したということはあり得ないわけですから、何が起こっているかというと、昔の中学校の教員が、レベルから言うといま大学の先生なのです。その中には、もちろん旧帝国大学の教授に相当するぐらいの優れた人も入っています。けれども、レベル全体から言うと、中学校の先生レベルではないでしょうか。思い起こしますと、なるほど私が中学生であった頃の先生というのは大変な先生です。ちゃんと研究をしている。それは立派な先生です。あの先生方を思い浮かべると、今の大学の先生と変わらないのではないかと推察します。つまり、学生だけが大衆化

したのではないのです。先生が大衆化していたのです。ところが、先生は大衆化したとは思っていないのです。極端に言えば、全員が帝国大学のエリート教授と同じだと考えているわけです。

　したがって、教員の自己認識が変わらなければなりません。はっきり言えば、中等学校の教員には免許証が必要ですが、大学の教員にも免許証が必要になっている。この免許証をどうやって出すか。ただFD（Faculty Development、大学教員資質開発）をやっているだけではだめです。FDの課程が、免許証を出すレベルになることが必要です。そうすると、大学教員の免許を与える学校をつくらなければなりません。大学教員の免許証を出す学校は大学であるか、大学を超越しているのか、とにかくそういう対応が必要になってきたのでしょう。

3　ユニバーサル・アクセスの指標

　もう一つの問題は、言うまでもなく学生のユニバーサル化です。詳しい話はもう皆さんにする必要はないのですが、注目したいところはどこかというと学生集団の特質です。教育社会学者が分析しているのですが、学生集団を考えますと、エリートの時代は「同質」です。マスになりますと、「多様化」している。多様化という言葉はマス段階の言葉なのです。現代のユニバーサルな場面、あるいはマーチン・トロウが数年前に日本に来た時に、「今はもうユニバーサルの時代ではない、ユニバーサル・アクセスだ」と言ったということで、高等教育学会では「ユニバーサル・アクセス」という言葉がはやっていますけれども、ユニバーサル・アクセスになりますと、学生集団の特質は「ランダム」となります。私はこのことに注目するのです。

　ランダムというのはどういうことかと言うと、バラバラということです。ただ言い換えただけではないかと言うけれども、語感が違いますね。学生一人一人バラバラ。能力においてもバラバラ。学生のものの考え方もバラバラ。ニーズもバラバラ。そういうバラバラな学生を対象にして、今私どもが行っていることのほとんどは、せいぜいマスの時代の教育です。極端なのは、エリートを対象にしたような授業をする教員もいます。教員はエリート意識、学生はランダム。完全なミスマッチです。そのミスマッチをきちんと正すと

いうことが大学改革なのです。

4　バラバラであることの意味／バラバラの学生への対応
　「バラバラ」であるということの社会的な意味を言う人もいます。すなわち、バラバラであるということは、ネガティブな要因なのではなくて、むしろ成熟社会の特徴なのだと言うのです。大学問題にとってはピンと来ませんが、とにかくバラバラな学生に積極的に対応しなければ、授業料に対する説明責任を果たせません。
　したがって、大学においては、学力差を前提にする。学生の学力が一様だということは前提にしない。大学でのすべての学習というのは、全部正規課目とすることが必要だと思います。何を言っているかと言うと、補習授業の問題です。補習教育またはリメディアル教育ということは、アメリカ移入のコンセプトです。大学1年生の数学を学ぶための高校レベルの基礎ができていなければ、その補いを大学でする。カリフォルニア大学のバークレイ校で見ましたが、リメディアル教育を担当するのは全部ティーチング・アシスタント（大学院生）です。ティーチングアシスタントにそれぞれ小部屋を配置して、それぞれに学生を10数人割り当て、数学の手ほどきをしていました。もちろんそれらの補習授業は卒業のための単位になりません。
　しかし、もはや補習授業では対応できません。学生が高校で学んでいなければ、それを大学で正課として学ばせなければなりません。
　それでは、卒業時のレベルがバラバラになる。初歩から始まるのと、中級から始まるのとでは、卒業する時の実力に差がでる。当然です。なぜなら、そもそも入学時にバラバラなのですから。卒業生に対して、均質性を社会は要求できません。バラバラな学生を出すのです。バラバラな学生一人一人にとって、それぞれに何かの付加価値がなければ意味はない。その付加価値をそれぞれの学生が主張できるようにならなければいけない。そういう状況に至っている。

5　高校生の期待・大学生の期待
　現在の日本の高校生を調査した記録があります。今の高校生というのは、

ほとんどが勉強をしないのですね。学校の勉強はしない。学校の勉強は最低限にして、あとは別のことをする。塾の勉強をするのか、ほかのことをするのか知りませんけれども、学校の勉強は嫌いだという高校生が82％いるという統計があります。すごいですね。ほとんどの生徒は学校でやる勉強は嫌いなのです。高校の正規科目を「教科的な知」と言いますが、「教科的な知」に対して全面反発しているわけです。では「教科的な知」を除いて、一体何を学ぶのかという問題です。

　この調査によると、高校生が高校教育に期待していることは、「将来の生き方を考えさせてくれること」、「職業のための知識と技術」だと言っています。「物事を多面的に考える力」とも言っていますが、物事を集中して考えることができない人間が、物事を多面的に考えるようになったら、どうなるのでしょうか。おかしいですね。また、「わかる楽しさを経験させろ」とも言っています。

　私大連（日本私立大学連盟）の調査によると、大学に行く目的としては「学歴が必要だ」というのが、いまだに1位でした。次に「自分のしたいことを探す」、せいぜい3番目に「将来の仕事のための専門教育」というのが入ってきますが、これが3割です。つまり、伝統的な学生像を持っている学生というのは、大体3割なのです。7割は大学に来る目的が違う。「青春を楽しむ」・「友人を得る」というのはよく言われていますが、「学ぶ、研究する」というのは27％、3割以下です。

　ですから、教科的な知識では、高校生に対応できない。したがって、実は大学生にも教科的な知識では対応できないわけです。一般教育のことを「パンキョウ」と言ったのは、それが「教科的知」にとどまっていたからでしょう。しかし、大学教育において教科的な知識を排除してしまったら、何が残るのですか。何にも残らない。しかし、3割は別にして、7割は大学で学ぶ教科的知に興味がない。

7．選択する大学改革

1　大学改革の方向を選択する

では、この問題をどうするのかというわけです。大学改革のベクトルをどう定めるのか。

先ほど言いました学生の満足度空間を考えた時に、率直に言って、自分の大学の学生はどのゾーンにいるのか、見定めるべきでしょう。

誤解なさっていただきたくないのですが、学力が低い学生を預かる大学が、社会的評価の低い大学ではありません。特色GP（文科省「特色ある大学教育支援プログラム」）でこのことがはっきりしてきました。学力がない学生をいかに育てるかということで評価された大学があるわけです。ですから、はっきり自分の大学の学生というのは、一体どのゾーンの学生なのかということを見極める必要がある。見極めたところから大学改革が始まる。学生のいるゾーンに対して意味のあるような内容を用意しなければ、授業料のただ取りです。自分の大学の学生について、ただ印象で考えるのではなく、きちんとそういう調査（IR: Institutional Research）をしてみる必要があります。

2　これからの大学改革

あちこちと話が飛んでいますが、これからの大学改革ということでまとめてみましょう。

一つは、ユニバーサル化が進む状況の中で、バラバラな学生に対して意味のあるような大学教育をしようとするならば、学部は解体するということです。これは大命題ですね。学部は解体する。私は文科省に学校教育法でもって学部を置くとしているのは間違いだ、困るので直せと言っているのですが、なかなか直りません。しかし、もはや学部では対応できないのです。

次に個々の学生の要求に応ずる教育システムを構築する。バラバラな学生に対して、教育システムと言えるのか、言葉の上では矛盾してしまいますけれども、能力差に対応できる教育システムが必要です。それから、文系・理系という区別もおかしい。そういう中で、いわゆる初年次教育ということが今大きく問題になってきています。また、キャリア教育ということも問題に

なっていますが、現在のキャリア教育の方向というのは、すこし歪んでいると私は思います。初年次教育も、単純な導入教育、例えば補習教育というようなことではない、新しい位置づけが必要になってきていると私は考えています（本書Ⅲ部参照）。

3　理工カリキュラムのリベラル化

　ご参考ですが、慶應大学の理工学部は、特色GPに選ばれていますが、そのカリキュラム構造に工夫があります。

　理工学部には、伝統的な物理学科・化学科・機械工学・数理科学科・情報工学科・電子工学科・応用化学科という学科と、若干学際的な物理情報工学科、システムデザイン工学科、管理工学科という学科を置いています。

　従来ですと、入学試験は当然学科別です。化学科志望の学生、機械工学科志望の学生というように、学科ごとに定員があるわけですから、学科別に入学試験をするわけです。ところが、慶應の理工は、学科の数は10ですが、それに対して、入学する時の入り口を五つにしてしまったのです。すなわち、五つの入り口を「学門」といい、おおまかな系統を表しています。

　そうすると、仮に物理学系の学門から入った学生は、大体物理系が主流なのですが、必ずしも物理を専攻するとは限らない。物理学系の学門から入って電子工学を専攻するかもしれない。いわゆる一種のリベラライズと言いますか、リベラルアーツ的な構造を、理工学部のカリキュラムに導入したわけです。これだけで特色GPというわけではありませんけれども、ある意味で本体は守りながら学部・学科構造というものを崩したわけです。そういう試みが必要になってきました。

4　全てのレベルの学生に対応する教育課程

　高等学校での学習内容はすでにバラバラで、もはや一様な学力は想定できないわけですから、すべてのレベルの学生に対応するような教育課程というものを作らなければなりません。例えば数学について、大学最高のレベルの学科目があるとしますと、最短距離で高校からいきなりそこに進む学生があってもいいし、一番初めの基礎的な科目から順々に始めて、最高レベルの

科目には到達できない学生がいてもよいとする。そういう科目の選び方が許されるような教育課程が必要だということです。

そういう状況を考えますと、改めて大学というところで行われている教育内容を見直す必要がある。そのために、学部教育ではなく、学士課程教育というコンセプトを導入することが、論じられています。

8．「学士課程」

1　学士課程教育の理念

「学士課程」という言葉は今や流行語のようです。インターネットで検索したら、30万件も出てくるのです。そして、不正確な使い方が多く見えます。

国立大学は、中期目標の公文書で「学士課程」という言葉を使っています。昔はこんなことはなかったですね。国立大学と言えば、完全に法律でもって規制されている大学ですから、法定用語以外は使ってはいけなかったはずなのですが、いま独法化した国立大学では、学士課程という言葉を勝手に使っている。学部教育ということの代わりに使っている。この使い方は間違いです（本書第I部参照）。

「学士課程」というのは、本来は大学教育学会、前身は一般教育学会ですが、その一般教育学会が使った言葉でして、先ほども触れました1991年の大綱化答申を出す時のヒアリングにおいて、一般教育学会がこの言葉を主張したのです。その後、中教審の答申等に「学士課程」という言葉が登場するようになりました。しかし、答申の学士課程教育の考え方と、一般教育学会の学士課程教育の考え方とは、やはりずれています。

一般教育学会が考えた学士課程教育の根底にある考え方は、当時いわゆる一般教育と専門教育の拮抗と言いますか、対立・抗争があったわけでありますから、そういう時代的背景の中で、一般教育が専門から階層的に下に見られていた。例えば国立大学の教養部と専門学部では、予算配分が全然違っていたわけです。そういう階層的な位置づけというものを廃止して、一般教育を中核とする4年一貫教育を行うことを学士課程教育と言ったのです。そう

言うと、ますます答申等が言っている教養と専門基礎を中心とする学士課程教育と、一般教育学会が考えるものとは近いようですけれども、私は思想的に違うのだと思っているのです。

2　学士課程教育の目標

　一般教育学会では、学士課程教育の目標を次のように提示しています。すなわち、学生にとっての一貫教育、学生の自己教育を原点とする一貫教育、あるいは学ぶことを学ぶ教育、一般教育をコアとする大学教育ということです。あるいは、別の視点で言いますと、学士課程教育というのは大学教育として「完成教育」である、ということを主張しているのです。ここが答申と違うところなのですね。答申の場合には、かつて学部教育における専門教育は大学院にシフトすると言っているのですから、その意味においては学部教育は不完全教育です。中途半端な教育なわけです。

　答申はそういうような見方をしているわけですが、一般教育学会はそうは見ないで、学士課程教育は完成教育なのです。アンダーグラデュエイトではないわけです。アンダーグラデュエイトというのは、グラデュエイトがあってアンダーグラデュエイトですが、そういう考え方をしない。では、その完成教育の目標は何かというと、あえて言えば、それは市民教育です。根底にある思想が違うのです。

3　基礎学術

　一般教育学会がいう「学士課程教育」は、リベラルアーツ教育がモデルです。リベラルアーツ教育の中心というのは、基礎学術です。私はそういう言葉を使っています。基礎学術とは、いわゆる伝統的な学問です。私は、いかに大学が多様な学生を受け入れたとしても、大学の基本は学術だと思っています。先ほど、「教科的知」を除いたら大学で教えるものがあるのかと言いましたけれども、別の言葉で言えば、伝統的な学問の基本というものをきちんと教えること。それ以外に、大学の教育はあり得ません。

　問題は、学生が多様化し、能力が多様化しているわけでありますから、それぞれの大学で、そういう基礎的な学術をどのように教えるか、どのレベル

まで教えるかという問題が起きているということなのです。学科名を商品化するということが問題ではないのです。いくら学科名を商品化しても、その基礎にある根本は基礎学術でなければなりません。基礎学術をきちんと修得するということ以外に、大学の使命はありません。それを、どのように現実の学生に対応させるかというところで、私どもの工夫が必要なのです。

人間の知性というものは、大昔からずっと歴史を持っているわけです。そういう知性的な、知的伝統というものを無視した大学教育というのは、あるはずがないわけです。そこのところを日本の大学は間違っているのではないか。客寄せができればいいのではないかと思っているのかもしれない。しかし、そういう教育をしても、それこそ審議会答申が要求するところの課題探究能力は育ちません。課題探究能力というものを育てるのは、きわめて地道な、基本的な、基礎学術教育以外にないのです。なぜなら、人類はそれで生きてきたのですから。そういう知的伝統の中から、現在の文明というのもあるわけです。そういう意味で、私は大学改革あるいは大学教育というものは、イベントではないのだと言いたいのです。「特色GP」についても、イベントを評価しているのではなく、基礎学術教育をどこまできちんとやっているかを本来評価するものだ、ということを特に声を大きくして言っているのですが、なかなか徹底しません。残念ながら若干イベント的な傾向を帯びたということは否定できない状況であるわけです。

9.「ノンエリート大学」の現実

(本節は主として居神浩2010を参照した。)

以上において考えてきたことは、どちらかと言えば平均以上の学力を持つ学生たちを対象にした論です。しかし、最近「ノンエリート大学」などと呼ばれている大学が現れてきたことにも、注目しなければなりません。

大学教育のユニバーサル化の一つの現象は、受験勉強をまったくしない学生を、大量に大学が受け入れていることに象徴されます。そのような大学を「Fランク大学」、「ノンエリート大学」、「マージナル大学」とか「ボーダーフリー大学」と呼ぶようです。そのように呼ばれる大学の学生の特徴は、大

学で学ぶ姿勢がまったくできていないことです。なぜ学ばなければならないのかということがわかっていません。「有り体に言ってしまえば、『眠い』『だるい』『疲れた』『意味がない』などと言った個々の欲望が先行しているために、教育・学習行為が成立しがたくなっている」と居神浩氏は述べています。「消費者としての学習者は、教育のルールに従うかどうかさえ自己決定しようとする。各自の判断を絶対視し、欲望の実現のために手段を選ばない絶対的な個を主張しようとする」。そういうところでは教育・学習が成立しないことは言うまでもありません。

そういう状況が「ノンエリート大学」では常習化しているようです。私語をする学生に注意をしたら、「うるせー、お前には関係ない」と言われたということを聞いたことがありました。数年前に、小学校や中学校で学級崩壊、授業が成立しないことが大きな社会問題になりましたが、同じような状況が大学にまで迫ってきたということでしょうか。

次のような報告があります。ノンエリート大学の学生に、良い授業とは、と尋ねたところ、次のような返事があったというのです。すなわち、良い授業とは、欠席10回までOKな授業、10分で終わる授業、何もしなくてもいい授業、ケイタイさわれる授業、先生のいない授業、美人の先生の授業（参照：葛城浩一2013）。このようなことを聞くと、ひところ大学改革の目玉のように扱われた「学生による授業評価」はノンエリート大学で意味があるのでしょうか、問わざるを得ません。

ノンエリート大学に限ったことではありませんが、特にノンエリート大学では、大学で学ぶ内容が、学生にとって意味があることを、まず第一に教える必要があります。そのためにはノンエニート大学生一人一人の「こころ」の次元にまで立ち入ることが求められるようです。もうこうなると、大学の概念を大きく変える必要に迫られます。

さらに学生たちを卒業させて、社会で一人前に働けるようにするために、「ノンエリート大学」の教員は、何をすべきでしょうか。その答えは「基礎学力の徹底した習得を通じて学生たちに『雇用可能性』を高めるとともに、ノンエリートとしてこの社会に対する正当な『異議申し立て』を行える力量を育てるべきである」と居神浩氏は述べています。「異議申し立て」の具体

的例には、最近問題になっている「ブラック企業」での劣悪な労働環境の問題があります。そのような事態に直面した時、「異議申し立て」ができなければなりません。それができる基盤を育成することが、「ノンエリート大学」の教育の任務なのです。

「ノンエリート大学」の学生たちが習得すべき「基礎学力」には、まずは「初等教育レベルの教科書」を完璧にマスターしておくことだといいます。「特にあらゆる職場で必要となる計数能力の基礎である『割合』の概念については、これを習得しておかない限り『実力のつく』仕事には絶対につけない。単に『やり直し学習』ということではなくて、まさに職業能力の基礎として学習するよう動機づけたいところである」。要するに「読み。書き、計算能力」こそが職業能力の土台であることを、学生に納得させることが鍵になります。

「基礎学力」の習得ということについて、思い出すことがあります。地方のある小規模大学で、「公文式算数」を（「社会数学」という科目名で）学生に学習させているということを聞きました時に、そういう大学は大学であろうかと思ってしまいました。しかし、そのように考えることは、「ノンエリート大学」の教員としては義務放棄になる、ということを居神氏の報告を読んで強く思いました。そして、そういう状況は、程度に差があっても、日本の大学で普通に見られるのではないかと思いました。

「ノンエリート大学」の存在は、大学のユニバーサル化の極端な状況と思われるでしょう。しかし、「ノンエリート大学」が抱えている学生の課題は、普通の大学にも見られるのではないでしょうか。「ノンエリート大学」の学生の教育には、優れた能力が必要です。とおり一遍の授業では対応できないのですから、教員に求められる資質、特に精神的資質は高くなければなりません。そのためにこそFD（大学教員資質開発）が強く求められます。「ノンエリート大学」の存在を否定的に捉えるのではなく、文明の進歩の標として、ポジティブに受け止めたいと思います。

10. 文部科学省の教育助成政策について

　以上に述べたような大学を取り巻く環境の中で、日本政府の文教政策は、どういう方向を示しているのでしょうか。ここでは文教政策の表現である「特色GP」等、いわゆる補助金事業について、若干のコメントをして、終わりにします。文科省による大学教育支援政策（補助金政策）は私立大学のデザインにとって、重要な要素であることは、皆さんが認識しているところです。

　「特色ある大学教育支援プログラム（「特色GP」）は、文科省による大学教育支援（補助金政策）のはしりと言われました（参照：大学基準協会2011）。その後、各種補助金政策が次々に実施され、今日に至っています（これらの事業を『GP (Good Practice) 事業』と総称しています）。「特色GP」実施の翌年には、「現代GP」が始まりました。その後、次々に新しいテーマの補助金事業が続いています。それぞれのテーマの補助金交付期間は、ほとんどが数年に限られています。文科省の私立大学に対する経常費助成金は、大学教育支援政策予算に年々削りとられてきました。私立大学としては経常費助成金の減額分を何としてでもGP助成金で補わなければ生きて行けません。そのために、私立大学のほとんどが、GP申請の書類づくりに翻弄されてきました。極端な言い方をすれば、GP事業という財政政策によって、私立大学は文科省が意図する方向に舵を向けなければならなくなってきたのです。このような事態を、大学の原理が「経済」に転換させられた、と言った人がいます。

　GP事業のテーマは、年度ごとに新しいものが提示されてきました。文科省のホームページに、「GPナビ」というサイトがあります。「GP」事業の宣伝媒体です。「GPナビ」に登場するGPのテーマを拾いあげてみますと、なんと100件近くもあります（もっともそれらのテーマ名の中には、概算要求に登場して、実際には実施されなかった案件もあります）。いずれにしましても、各大学はこれだけ多くのGP事業に対応しなくてはなりませんので、応募書類の作成に膨大なエネルギーを傾注しています。このことを考えただけでも、文科省のGP事業について、疑問を持ちます。特に、テーマの設定の仕方によって、大学の在り方が規制されかねないことは、深刻だと思います。

文科省が、遅々として進まない日本の大学改革を督促しようとする意図は、否定できません。しかし、GP事業は諸刃の剣になりかねません。そもそも大学改革は一朝にしてなるものではありません。アメリカで大学改革について「10％解決法（Ten Percent Solution）」を適用するのが効果的であるという見解があります。学校の改革を行うに当たって、いきなり大胆な構想を示して、急激に改革を進めるのでは失敗すると言うのです（参照：安藤輝次2006）。若芽を育て育てと引っ張れば、枯れてしまうでしょう。もう少しゆとりを持って大学改革を行ないたいものです。

〔参考文献〕
安藤輝次2006「アルバーノ大学の一般教育改革」『奈良教育大学紀要』第55巻第1号（人文・社会）
大学基準協会2011『特色GPのすべて』
居神浩2010「ノンエリート大学生に伝えるべきこと──〈マージナル大学〉の社会的意義」『日本労働研究雑誌』52（9）
葛城浩一2013「ボーダーフリー大学は教育の質保証を実現するために何をなすべきか？」『大学教育学会課題研究・共通教育のデザインとマネジメント最終報告書』
絹川正吉1999「21世紀の大学像の構図」『IDE』1999年1月号：絹川正吉2006『大学教育の思想』東信堂、所収
潮木守一2004『世界の大学危機』中公新書

3　大学コミュニティの創造

はじめに――「特色GP」について

　皆さん、こんにちは。本日は、「大学コミュニティの創造」と題する国際シンポジウムを同志社大学が開催されましたことに対して、心から敬意を表させていただきます。

　先ほどからご紹介がありましたように、このプログラムは特色GPに関連したプログラムです。外国から来られた先生もいらっしゃいますので、簡単に特色GPを紹介させていただきます。「特色GP」は正式には「特色ある大学教育支援プログラム」と言いますが、それを略して特色GP（Good Practice）と呼んでいます。優れた大学教育の事例を選択して補助金をつける文部科学省の事業です。補助金をつけることは本来の目的ではありませんでした。主目的は、選択された事例を公表し、フォーラム等で紹介をして、それぞれの大学の参考にしていただくという取り組みです。

　2003（平成15）年に出発いたしまして、5年目で、このプログラムとしては最終年度となりました。私は実施委員会の委員長を仰せつかっていましたが、その実施委員会において審査し、事例を採択させていただいているわけです。このプログラムは、私が申しますのも何ですが、日本の大学教育の実践に対して、非常に大きな影響を与えたと評価されています（参照：絹川正吉・小笠原正明2011）。

1　「大学コミュニティの創造」

　同志社大学は、「大学コミュニティの創造――コミュニケーション・デバイドの克服」というタイトルで、2004（平成16）年に特色GPとして採択されました。この事例は、他に似たような応募例はなく、コンセプトの立て方が

非常に優れていると私は思いました。「大学コミュニティ」という大学の本来的在り方に視点を置いたことが、大変大事なことではないかと考えています。

　取り組みの概要は次のように記載されています。「人がある特定のグループに所属することで生じる他のグループとの接触機会の減少を〈コミュニケーション・デバイド（交流疎外）〉と捉え、キャンパスという一つのコミュニティを自覚的に形成していく取組である」。

　私が資料にしたのは同志社大学の申請書ですが、その中にこのように書いてあります。まず、動機と背景として、大学生を取り巻く現状認識が書かれています。学生は孤立している、無関心である、不寛容である、人間関係が希薄である、他者との触れ合いや葛藤を通じた精神的な成熟が困難である。個の確立という青年期特有の普遍的課題は、大学側も学生個人の問題としても看過できないという認識から、このプログラムが始まっているわけです。

　その活動内容は、従来あった学生支援センターの啓発支援活動や障害学生支援制度、あるいは国際センターの異文化交流促進活動等々のプログラムを総括して、大学というコミュニティを意識的に形成することを支援することで、学生の「コミュニケーション・デバイド」を克服するという内容です。それらの支援センター等々の活動は、一つ一つを取り上げますとほかの大学でも行われていることですが、それら全体を総合しているところに、このプログラムの特色があると考えます。

　「コミュニケーション・デバイド」という言葉が用いられていますが、そのことについては、こう説明されています。個人が特定のグループに属することで、そのグループ以外の人々とのコミュニケーション機会が減少し、分離する状態を表す造語である、ということです。現代の学生状況を的確に捉えた表現だと思います。

　「コミュニケーション・デバイド」を前記の三つの活動、支援活動等々で認識し、その克服過程を「インキュベイト（企画）」「共存・交流」「成長・拡がり」の三つのプロセスからなる「成長のスパイラル」のもとに、プログラムを再編成したというところに特色があると、同志社大学では主張なさっておられます。

2　連想すること――Eernest L. Boyerの言説

　このプログラムに関連して本日のシンポジウムが開かれているわけですが、このことに関連していくつか私が連想すること、思い起こすことを紹介したいと思います。初めに、このプログラムで私が思い起こしたのは、Ernest Boyerの思想です。有名な本で、1987年ですからもうだいぶ古いですが、Boyerが *College* という本を出しました。その後、1988年に、喜多村さん等々によって『アメリカの大学・カレッジ』というタイトルで訳されました。

　Boyerの報告は、当時のアメリカの大学の状況を調査・検討した内容です。その中のいくつかの文言を拾い上げてみます。「多くの教職員も学生の生活面から距離を置き、教務以外の問題では自分たちの責任範囲がはっきりしなくなっているらしい」。教務以外のこと、アカデミックな問題以外のところから距離を置いている。教室外の生活というのは、大学の教育上の使命の達成にどのように役に立っているのか、だんだんとぼけてきたというわけです。大学が一つの共同体としてまとまりを持つためには、研究・教育面とそれ以外の側面を相互に関連したものと捉える視点が必要であるとBoyerは言います。

　アメリカの大学は自分の任務が教室の教育だけにとどまらないという伝統的な考えを持っていたはずであるけれど、1960年代に入りますと、アメリカの高等教育には劇的な変化が出てきたのです。大学の規則は弱められ、礼拝やConvocation（全学集会）への出席義務は廃止され、大学コミュニティが崩壊していることをBoyerは問題にしているわけです。

　大学関係者は、学生は大人として扱われるべきだと主張する。その結果、学生は際限のない自由を享受している。けれども、何らかの秩序が必要であると考える雰囲気もある。大学教育の目的や高潔さが失われている。商業主義ということで、例えばスポーツの選手をリクルートすることに力を入れているということで、本来の在り方からずれている。次の言葉が私は非常に心に重く響くのですが、「真の改革は道徳的怒りが大学全体に広がったときだけにしか生じないと信じている」。私どもの現在の状況を考えますと、大学改革が非常に大きく叫ばれておりますが、こういう視点で私どもの問題を考えるチャンスがほとんどないわけです。

さらに、Boyerの言葉は続いています。「細かく分断されてしまっている現代の大学において共通の関心の一致点を見出すことが可能だろうか。共通の関心というものがあるのだろうか。学生に学習共同体の一員として、積極的に活動することからくる興奮と責任の両方を感じさせることが可能だろうか。質の高い大学においては、カリキュラムと課外カリキュラムとが互いに関連しあい、大学生活のすべてがCommunity of Learnersの中へと一体化されていくべきだ」。大学のコミュニティということをBoyerは強調しているわけです。

「学士課程（リベラル・アーツ）の経験がもたらす効果の大小はキャンパス・ライフの質と関係している。学生が互いにバラバラであるならば、大学が満足な状態にあるとはいえない。目標とすべきことは、教室での教育とそれ以外のキャンパス・ライフとに関連を持たせることであり、共有すべき集団的活動、伝統、共通の価値を見出すことである。大学と教授会は教室外での生活に目を向けよ」とBoyerは言っているのです。まさに、今回の同志社大学の特色GPは、Boyerの問題指摘に正面から答えている取り組みではないかと思います。

改めて思いますが、コミュニティという概念あるいは発想が、日本の大学にあったかということです。研究至上主義あるいは教授中心主義の大学においては、最近はそうでもないと言われますが、教授の専制的な支配があってもコミュニティはない。大学教育が問われることにおいて、初めてコミュニティということが問題になるのだろうと私は思います。特色GPはいろいろな評価をいただいていますが、その成果の一つは、大学教育というのは共同的営みであることを非常に強調した点にあろうかと私は思っております。

3　連想すること——ICUという大学共同体の崩壊

その関連で連想することは、自分のことを申しますのは何ですが、国際基督教大学の営みです。国際基督教大学（ICU）の過去の営みについて、私の思いが飛んでいくわけです。ICUは、「明日の大学」と私どもは言っておりました。戦後日本の民主化を支える人間の育成が目的で、日米のキリスト者が共同して計画し、そしてまた、日本においては、日本全国から支援をいただいて創立された大学です。私立の大学でありますが、私はICUというのは

公立大学ではないかと考えております。

　College of Liberal Arts として出発しましたが、開学の時の総長は、当時、本同志社大学の総長をしておられました湯浅八郎先生です。湯浅先生は、中国との戦争の時代に同志社大学の総長であられたのですが、当時の軍部と対立いたしまして総長の職を辞めざるを得なくなりました。そして、インドを経由してアメリカに旅をした。その時に真珠湾攻撃があり、湯浅先生はそのままアメリカに残留して、終戦後に日本に帰ってこられたのです。そういう方を総長に迎えて、ICUは College of Liberal Arts として出発しました。

　キャンパスの中に学生寮を持つ全寮制を目指しました。教職員住宅、教会堂、牧場がキャンパス内にありました。何しろ敷地が46万坪ありまして、牧場を開いて、アメリカから優れた牛を持ってきて、自給自足体制を取ろうとしたわけです。当時の私どもの標語は「ICUファミリー」という言葉でした。学びを中心とする生活共同体であるということです。価値観を共有するという考えでICUは出発したのです。学生たちはICUというのを冷やかして、「International Crazy Utopia!」と言っていたわけですが、学生のみならず教員たちも、本気でこういうコミュニティの形成を考えたわけです。

　キリスト教活動が中心であり、先ほど、Boyerの言葉にConvocation（全学集会）という言葉が出てきましたが、Convocationを毎週開催して大学共同体の営みを共有し、そして年に何回かは教職員、学生総出でキャンパスのクリーンアップをするといった営みもしていました。日本の大学の場合には、学生会というのは何か大学本体から外れているような感じがしますが、ICU初期においては、学生会は大学そのものと不離一体のものと考えられていました。学生会・クラブ活動の経費（予算）は大学から出していました。大枠があり、「今年はこれだけ使っていい」ということで学生会・クラブ活動経費を大学が用意し、学生会が自主的にクラブ等への予算配分を行っていたのです。あるいは、学内アルバイトによる奨学金制度を充実させました。校舎の清掃、牧場の作業、電話交換手、教員住宅のハウスキーパー等々、労働の機会を学生に提供し、それによって学生の経済的な支援を行っていたわけです。

　そういうコミュニティが10年で崩壊しました。1953年に開学しましたが、

1963年、10年たったところで、当時の走りでありますが、授業ボイコットが起こりました。そして、2年後には本館が学生によって占拠されました。おそらくこれは日本で一番初めに起こったバリケード封鎖だと思うのですが、ICUでそういうことが起こったのです。そして、67年には能研テスト（大学センター試験のハシリ）反対ということでバリケード封鎖があり、その時に機動隊を導入しました。これも日本で最初だと思います。もっとも直接の導入ではなく、校舎明け渡しの仮処分執行に際して、機動隊が護衛してきたということですが、いずれにしてもそういう紛争があったのです。そして有名な1968年、69年、全共闘運動が盛んになり、全学占拠で再び機動隊を導入しました。75年に、再び学費値上げで本館が封鎖されるということがあり、ICUコミュニティ、ICUファミリーは崩壊したわけです。

　ところが、65年の紛争の最中には、学生は本館の中にバリケードを築いて立てこもっていたのですが、大学礼拝（大学の礼拝は続けられていた）の鐘が鳴った時に、学生たちが礼拝堂に出てきたということがありました。その時点においては、まだ、学生は価値の共有を考えていた。価値の共有の希望が残っていたわけですが、1968年、69年の紛争によって、完全にそういう希望が絶たれてしまいました。

　ICUの紛争というのは思想闘争であり、異なる価値観の相克でした。学問共同体としての人格的なコミュニティの形成は可能か、という問いを私どもに突きつけたわけです。自律的知的共同体という言葉が、中教審の学士課程小委員会の経過報告書に出てきます。この言葉の時代錯誤性というか問題性を考えた上で、こういう言葉を用いたのかどうか。少なくともICUの経験においては、自律的知的共同体は崩壊したのです。崩壊したままでいいのかというのが、私の個人的な思いです。「エッサイの株から一つの芽（イザヤ11・1）」とスライドに書きましたが、これは私のつぶやきでして、その意味は、後で申し上げます。

4　連想すること――大学の「コミュニケーション・デバイド」の克服

　さて、次の連想は、「コミュニケーション・デバイド」という同志社大学が作られた言葉に関連します。学生のコミュニケーション・デバイドを問題

にしたわけですが、私はむしろ日本の大学と社会とのコミュニケーション・デバイドこそが問題ではないかと思うのです。中教審の報告書の中に、「学士力」という言葉が出てきまして、いわば大学卒業生のアウトカム、身につけておくべき事柄は何であるかというサンプルを紹介しています。その学士力の内容の一部に、「倫理観・市民としての社会的責任」を挙げなければならないと言っています。これはまさに、過去言われていた一般教育の命題であり、一般教育崩壊の後を受けて随分いろいろな問題がありましたが、この時点になって再びこの問題が登場しました。

そして、これは後ほどの先生方のお話にも出てきますが、方法としての「サービスラーニング」ということが述べられています。すなわち教室の知識と社会実践をリンクする教育実践が必要である、としています。大学のコミュニケーション・デバイドを克服するための方策が、やはり問題になっているわけです。サービスラーニングというのは、簡単に申しますと、学生の自発的な意志に基づき、一定期間社会奉仕活動（サービス活動）を体験することにより、教室の知識と社会実践をリンクさせる新しい教育プログラムです。新しいというのは日本で新しいという意味であり、アメリカではすでに古い教育プログラムであると言うべきでしょう。

特色GPにおいても、これに関連する事例が2～3件採択されています。このプログラムでは、体験全体を体系的に振り返り（reflection）、他の学生や教員とシェア（共有）することで、学生たちのさらなる学習や人格の成長が促される。そういうことを目的とするもので、いわゆるボランティア活動ではありません。

ICUでも、随分早くからサービスラーニングを実行しています。そこでの教育の内容は、サービスラーニングの哲学を学ぶ、サービスラーニングの実践機関であるNPO等の研究をする、ニーズを把握する。そして、受け入れ機関においてサービスラーニングを実践する。大事なのは、サービス活動で得られた体験についての記録を作成し、クラスで発表することを通して、相互討論により経験を分析し、学習成果を確認するという「振り返り（reflection）」ということです。そして、最後にサービス活動と学問的内容を総合する経験を小論文にまとめます。

以上の活動を通じて学生は、自分が学習した学問内容を現実に適用する機会を持つことにより、すでに持っている知識と経験の相互連関を知ることになります。このような経験が、改めて学生の学習への動機づけを促すことになるわけです。

　では、このサービスラーニングの成績評価をどうするのか。良いサービスをしたかどうかということが評価ではないとICUの教授が言っていますが、どんな良い学習をしたかによって、サービスラーニングの科目の成績評価は行われます。

　これに類似な考え方が特色GPにもありました。特色GPの事例の中には、地域社会への貢献等々があり、その中でも福祉活動等が取り上げられています。福祉活動を特色として応募する事例の評価は、当該活動がいかに優れた福祉活動をしているかということではなくて、その活動を通して学生が何を学ぶことができたかを評価する、という基本方針を特色GPの実施委員会は立てました。そういう考え方に類似した考え方をICUは取っているわけです。

　ICUのサービスラーニングの特徴の一つは、国際サービスラーニングというところにもあります。これは詳しく申し上げませんが、ACUCA（Association of Christian Universities and Colleges in Asia）といっておりますが、アジアにおけるキリスト教系大学の連盟があります。そのACUCA加盟校と提携してネットワークを構築し、共同してサービスラーニングを展開しています。

5　連想すること──クリティカル・シンキング

　さて、少し飛躍いたしますが、そういう営みの中で、私どもが直面することはクリティカル・シンキング（批判的思考）ということです。コミュニティのことを考えた時に、クリティカル・シンキングがどうしてつながるのかということですが、多少事情があります。クリティカル・シンキングというのは、現在、日本においてだんだんと注目され始めている初年次教育の一つのテーマです。

　多くの初年次教育のテキストなどを見ますと、問題を示唆するにとどまって訓練に至っていません。すなわち、「クリティカルに考えなければいけま

せん」という説教はするけれども、クリティカル・シンキングができるようにはしていないわけです。クリティカル・シンキングができるということは大変なことです。説教するだけでは、批判的思考力は身につきません。すべての科目がクリティカル・シンキングを育てる視点に立っているということが、私は必要だと思っています。

　本日のテーマに関連させますと、実はラーニング・コミュニティがクリティカル・シンキングの養成には不可欠です。クリティカル・シンキングということは、実はラーニング・コミュニティの中で育成される問題であると私は考えるところから、連想がクリティカル・シンキングに飛んだわけです。

　ICUにおいては、クリティカル・シンキングを、英語教育を通して行っています。英語教育、ELP（English Language Program、当時の教育内容、現在は変更されている）は、初年次の学生に対する総合的なプログラムで、複数の科目が総合されています。ELPの授業中の使用言語は全部英語です。そして、英語の文法の説明や逐語訳は一切しません。そういう、高校とは異なる授業スタイルで授業を行っていますから、学生はいきなりカルチャーショックを受けるわけです。

　授業の運営の中心になっている単位はセクションで、学生20名ぐらいを1セクション単位とします。1学年が約600名ですから、30セクションぐらい作って、セクションごとに担当教員がつきます。ELPの授業というのは、合同授業以外はセクション単位の授業が中心です。それに教員のTutorialがつくという形で運営しております。セクションの運営というのは、ほとんどディスカッションです。これは英語でやるディスカッションで、日本語は使ってはいけないわけです。学生は、セクションメイトと1週間9コマのクラスに参加し、1年間肩を並べて学ぶわけです。共に学ぶ体験を共有するということです。

　セクションでの活動ですが、各学生は、あるテーマに基づく論文を仕上げることが、ELPの全体の目標になっています。論文作成の過程で、学生は中間段階の原稿をセクションに提示します。それぞれの学生が自分の書いたものを提示し、クラスメイトと討論し、批判と助言を受けるわけです。場合によっては、全面否定を受けることもあって、ショックを受けます。そして

この間、セクション担当教員がTutorialでいろいろと助言をする。そういう営みを1年間続けるわけです。

　そうしますと、セクションメイトの間では絆が生じます。勉強にくじけた時に励ましてもらったり、一緒に勉強したりといったセクションメイトに助けられる学習体験をするわけです。一方においては、クラスにおいて、授業やディスカッションにおいて、自分の主張が全面否定されるというクリティカルなことを経験するわけですが、他方においては、こういう共同的な学びを経験するのです。

　試験前には、セクションで自発的にグループ学習が始まったりすることもあります。そういうことを通して、セクションメイトの間に強い共感が生まれてくる。セクションメイトの絆というのは、どうも見ていますと、在学中だけではなくて卒業後も続いている場合があるようです。そして、生涯の伴侶と出会うこともあるというわけです。

6　連想すること──ラーニング・コミュニティ

　そういうELPの営みを考えますと、そこにラーニング・コミュニティということが、自然に連想されることになるわけです。ラーニング・コミュニティに関連して、最もシンプルな授業法に、アメリカで言われているThink-Pair-Shareという授業法があります。私の妻はキリスト教の聖書学のクラスで、学生たちと一緒に聖書というテキストを読む授業をしているのですが、その授業の中でこの方法を使ってある程度の効果を上げています。

　目的は、学生に彼らが読んだテキスト等について語り合う機会を用意する。手続きとしては、まず教員は討論点を特定する。聖書のテキストのある箇所に関して、どういうことを討論するか討論点を特定する。学生が討論点についてテキストを読み、考え、メモを取ったりする。初めは、学生それぞれがThinkするわけです。その次に、パートナーを決める。パートナーと、自分で考えたこと、書きとめたことについて意見を交換する。そして、パートナーと一緒に考えたことを大きいグループで考え合う。これが一つのプロセスであり、このプロセスを繰り返すのがThink-Pair-Shareという授業法です。

　言われてみれば当たり前のことですが、そういう営みの中で、ラーニング

・コミュニティが形成されてくるのです。このラーニング・コミュニティという考え方も、後ほどお話があるかと思いますが、アメリカの初年次教育におけるコンセプトの一つです。簡単に説明すると、「あるカリキュラムテーマに基づく科目群を学生が小グループで学習し、学生相互、学生と教員を結びつけ、学生・教員を学習テーマに強く結びつける、教育上のコンセプト」です。先ほど紹介しましたICUの英語教育というのは、まさに、このラーニング・コミュニティの形成において成り立っている。そういう事例として紹介できるかと思います。

7　連想すること―― Teaching Community

それに関連して私が連想することは、Teaching Communityです。ICUのELPの教員構成はできる限り多様にしています。専任教員が約30名、非常勤教員を含めますと40名ほどの教員が、Team Teachingをしています。英語を母語とする専任教員でも、その出身は米国であったり、英国であったり、オーストラリアであり、わざと多様性を持たせている。そして、日本語を母語とする専任教員も英語で授業をするのです。

こういう教員構成の多様性というところに一つの特色を置いておりますが、そういう教員がTeam Teachingをしています。シラバスは一つで、教員が共同で作ります。個々の教員は共通シラバスの下に個性的授業運営をするということで、授業運営はそれぞれの教員に任されているわけです。ただ、大枠はお互いに考えて、Staff Handbookを作っています。また、ELPの科目ごとにコース・コーディネーターを置いています。

このような統合的なプログラムの運営をしていると、ここに自ら、こういう言い方があるのかどうか知りませんが、Teaching Communityが形成されてくる。このTeaching Communityとラーニング・コミュニティは相補的関係にあって、ICUの英語教育を成立させているのだろうと思います。後ほど触れますが、FD（Faculty Development）は、ティーチング・コミュニティが成立条件なのです。あるいは逆に、Teaching Communityというものが成立しないところでFaculty Developmentの意図を達することはできないのではないかと、私は最近考えるようになりました。

8 特色GP採択事例から

　特色GPで採択された事例で、ラーニング・コミュニティの関わる事例をご紹介します。一つは、広島大学理学部の事例です。「協調演習による理学的知力の育成支援──『知ること』から『わかること』への知識昇華をめざして──」というタイトルがついています。申請書の冒頭にこういう端書きがありました。広島大の理学部の教授たちは、「学生が『協調演習』を行うことで、互いに教えあい学びあえる学生になってほしい。異なった分野であっても理解しようとする積極的な学生になってほしい。自主・自立性の高い学生になってほしい。そして、『本質とは何か』ということを大切にする学生になってほしい。そうなるように、この協調演習を支援する」のだと言っています。

　そういう学びによって、「確固たる知識・理解を基礎に持つ創造性豊かなScientistを養成する。原理的に不可能でないなら果敢に挑戦するScientistを養成する」。ここは、原理的に不可能でないというのは、ちょっと引っ掛かります。原理的に不可能なことも考えなければいけないわけですから。いずれにしても、そういう視点で教育活動をしようというのです。

　では、具体的にどうしているか。これも、言われてみれば当たり前のことですが、学生をグループに分けます。グループごとに、まず1問与える。グループで解くわけです。1問目がグループで解けたと思ったら、1グループ5人として、5人全員で教員のところに説明に来る。説明をするのが誰かということは、教員がその時その時で勝手に決めます。ですから、学生たちは、自分たちみんな同じように理解していないと困るわけです。

　ラーニング・コミュニティの形成では、仕掛けが大事だと思うのですが、こういう仕掛けで、学生たちは自ら協調して勉強することになるわけです。1問目がうまく答えられたら、次の問題を渡すということで、次々と毎時間で5問ずつ解くことになるわけです。解けなければやり直しになります。

　そして、グループ対抗のタイムトライアルで、4問が早く解き終わったら、50分で終わっても、そのチームは解散。ビリのチームには罰ゲームがあります。そのグループの中に欠席者がいると、そのグループは20分間のペナルティが科せられる。11時50分が正規の終了時間であっても、12時10分ま

では解放できないとか、いろいろな工夫をして一緒に勉強させようとしています。これもやはりラーニング・コミュニティ形成のきわめてシンプルな例ではないかと思います。いろいろな工夫がないと、ラーニング・コミュニティの形成は無理です。その工夫の仕方が、私どもに課せられている問題ではないかと思います。

9　連想すること——大学教育の協同性

　その次に私が連想しますのは、大学教育の協同性ということです。そういうことに私の思いが飛ぶわけです。先ほどちょっと申しましたが、特色GPにおいては、「組織性」ということを問題にしました。実施委員会は、特色GPの審査基準を定めて公開しています。特色GPの審査基準の一つに「組織性」という言葉があります。これは非常に誤解を受けた言葉です。この言葉の起源は、特色GPにおいては各教員個人の営みを評価するのではなく、組織として取り組んでいる営みを評価したいということで、例えば、学部単位の取り組みでなければ応募できません。

　ですから、組織性ということは優秀性の基準ではなくて、初めは応募条件であったわけです。学部単位の取り組みであれば応募できる、教員個人の取り組みは応募できないという応募基準であったわけですが、それが評価基準に転換するわけです。「当該取組が組織的に行われているか」を問うことが、一つの評価の基準になったということです。そういうふうに言い返してみますと、そもそも教育というのは共同的営みでした。私ども大学教員は、そういう視点を忘れていたのではないか。教職員学生が協同して汗を流している取り組みこそが評価されるべきではないかというのが、特色GPの実施委員会の評価視点になったのです。そのことを本日のテーマに沿って言えば、まさにラーニング・コミュニティが形成されていることが特色の一つの視点であるということになるわけです。

10　連想すること——FDコミュニティの形成

　さて、先ほども申しましたように、もう一つの連想はFDコミュニティの形成です。ICUでFD活動が行われたのは20年以上も前（講演当時）のことで

あり、当時はまだFDという言葉はありませんでした。私どものところでFDという言葉が使われ始めたのが、日本におけるFDの発祥であったと一応考えられます。1987年ごろに、私ども有志のICU教員が集まりまして、学生による授業評価の研究を始めました。このグループは完全なボランティアグループでした。

　ここに私は一つの意味を見出していて、最近、FDが問題になりますのは、設置基準において「組織的な」という言葉がついているので、このボランティアであるという視点が少し抜けている。私どものFD研究がボランティアだったということは、非常に重要な点だと思います。当然、私どもの研究は授業評価項目の議論から発展して大学における教育問題全般に及んでいきました。こういう活動が、私が知らないせいもあるのかもしれませんが、あまり日本の大学では行われておらず、きわめて稀なことだったと思います。

　私ども有志は、まったくの手弁当で合宿などをしたわけです。多少、私は学部長として支えたことがありましたが、ほとんどは手弁当でした。そこで、「FDプログラムの策定と実践的試行」というタイトルで、当時では初めて文部省の科学研究費を頂き、3年間の研究をしました。私は、ここにFDコミュニティの原初的な形態を見るわけです。FDというのはボランティア活動として発足した。この視点を私どもは失いたくないと思います。

　京都大学の大塚さんが言っていることですが、「学習コミュニティ形成に向けて」という、彼の書いたもの（溝上慎一・藤田哲也2005）の中で、授業目的を十全に達成するためには、他の授業や教師との連携が必要不可欠だと言っています。私ども古い大学の教員というのは、自分の授業というのは、他人の容喙を許さない、自分の授業の場、教室というものは、その教員の専断の場であるというような感覚をずっと持ってきました。そういうことでは、教育はできないのだということを大塚さんは言うのでしょう。

　FD共同体とでも呼べるコミュニティが、その成員によって自発的に形成されることが望まれる。実は、ここで大塚さんは授業評価のことを論じているわけですが、授業評価というのは、そういうコミュニティの共通言語として機能するのです。授業評価というのはいろいろと議論されておりますが、大塚さんはそのように捉える。そうすると、私はそういうコミュニティ、大

学コミュニティの捉え方は、ICUのかつての営みにきわめて類似しているのではないかと思うわけです。

11　連想すること——実践のコミュニティ

　さて、最近ちらちら目にするようになりました言葉に、「実践のコミュニティ（Community of Practice）」という言葉があります。これも後ほど、先生方のお話に出てくると思いますが、集団への参与を通して知識と技巧の習得が可能になる社会的実践が繰り広げられる場と簡単に定義しています。人々は実践共同体において、さまざまな役割を担い行為することで、実践共同体を維持することに貢献します。その際の学習とは、知識や技能を個人が習得することではなく、実践コミュニティへの参加を通して得られる役割の変化や過程そのものである、と池田光穂さんが書いているのを、Webで発見しましたので紹介しました。

　大塚さんもこの問題に触れており、「あるテーマに関する関心や問題、熱意などを共有し、その分野の知識や技能を、持続的な相互交流を通じて深めていく人々の集団」であると述べています。これは一般にはあまり読まれていない本だと思いますけれども、レイヴ・ウェンガーが、『状況に埋め込まれた学習——正統的周辺参加——』（1993）というタイトルで書いた本があります。その考え方がここで紹介されています。実践のコミュニティが、対象とする領域を学習の場とする時、それを「学習コミュニティ」と呼ぶ。そして、その背景となる心理学的理論がレイヴ・ウェンガーの考えであると大塚さんは言っているわけです。

　レイヴ・ウェンガーの言葉をそのまま翻訳で引用しますと、「新参者（新しく共同体に入ろうとする人）が共同体成員と対立する関係にあるのでなく、新参者を共同体の営みに、度を超して取り込むことなく、新参者を共同体に強制的に従属させようとはしない」で共同体に迎え入れるという共同体参加のあり方を、レイヴ・ウェンガーは問題にしているわけです。

　そのことを佐伯胖さんは「学びのドーナッツ」を用いて説明しています（本書第Ⅲ-1参照）。簡単に結論を言うと、学習とは共同体への参加のプロセスである、ということで、そのプロセスを、「学びのドーナッツ」という構

造で説明しています。そこで鍵となることは、学生と教員の人格的交わりです。このようなことに、現在の日本の大学はもっと関心を持つべきだと思います。

12 終わりに

　そういうことをよくよく考えておりますと、先ほどの学びのドーナッツで考えますと、学びのドーナッツが問われる、あるいは学びのドーナッツに学生が関わるということは、そこに大前提として、実は大学コミュニティが存在していなければ意味がないのです。大学コミュニティがないところで、学生が教員に接するはずがありません。そうすると、問題は大学コミュニティの存在の可能性が、どうしても最後に問われることになります。

　私の内面的な問いは、一番初めに申しましたようにICUの崩壊です。崩壊したICUコミュニティの復活は可能であるか。創立当初のICUというのは、ICU固有の価値観の共有が前提であったわけです。そういう価値観の共有は成立しない、崩壊したわけです。改めて、今ここで大学コミュニティということを問題にせざるを得ないとすれば、実践のコミュニティとして大学コミュニティということを捉えようとするならば、ICUコミュニティというのは復活可能かと、私自身問わなければならないことになります。

　同志社大学は、大学コミュニティの創造ということで、このプログラムを取り上げましたが、同志社大学のこの取り組みが、同志社大学というコミュニティの創造にどう関わっているのか、改めて問われる問題ではないかと思います。実践のコミュニティとしての大学における共通原理は何か。いかにして実践のコミュニティとしての大学が成立するのか。繰り返しですが、ICUは価値共同体としては崩壊した。では、大学であり続けるための共通言語あるいは共通のよりどころは何であるかということを、私は問題にせざるを得ないわけです。

　大学コミュニティの特性は、単なるコミュニティの形成ではもちろんないわけです。私の思いの中では、大学論的なコミュニティの形成であるべきで、大学という営みのためのコミュニティである。したがって、大学というものの使命、ミッションというものが改めて問われることになるわけです。大学

創設理念を基盤とするコミュニティをいかに形成するか。そして先ほど、社会とのデバイドが問題だと言いましたが、社会に開かれたコミュニティの形成をいかにするかということを考えた時に、やはり大学としてコミュニティの形成の原理・基盤にすべき事柄は学術以外にないわけです。そして、学術と教育の営みというところに、当たり前のことですが、大学コミュニティの原点を置かなければならないと思うのです。

　一番初めに謎めいた私のつぶやきを書きました。「エッサイの株から一つの芽」という意味はどういうことであるのか。「エッサイの株」というのは、ダビデの系譜ですが、ユダヤ民族が滅びる。その滅びた、木が切られた切り株から新しい一つの芽が出るという、ユダヤ民族の希望をうたったものです。

　エッサイの株を私は伝統の切り株と考えますが、伝統の切り株から新しい芽を育てる。伝統の切り株は何か。これは堂々巡りです。取りあえず学術と教育と言いましたが、私どもは、この新しい時代において、改めてエッサイの株は何であったかということが問われるのではないかと思うわけです。同志社大学の今回の特色GPの営みを通して、私の連想はこういうところにつながってきたということです。

　これで終わりにいたします。ありがとうございました。

〔参考文献〕

ボイヤー, E. L. 1988（喜多村和之・他訳）『アメリカの大学・カレッジ』リクルート
絹川正吉・小笠原正明編著2011『特色GPのすべて』大学基準協会
溝上慎一・藤田哲也編2005『心理学者、大学教育への挑戦』ナカニシヤ出版
ウェンガー, レイヴ1993（佐伯胖訳）『状況に埋め込まれた学習——正統的周辺参加——』産業図書

4　リベラルアーツ・カレッジで働く

1　ICUは私の青春

　今日は、桜美林大学のスタッフの皆さんに話しをするようにということでお伺いしました。「リベラルアーツ・カレッジで働く」という題目をいただいたのですけれども、何をお話すればよいのか迷います。何が問題なのでしょうか。ただ「大学で働く」ではだめなのか。私の頭の中では大学イコールリベラルアーツですから、そういう意味では「リベラルアーツ・カレッジで働く」ということでもよいだろうと思いますが、テーマとしては難しい。私の経験を少しお話しながら、リベラルアーツ・カレッジで働くとはどういうことか、私の考えを紹介したいと思います。

　私は学長になる直前（1995年）に『大学教育の本質』を書きました。全然売れませんでした。ついに今は絶版です。絶版になりましたら、あちこちからご照会がありまして「手に入らないか」というので、出版元は困っています。ほとんど注目されない本ですが、見ている人は見ているということを先日体験しました。ある大学に呼ばれてお話しに行きましたら、その大学の前学長が「学長時代に『大学教育の本質』は自分のバイブルだった」と言ってくださった。これは最高の誉め言葉で、そういうふうに見てくださる方もいるのだと思いました。しかし、全然注目されていない本です。この本は、ある意味で、私のICUでの遍歴を大学論としてまとめたということかもしれません。

　私は1955（昭和30）年に助手としてICUに就職しました。その時驚いたのは、湯浅八郎学長からいただいた辞令に「助手としてご協力ください」と書いてあったことです。普通の辞令というのは「助手に任用する」でしょう。上から下へですね。「助手としてご協力ください」とはどういうことだろう

と私はびっくりしました。そのうち、ICUの辞令もこういう辞令ではなくなって普通のありきたりの「教授に任ずる」というような官僚的な文章になってしまいました。私は学長時代に昔のように直したいと思ったのですが、誰も賛成しないので結局できませんでした。「助手としてご協力ください」。皆さんの立場で言いますと、「スタッフとしてご協力ください」。桜美林大学に来られるということはスタッフとして大学の営みにご協力いただく。教員も同じです。ご協力いただくということです。中心は何かというと、中心は学生ですね。

そういうところに就職しまして、いわば伝統的な専門バカの教育を受けてきた私にとっては、ICUの生活はまさにカルチャーショックでした。そのころのイメージですが、大学に出る時には背広を着てネクタイを締めて三鷹駅からバスに乗る。バスにはほとんど学生と教員しか乗っていない。バスに乗った途端私は異郷に入るわけで、仕事が終わって下宿に帰ってくるとドテラを着て、コタツを抱えていました。まさに二つの文化を行ったり来たりするような毎日でした。特に「一般教育」というのは私にとってカルチャーショックでした。私は日本の大学が旧制から新制に切り換えの時に大学生でしたから、旧制の高等学校の雰囲気が濃厚でした。一般教育の授業もただ知識の切り売りでしたから、どうっていうことはなかったのですが、ICUに来て一般教育というのはどうもそういうことではないらしいと、思い始めました。

『大学教育の本質』のあとがきに「私はICUに"魅せられた魂"を持つようになった」と書きました。私の時代と言いますのは、生まれた時はブラックマンデーで有名な世界恐慌の真只中、不景気の最中でした。その後はほとんど戦争の時代でした。戦争一色に塗りつぶされた私の青春がICUという陽光によって解放されたのだ、というような勝手な思いをあとがきに書かせていただきました。

2　私の実務経歴

私の経歴ですが、いろんなことにこき使われました。2年間の休職をとって、アメリカに行ってPh.Dを取得してて帰ってきたとたんに、入試主任と

いうことになりました。入試主任とは何かと言うと、小さな大学だからそうなのかもしれませんが、入試に関するあらゆることに手をつけないといけない。学部長の下でやるのですが、学部長は何も手をつけないから私が一人で全部切り盛りしました。当時はICUは施設が狭くて、受験生を収容できないものですから、早稲田大学の教室を借りたり、あちらこちらを借りて歩いたわけです。入試の当日になると民族大移動じゃありませんが、大学全体が早稲田大学に移動するような騒ぎでした。その民族大移動の総指揮をするために、入試主任は早朝3時に起きて、万般の手配をしました。お弁当の世話までしました。外で入学試験をやってまた戻ってくるというような恐ろしい仕事の責任者になったのでした。そういう普通の教員が経験しないようなことまでしました。

そういうことがもとになったのだと思いますが、当時は組合がなく、労働基準法で雇用条件を改定する場合は被雇用者の意見を聞かなければならないという規定がありますので、職員代表制というのをおいていました。これは実質的に組合の代表ですね。そういう代表として私は、スタッフの処遇の改善に努めた覚えがあります。

そして学科長を6年位やりました。リベラルアーツというのはカリキュラムから始めて、取り仕切り方がものすごく複雑です。学科長というのは、学科全体のカリキュラムの責任だけではなく、学生の世話、教員の世話などを一切やってしまうのです。学科といっても、その実質は学部と同じことをしていました。そこで実務経験を随分積みました。リベラルアーツというのは大変面倒なことで簡単なことではない。規則で決められないことがいっぱいある。規則で全部決めてしまうと言葉どおり、リベラルアーツでなくなってしまいます。一歩間違うといい加減になる。いい加減になるかならないかというところで本質的なものをきちんと維持していくようにしないといけない。学科長として随分苦労しました。

そのあとは一般教育主任ということで、時間割の編成から教室の配置等、一般教育に関するあらゆることが主任の仕事でした。一般教育のクラスは、とにかく学期が開いてみないと何人学生がくるかわからないわけです。あるクラスはガランガラン、あるクラスは満員で学生があふれている。学期が始

まって主任室に待機していると「主任来てくれと」と言われて行って見ると、教室に学生があふれている。ICUでも一般教育のクラスは何百人というクラスができてしまう。私ども大学の教室は最多で200人しか収容できないように作ってある。大クラスは作らない方針です。したがって、教室に200人しか入らないところに300人来ている。どうするか。どうするといってどうしようもない。学生さんに頼んで、もう一回開講させるから、今回は登録するのはあきらめてくれ。誰か諦める人はいませんかと呼びかける。飛行機に乗ると、ダブルブッキングがあると、誰か替ってくれる人がいれば100ドルあげますというのがありますね。大学で100ドルあげるわけにはいかないので非常に苦労しました。ということから、私は予備登録制というのを導入しました。学期前に登録をして、どんなに多くても150人を超えて一般教育のクラスは作らない。150人に制限をする。どういうふうに制限するかというとコンピューターで無作為に抽出して150人をとる。そうすると結果としてある学生の場合は、ある特定の科目に関して何度予備登録をしても落ちる。4年生になっても取れない。そういうクレームがどんどん来ることになりました。そういうクレームを全部処理しなければならない、そういう雑用総係りになってしまいました。

　学部長になりますと、ICUは学部が一つしかありませんから、学部長は教育活動全体のまとめの役になります。ICUでよく言われていることに、ICUには学部長が3人いる、というのです。一人は本物の学部長で、二人目は副学長で、3人目は学長だと。学部が一つしかないから学長の仕事も学部の仕事がほとんどだというわけです。いわば小姑（？）に囲まれた学部長で、すごく仕事はやりにくい。そういう中で、新しい学科の新設をしたり、雑用を一切引き受けて大学の運営の責任を務めたりしました。

　学長になりましてから、よせばよいのにその間に大学セミナー・ハウスの館長を引き受けたり、いろいろな社会的な奉仕をしました。私大連の常務理事をやったり、大学基準協会の監事をやったりというわけで、学問はそっちのけで雑用ばかりやったような気がします。学問をしたのは学位論文を書く時だけで、あとはともかく雑用に追われていました。

　それで、そういう経験の結論は何であるかというと、そのような仕事の大

変さは、その仕事をした人にしかわからない、ということです。誰も外の人にはわからない。私が弁当の世話をしていることを誰も何とも思わない。弁当の世話をするのは大変ですよ。食物の恨みは恐ろしいという言葉がありますね。実務の大変さを通して、私は大学の機能の中でのスタッフの機能はどういうものかということを若い頃から直感的に感じていました。そういうところが普通の教員とはちょっと違うのかもしれません。といってもやはり教員上がりですから、限界がありますね。本当にスタッフ機能というものを認識しているかというと大いに問題があります。これからの日本の大学は、最近よく言われていることですが、スタッフ機能がどう働くかによって大学の盛衰が決まる、と言えば大げさですが、そういう時代です。カリキュラムも大事ですが、どういうふうにスタッフ機能が発揮されるか、ということが問われるようになってきました。

　その辺の大変さの中で、日常の業務をきちんとこなして行く。こなせないと困ります。こまごました仕事をきちんとやる、そのやることにどうやって意義を見出せるか。そういう難しい問題があります。そういう業務では事故がなくて当たり前、事故があれば責任を問われる。事故を起こしてはいけない。私は、学長在任中に、理事会から懲戒を受けました。と言っても私どもの理事会は名誉理事ばかりですから、実際は自分でお膳立てをして自分で懲戒をしたわけで、自分で案を理事会に出して形式的に理事長命で懲戒を受けた。どういう事由かというと、人事課でルーティンワークですが、ボーナスを支給すると、それに伴う申告を税務署にしなければならない。これは毎年やっているわけですからルーティンワークです。ルーティンだからふっと気が抜けたわけですね。税務署へ申告しなかった。そのために追徴課税を4000万円近く取られた。一職員のやったことですね。人事課の課長にも問題があったと思いますけれど、本当に日常的な仕事ですから、そんなに厳重なチェックはしていなかった。それで懲戒だということになって、給与の何％か減額ということになりました。給与の減額は何％以上してはならないという基準法があります。学長は給与が多いから私が一番大きく罰金を払って、当の問題を起こした職員は一番安い罰金で済んだという変な話が起こったわけです。事故がなくて当たり前、事故があれば責任を問われる。日常業

務というのは、そういう仕事なのですね。そういうことは大学の一般の教員にはわからない。

3 何でもやる課・課長

　学長になった時に、大学の透明性ということに気を使いました。透明性というとかっこよいのですが、問題があってもなかなか学長まで届かない。スタッフの方も遠慮があるのかどうかなかなか学長に対しては言わないですね。それで直接の声を聞かなければダメだということで、ある時に目安箱としてメールを使いました。学長しか読まないメールアドレスを作って、ほかの人は誰も読まないから、何かあったら遠慮しないで何でも言って下さい、と呼びかけました。スタッフでも教員でも学生でも誰でもよいことにしました。そうしたら来るわ来るわ、いろんなことを言って来るわけです。教員から来たのはただ1通、「よいことをやっている」とお褒めの言葉が一件だけ来ました。それ以外は、教員は沈黙。やっぱり一番多いのは学生からのクレームでした。

　学生から「芝生に虫が湧いている」とご注進があったことがありました。ICUのキャンパスには、本館の前に大きな芝生の広場あって、小山があります。学生は「バカ山」と呼んでいます。学生たちは「バカ山」で喋っていたり、昼寝をしたりしている、「バカ山」はキャンパスの目玉になっていました。そこに虫が湧いている、どうにかしろという学生からのクレームで、すぐに事務局長に行って見て来いと言いました。普段は地面の下に入っている虫がその年は温暖化であんまり早く暖かくなったので虫が外に出て来た。したがって害はないと聞いて安心しました。学生にとっては自分たちの憩いの場ですから、そこが虫だらけでそれを放置しているとは何ごとかとなった。直ちに対応させていただくと返事をしました。千葉県でしたか、どこかの市が、すぐやる課という部署を作って、何かあるとすぐ飛んで行って、溝さらいでも何でもやったといいますね。私は、そういう課長だと思いました。

　スタッフに対する学生のクレームではこんな例がありました。ある時、一人の学生が教務課に行って何かの証明書を申し込んだ。今は電算化されましたからすぐ出せるようになりましたが、その頃は1日、2日おいて取りにこ

させた。その学生はクラスの都合か何かで事務の終了時間に1、2分遅れた。教務課のスタッフはまだ帰っていないで、いるわけですが、勤務時間を過ぎたから渡さないと言うんです。規則だからいまは渡せない。すべからくあなた方は世の中のしきたりを学ばないといけない。大学は教育の場だから1分たりとも規則を曲げるわけにはいかない。私たちは勤務時間が過ぎているから渡すことはできないというわけです。事情を聞いてみると、その学生は熱があって、翌日もう一度出直すとなると授業はないので、証明書一枚のために湘南から出かけて来ないといけない。そういうことがあってもよいのか、というクレームでした。すぐに私は教務課長を呼んでどういうことかと尋ねると、教務課長も頑張るわけです。スタッフをかばって、「4時半までと決まっているのだから4時半までに来なきゃおかしい。先生は規則を破れと言うんですか」と言う。規則を破ることは困るし、確かに学生というものは、社会に出て行った時に困らないように大学でディシプリンを与えないといけないから、そういうことはきちんとすべきである。すべきであるけれども……、というところが難しい。

　もっと大変なのは卒論の提出という行事がありまして、2月の10日頃に卒論の提出日時が決まっています。その期限を過ぎると卒論は受け取らない。学部長に卒論を出すわけです。学部長室の前には廊下があるのですが、廊下の入り口に扉があって、締め切り時間4時半きっちりに扉にかぎをかけていました。学生が入れないようにした。そこで4時半までに学生がちゃんと卒論を出すかどうかと、クラブの仲間たちが廊下の扉を取り巻いていて、時間に間に合うと皆で拍手する。卒論提出締め切り時間には、学部長室周辺は騒然たる雰囲気でした。4時半でぴしゃっと締めてしまう。卒論を出さなければ卒業は1年延期ですね。その後悪知恵が働く人がいて、私どもの大学では9月入学6月卒業という制度もありますので、4月入学で3月卒業が延期になると6月卒業という奥の手を使うことがはやりだしました。いずれにしても就職は決まっている、卒論は提出できない、留年ということになりますと就職予定の会社のほうが了解したとしてもなかなか大変です。単位を落としているわけではなく、卒論だけですから。そういう時に学部長はどう対応するのか。きわめて厳格な学部長は、数秒遅れても、一切認めない。一切認めな

いことが学生のためなのだ、という考えです。前々回の学部長はそうでしたね。ヒューマニティの先生でしたが、絶対に認めない。

　私が学部長の時にどうしたか。規則ですから、これは認めてはいけないわけですね、普段から教員諸氏に一年間かけて卒論を書いているのですから、卒論提出間際になってどたばたしないよう、注意してくださいと教授会でお願いしても、必ず数件毎年出るのです。そういう時にどうするか。学生のために規則を守るのか。1年間卒業延期になると授業料をフルペイしなければなりません。授業料は高いほうですから、学生にとっては大変な支出です。就職も怪しくなってくる。学生の生涯を左右するようなことですね。そういう時にどうするか。なかなか難しい問題です。ただ規則を守って、一律に拒否するわけにはいきません。例外を認めることもあります。私は学部長の時に、いわば学部長裁量で、提出期限後に卒論受領を認めたことが何件かありました。どういう場合にそうするか、一律には処理できないと思います。そういう判断をしなければならない場合が、教育という場面ではあるのだと思います。ある柔軟さが求められます。

4　リベラルアーツ・カレッジで働く

　リベラルアーツ教育では、学生の自主性ということを非常に重んじます。カリキュラムというのも（標語的には）学生個人、個人が自ら作ると言っています。1000人の学生がいれば、1000のカリキュラムがあるのです。そういう教育の運営の仕方をしています。自主性があるということはランダムになりがちなわけです。ランダムになりがちなものをある調和を持ってバランスよく大学を運営していくことは、トップだけの問題ではありません。大学全体が一つのセンス、共通感覚を持たないといけない。しかし、なかなかそういうセンスは形成されません。

　学生の学習の自由を最大限認めるというシステムですから、リベラルアーツというのは金食い虫です。資金がないとリベラルアーツ教育はできない。学生に個別的に対応しなければいけないので、人手もかかります。ICUでは履修指導が非常に厳格に行われていますが、だんだん学生の数が増えて、教員の数も増えてきますと、履修指導が徹底しない。見ていますと結局教務

課が履修指導をせざるを得なくなるわけですね。したがって、教務課のスタッフが本当にリベラルアーツの仕組み、リベラルアーツの意図を了解して、学生の履修指導にあたらないと、リベラルアーツの教育は死んでしまうわけですね。スタッフが、リベラルアーツがわかっているかどうか。これは難しい。リベラルアーツはある意味では体験しないとわからない。そういう難しさのなかで人手のかかる作業をするというのが、リベラルアーツで働くということです。規則では一律に処理はできない日常業務が、リベラルアーツ教育にはつきまとっています。

　井上成美という海軍大将がいました。最後の海軍兵学校の校長を務めた人です。この方は、敗戦になって職を退いた時に自分のこれまでの半生を自己批判しています。一切収入の道を絶って隠棲をした人です。この方が海軍省に勤務している時、机を扉の前に置いて押し寄せてくる事務をドンドン処理していったという話があります。リベラルアーツで仕事をするというのはそういう感じなのですね。どんどんやってくるいろんな問題を片っ端からその時々の判断でどんどん処理する。特に学部長というのはそういう仕事の総本山なのです。学部長がそういう仕事をする時に、サポートシステムがなければ、学部長は務まらない。学部長の補佐をするスタッフがどういう風に学部長と心を合わせて仕事ができるかということが致命的に大事になってきます。特にICUは、それでなくても大変なのに、3学期制ですから年毎に3回登録、成績の処理があるわけですね。セメスターだったら2回ですむところを3回やるわけですからもっと煩雑です。さらにそこに国際性が加わるからさらに複雑です。一番大変なことは、外国人の教員をたくさん任用することです。アメリカ、イギリス、フランス、オーストラリア、韓国などいろんなところから外国人の教員が来るわけです。日本の生活を全然知らないわけですね。そういう教員が来た時に、日常生活を誰が世話をするのか。一応、事務的な処理はしますけれども、たとえば学内に住居があると、プロパンガスが切れた時どうするか。外国人教員は学科の事務室に行く。知っているところはそこしかないわけですから。学科の事務スタッフはそれは自分の仕事じゃないと言い出す。それで国際性が保てるかということです。

　国際性というのはきれいごとじゃない。ある見方からすると、国際性とい

うのは紛争処理なんです。私は外国人の教員には、非常に悪い学長であったわけです。彼らの処遇では随分大きな問題がありました。植民地のような状況がICUに長くありました。理事長から命令されてそれを整理するのが私の仕事でした。そのために外国人教員たちからは、あいつはナショナリストだという評価を受けて、最低の学長だということになってしまったわけです。そういう経験から考えますとインターナショナルであるということは紛争を引き受けるということです。きれいごとじゃない。国際関係学部というようなきれいごとじゃない。だから国際関係学部で勉強していることは役に立っていないと言ったら怒られてしまいますが。

　それだけではありません。もっと肝心なことは人間関係なのですね。先ほどお話した経験を考えると、スタッフに一番必要なことは接遇訓練です。デパートでやる接遇訓練。デパートの接遇訓練は慇懃無礼で気持ち悪いですけども、本当に人と人がコミュニケートするとはどういうことか、ということです。特に大学は学生さんのためにある。そこでスタッフとして学生とコミュニケートするとはどういうことか。そういうことをきちっと踏まえないとスタッフ業務はできないと思います。一番大事なことはそういうところにあるのではないかとつくづく感じました。

　新任の外人教員の世話を誰がするか。行政的には一応手続きがあってそれをきちっとすればこれはお終いですね。結局ボランティアでやる以外に手はない。誰かがそれをやる。それが科長であったり、隣の教員であったりする場合もあるでしょう。スタッフである場合もあるでしょう。どうしても学科事務にすぐに来ますから学科事務スタッフにボランティア精神がないと外国人教員は生活できない。生活できないとICUに居られないということになってしまう。ICUの評判というのはそういうところで伝わっていきます。アメリカ人教員がアメリカに帰って、ホームページでICUとはこういうところだと書きたてる。そういうことがICUの評価になってしまうのです。

5　コミットメントなくして

　成績不良学生の除籍制度がICUにはあります。何度も繰り返しますが、リベラルアーツは学生の自主性を重んずる。ということは、学生の自己責任

ということを徹底的に叩き込む。そういう教育活動として、成績不良が3学期続いた場合には除籍ということにしています。それは学則規定です。初めて成績不良になった時は、アドバイザーが指導する。次の学期も成績不良の時は、アドバイザーは、どういう指導方針をとっているか学部長に直接報告書を出します。報告書のフォーマットも決まっている。アドバイザーは所見を書いて学部長に出さないといけない。この時は父母にも通知するわけです。成績不良が三回目になると、規則上はアウトです。その場合に機械的にアウトにするか。学則ではGPA1.5未満が3回続くと除籍です（今は大分堕落してもっと緩くなっています）。1.5が3回以上となるとどうするか。ご承知のように、評点が1というのは合格点ですね。0点は不合格です。1点は合格です。合格ですが、1.5未満を3回続けたら除籍というのは大学の教育の質の一つの表現です。ただ合格だけで単位を並べたのでは卒業させない。そういう一つのクオリティ・コントロールをしています。3期連続成績不良だった場合に、機械的に退学にはできません。最終判断は学部長がしなければなりません。これは制度ではなく学部長の裁量権です。その学生とアドバイザーの教員に同道で学部長室に来てもらって、事情をよく聞きだして、この学生に成業の見通しのしるしがあるかどうか見極めるわけです。たまたまこうなったのか、何か事故があってこうなったのか、失恋してこうなったのか、経済的事由でこうなったのか、いろいろ話し合いをして「君はちゃんとやればできるんだね」となると、いわば執行猶予の判断を下す。執行猶予の判断を学部長がする。例えば次の学期に平均成績を2以上取りなさい。それが取れれば、過去は帳消しにしてあげようという執行猶予をつけるわけです。執行猶予を何回つけられるか。一回はつけられます。二回つけるとなると学部長の責任が問われますね。学則なのですから。三回も執行猶予となればこれは言語道断ということになりますね。これでは学部長の職責を放棄したことになってしまう。私の学部長の時代に私のアドバイジーであった学生が、成績不良で除籍対象者になった。一回目は前学部長の時にやって、二回目、三回目は私が学部長の時ということがありました。三回執行猶予にできるかどうか。非常に悩みました。規則は規則ですから。それを崩すということはその大学の仕組みの根本を崩すことになります。クオリティコントロールを崩すことになる。

しかし、その学生にとっては執行猶予がつくかつかないかは人生問題になる。そこで学部長はどういう判断をするか。ついに私は学部長としてこれ以上は執行猶予にはできないので除籍にしました。その学生の母親は他の大学の先生で教育者です。いろいろ問題があったことは承知していますが、その学生は能力がないという学生ではないのですが、生活態度、家庭問題、交友関係、失恋問題などいろいろ重なったのでした。万やむを得ない。除籍であると私は決断せざるを得なかった。そうしたらその学生は除籍になって人生の目標を見失ったのですね。それならば何でもっとちゃんとしてくれなかったのかと思うのですが、だんだん自閉症的になってきて、ついに命が絶えてしまったということがありました。規則が一人の学生の人生を左右するのです。これは私の罪の問題です。

　成績不良学生と面接をし、いろいろと判断・助言をしました。君はやはりICUよりはほかの大学に行ったほうがいいよと勧めて、納得してICUを辞めた学生も何人かいました。学部長を辞めた後で、私の学生が成績不良で、今度は学生を連れて学部長の前に行って何とかしてくれと頼んだことがありました。両方の立場を経験をしたわけです。リベラルアーツで教育するということは、そのように学生の人生に関わるような教育をしているということです。リベラルアーツというのは、そもそもそういう人生の目標を立てさせる人間教育なわけです。知識の教育ではありません。知識はもちろん基本ですが、知識では到達できない内容があるわけです。

　先ほど私はICUに魅せられたといいましたけれども、ICUに魅せられたということは、別の意味で言うとICUで働けるようになったということは、大変な恩恵だと思ったということです。恵みであると。私は天命という言葉を使いましたが、ICUに行ったことは天命であったと思っています。自分がICUにあるということは天命である、恩恵であるということは、別の言葉で言えば、私どもの主体性から言えば、それはその大学へのコミットメントですね。皆さん方が桜美林大学でお勤めになるということは恩恵である、そうではありませんか。コミットメントが決定的ですね。とおり一遍の仕事をするのか。それでは、ボランティア精神は出てきません。ボランティア精神がなければリベラルアーツの営みは維持できません。

6　視覚障害学生の受け入れ

　例えば、こういう問題がありました。視覚障害の学生の受け入れは、今は一般化していますが、しばらく前は、視覚障害の学生があちこちの大学で入学を断られた。国立大学は一切シャットアウトでした。それで私どもの大学に泣きついて来た。いろいろと調べてみると、能力は結構ある。そこで入学試験には特別の配慮をしました。健常者と同じに入学試験をしたら量が多すぎますから。視覚障害者向けに試験問題を再編成して、入学試験をしました。そのためにどうしたかというと、試験問題を点訳しなければいけないわけですが、ICUの入学試験は、長編の論文を読ませて答えさせるものですから点訳が大変です。論文を翻訳するという作業をしなければならない。そこで、筑波大学の付属盲学校の先生方や、点訳奉仕者の協力をいただいて、試験の前の晩、徹夜で点訳をした。試験問題が漏れたら困るので大学の中に点訳者を缶詰めにして、作業をしました。そういう苦労をしました。それを契機に次々と視覚障害者を入学させました。入学後、教職員・学生のボランティアによる支援グループができて、視覚障害学生の学習支援をしました。視覚障害者への貢献が大きいということで、アメリカの視覚障害者協会から表彰も受けました。その学生を私も教えましたが、どういうことで苦労するかというと、視覚障害者の認識手段はすべて耳を通さなければならないわけですね。数学の講義には計算があります。黒板にそれをさっと書く。健常者であれば黒板を見ればわかるわけですが、視覚障害者にはそれは見えないから、すべて読まなきゃいけない。A+B×Cを視覚障害者にわかるように全部読む。全部読むということの大変さはすごいですよ。普通、教室で話している場合は黒板に書いて、ほとんど発音しない。この大変な作業を特別にやらざるを得ない。試験も全部点訳しなければならない。あるいは口頭試問でしか試験ができない。答案は点字で書いてくるわけですから、点字で書いてきたレポートを訳してもらう。誰がそれを点訳するのか。ICUがアメリカの協会で誉められたのは、そこにボランティアグループができたことです。学生と教員が一緒になってサポートグループを作って、そのサポートグループが自分たちで点訳を勉強して引き受けてくれた。その視覚障害の学生から点訳を習って自分たちで点訳ができるようにした。大学の入学試験のような場合は大学

の仕事ですから大学が経費を払って専門家を連れてきて点訳をしましたが、日常の学習活動においての点訳は、全部学生本人の責任ということで結局ボランティアがやった。大学としては、点訳室を用意するなど、支援はしましたが、大学がすべての面倒を見るわけにはいきません。ボランティア活動がなければ視覚障害者は卒業できなかったでしょう。幸い、その学生は非常に優秀な成績で卒業しました。その後、何人かの視覚障害者を受け入れましたが、ある視覚障害者はトップの成績でしたね。

　私が理学科長の時に、もう一つの大きな問題が発生しました。理学科に視覚障害者が入りたいといってきた。これは今までと違って、ただ読んでやればよいというわけにはいかない。実験がある。視覚障害者にどうやって物理の実験、化学の実験、特に化学実験などは化学反応が色で見えたりするわけですから、そういう教育をどうやってするのか。教授会で議論が沸騰して、結局、自分が引き受けるという教員がいた。彼を頼りに入学を許可して、行政的なサポートはしましたが、盲学校の理科の先生と協力して視覚障害がある人のためにその実験の本質的内容をトランスフォームする工夫をして、視覚障害にも自然科学の本質を知るような手立てを作って実験をクリアさせるというような苦労をしました。経費もかかりました。そういう個人的な配慮、ボランティア活動なくして視覚障害者の教育はできない。

　考えてみたら健常者の学生だって同じじゃないですか。とおり一遍の教室だけの授業で、そして規則だけでコントロールをして教育というのはできるのでしょうか。私は文部科学省の「特色GP」の審査の総責任を負っていたのですが、つくづく考えたことは、教育というのは共同的な取り組みであるということです。一人でやることではない。特に大学の教員は、自分の教室の中は聖域であって他人の容喙は絶対許さないというようなドイツのロマン主義的な傾向をいまだにに持っておられますが、にもかかわらず教育というのは共同的な取り組みでないと教育として意味をなさない。共同的な取り組みといっても誰が共同するのか。大学の構成員全体が共同しなければ実は教育という営みはできない。ですから特色GPの審査基準の中に「本当に共同して取り組んでいますか」という一項を入れました。具体的に教員が一緒に協力して汗を流していますか。汗を流していることが表現されていますか。

そういう基準を設けましたが、これは自慢じゃないですが、大学評価の視点としては画期的だったと思います。共同の取り組みである。ボランティア精神がないと実は教育はできない。

7　筋ジストロフィーの学生

　もう一つご紹介しますが、最近、金沢正和さんという学生が筋ジストロフィーという難病を持ちながらICUに入学して、3年生の時の一月に亡くなりました。お姉さんがその記録を作りました。『かわいくて、わがままな弟』というタイトルの本を講談社から出している。この間本屋に行ったら売っていました。彼の告別式を大学で行った時に、牧師が彼を紹介してこう述べた、と書いています。「明晰な意識を保ったものの自分の肉体がゆっくりと衰えていくのを静かに見つめる過酷な病」。そういう過酷な病に彼は耐えてきたというような説教をなさった。何かに支えられていないと首も立たない。身体をいろんなかたちに落ち着かせてもらわないとなかなか落ち着かない。お母さんがつきっきりで車椅子で大学に連れてきて一緒に教室に出て勉強したわけですが、結局その時も大学の基本方針はいかなる障害者であっても行政としては、形式上は健常者の学生と同じように扱うということです。ですから、全部自己責任でやっていただく。すなわちお母さんがつきっきりでないといけない。お母さんがつきっきりで手に負えるかというと、負えない。結局障害者の場合は学友の協力は不可欠ですね。金沢さんは学友にも恵まれて3年生の1月まで持ちこたえた。大学は彼に学べる配慮をしただけで、制度を超えていることはボランティアにしかできない。

　リベラルアーツとはこういうことだという一つの典型的な話があります。体育の授業です。彼はそういう障害を持っていますから今まで小学校から中学、高校と体育の授業はすべて見学か免除でした。ICUでは体育は必修です。リベラルアーツでは体育は必修となっています。健全な精神は健全な肉体に宿ると言いますが、体育はリベラルアーツでは非常に大事なのです。金沢さんは、自分は、当然体育は免除だと思った。ICUの体育の先生は障害者といっても免除はしないと言った。その本に書いてあることですが、体育の先生は「1年生の体育は自分の身体を自分で知ることに重点がある。障害

を抱えている人も自分の身体を認めて生きて行かなければならない。そのためには自分の身体でどんなことができるか知ることが大事なのだ」と言ったそうです。これこそがリベラルアーツの精神です。体育によってリベラルアーツを表現したものです。そこで、体育の先生が考えついたのはストローの袋を切って口にくわえさせて、吹くと風がたまってストローの袋が飛ぶ。飛んで的に当てさせるという体育の授業を考案して、彼にやらせたのです。彼はそれに熱中するわけですね。先生も体育館の職員もおもしろがって一緒になってストローを吹くことで体育の授業を行った。そのストローで吹くことはどうでもよいのですが、自分の与えられた条件の中で自分を最大限に活かすことを考える。この体育の先生も偉い。そういう学習支援を貫徹させるのがリベラルアーツです。学習ということは、学習の意志が前提です。よく言われるように馬を水のみ場に連れていっても、馬にその気がないと水は飲まない。馬に無理やり水を飲ませることはできないのと同じことです。学生が学習する意志がないと学習はないわけです。学生の学習支援ということがリベラルアーツの本質です。学生を教育するというのは間違い。学生が自分で学ぶのです。それを私どもが支援する、サポートする。そのサポートの仕組み全体が大学あるいはリベラルアーツというものを作るのです。ですから、リベラルアーツで働くということは結局一人一人の学生が社会に出ていけるように学習する活動をサポートすることです。サポートするということは制度だけではできないということです。どうしてもそこにはボランティア精神が必要である。考えてみたら人間が生活できるということは全部そうじゃないですか。お互いにボランティア精神があって、私なら私が生きていくことができていると思います。

8　意味の領域

　これから難しい話をしようと思いましたが、幸いなことに時間が切れそうですから、みなさんは難しい話を聞かないですみます。少しだけ、お話ししましょう。意味の領域ということをP.H.フェニックスという心理学者が言っています。人間が本当に求めているのは意味である。意味の領域ということがある。意味の領域には、象徴界、経験界、審美界、倫理界、通観界とある

わけですが、これらはそれぞれの学問に対応しているわけです。象徴界というのはシンボルの世界で、特に数学などは象徴界という意味の領域に意味づけをすることが学習だということになっている。フェニックスはおかしなことを言っている。共知界ということを言うのです。人間が個人的にものごとを意味づける共知界というものがあって、あらゆる認識の基盤は共知界での意味づけである。あらゆる教育効果の源泉は個人的次元の意識であるというのです。例えば、数学の学習における了解の構造、わかったということは、どういうことかというと、教室で教えることは数学のテキストを使って象徴界、シンボルの世界でやっているわけですね。言語の世界、シンボルの世界は一応シンボルを通してのコミュニケーションが成り立っているように思います。私は数学を教えたことになるわけですね。数学の計算をしてみせて数学を教えている。ところが、学生がそういう数学の営みがわかったということは、象徴界での営みだけではないというのです。一度象徴界における事柄を自分固有の内面の世界にもう一度位置づけなおさないと、実はわかったということにはならないというわけです。個人個人に了解の固有の空間ができる。一つの例ですが、私の数学者の友人に、計算をしていると数学の数式に全部色がつくという人がいた。私なんか色はつかない。色がつくのはその人だけなのです。だから、色を見ているとこの計算はおかしいじゃないかとか、調和がとれているとわかるというのです。何を言っているのかわかりませんよね。彼はそう言うのです。色がつくと言っても、それは彼自身の内面の個人知の世界の中でのことを、そう表現している。そういう意味づけで、自分の専門の営みというものを了解している。そして外に伝える時には象徴界を使うわけですね。

　教育の本質というのはそういう個人知の共知界に還元させることなのだそうです。そういう個人の共知界というのは他人の容喙を許さない個人の内面の世界ですから、他人にはわからないですね。教員としてその世界に関与できる、あるいは接触ができるためには、何かを媒介にしなければなりません。それが人格だというのです。教員と学生がどういう人格的な関係にあるかということが、物ごとがわかる、ということに深く関係しているのです。直接ではありませんが、そういう関係の中で学生は自分の個人知の内面の世界に

象徴界の出来事を位置づけ直すことができて、そしてそれを再び象徴の世界に戻して、言葉を発することができる。一番大事なことはそういう営みに関与する人格の交流なのですね。大学の教育においても専門の教育においても、そういうことなのです。パーソナリティが問題になるのは小学校の教育だけじゃない。大学の教育こそパーソナリティが本質だ。こんなことは今まで大学の教育界では言っていないのです。当たり前のことなのですけど。そうすると大学の教員に求められているのは、研究能力ではありません。もちろん、研究能力もなければダメです。研究能力だけではなくて、やっぱり人間であるということでしょう。ところが大学の教員のほとんどは変人です。私も変人ですから、自分のことを言っているわけですが、変人というとまだ当たりがいいですが、偏執狂ですよ。考えてもごらんなさい、偏執狂でないと新しいものは出てきませんよ。今、21世紀は知識基盤社会であると言われています。知を創造する。具体的にはどういうことかというと知識は金になるということです。金を生む知識を創る。ですから、21世紀に必要な人材は変人であるとアメリカの社会学者ははっきり言っている。

　そうかなと私は思うのです。そんなに知識を金にする必要があるのだろうかと私は思うわけです。もはやお金とは縁がない存在ですからやせ我慢しているのかもしれません。大事なことは何か。人格の交流ということは何も学生と教員だけのことではありません。一番初めに言いましたように、私はスタッフが学生とどういう風に関わっているかということが非常に大事だと思います。学生と人格的な交流ができるか。学生、スタッフ、教員、アドミニストレーター全体がそこに一つのコミュニティを作る。コミュニティが学生の教育をサポートするのです。そういうことを考えますと、共知界という心理学者の指摘は重要なことだと思います。

9　Situated Learning

　他方でSituated Learningという難しい話があります。正統的周辺参加という話があるわけですが、それを簡単に言いますと、学習ということは、さっきから共同ということを言っていますが、学習というのは共同体参加へのプロセスだという考え方です。共同的な営みだということです。その考えを敷

衍して、佐伯胖氏「学びのドーナッツ」という説明をしています（本書Ⅲ-1参照）。学生は教員を媒介にして大学という知的営みの共同体に参加してくるわけです。参加する時にどういう参加の仕方をしてくるかというと、まずは何にも知らない学生ですから周辺的に大学にタッチしますが、大学あるいは大学の教員そして職員は、やがてその学生は自たちの仲間になる、知的な営みの共同者になるということを想定して、そういう立場からかけがえのない存在として大学という共同体に学生を受け入れる。そのように共同体に参加するプロセスが学習ということだ、と言うのです。そういう言い方で問題点を説明しています。

10 「取り残された魂」

　時間が来ましたので最後にいたします。ICUの元学長の中川秀恭先生はこういうことを言っている。文化人類学者たちが、何かの調査で、南米奥地に入った時の出来事です。荷物担ぎに現地人を使った。予定どおりの日程で進んでいったところ、ある日突然ヘルパーとして同行していたインディアンのグループが座り込んでしまって、梃子でも動かない。手当てを割増しすると言っても動かない。まったく動かない。ところが、二日たったら突然立ち上がって荷物を担ぎ上げて進み始めた。不可解な行動です。後でこう言ったと言うのです。「初めあんまり速く歩きすぎたので、私たちの魂・ゼーレが後から追いつくのを待たねばなりませんでした」と。どんどん行っちゃったので、自分たちの魂が後ろになっちゃった。魂が追いついてくるのを待つために、自分たちは二日間座り込んだ。これは現代の大学の営みに対して逆説的に何かを言っているんじゃないですか。私たちは何をやっているのでしょう。私たちは、突っ走っている。魂はどこかに取り残されている。今の日本の大学にとって必要なことは立ち止まって座り込んで、魂を迎え入れることではないか。魂を待つということがリベラルアーツなのです。中川先生は「ゼーレが後に取り残され、人間性が崩壊している。私は、最終的にこの崩壊から人間を救うのが宗教の役割であると思う」と言われる。桜美林大学はキリスト教の大学ですね。桜美林大学は魂と一緒に歩いているのか。桜美林大学に関わるすべての人が魂を後ろに置いたままどんどん進んでいるのでは

ないか、ということが問われるわけです。教員だけが問われるわけではないわけです。大学の教職員・学生のすべてが問われているのです。

『生協の白石さん』という本があります。白石さんは大学生協の職員で、生協に対する要望をカードに書いて学生さんたちから出してもらうことをしていた。本来は、生協で購入するものへの希望などを書いてもらう趣旨でした。ところが、学生さんたちは、そういう営業に関わりないことを時々書いてきた。それに対する白石さんの応答の傑作が収録されている本です。二三例を紹介します。

ある学生が、「単位がほしい」と書いてきた。その時白石さんは何と答えたか。「そうですか、単位がほしいですか。私は単車がほしいです」と答えた。彼はオートバイに乗りたい。そこで白石さんは「お互いに頑張りましょう」と返信した。私はこれを見て、大学の教員、職員の学生への接触の仕方には、こういうウイットがないとダメだと気づかされました。ユーモアがないとダメですね。ユーモアが人の心を開く。ユーモアが白石さんの返信の中にはたくさんある。この本は、短い本ですから一時間もあれば読めちゃう。「一人暮らしで寂しいので、話し相手になってくれたりご飯を作ってくれたりする便利な美少女ロボットがほしい」という要望に対して「生協では上記のようなロボットは購入できませんし、おそらく生協以外でも購入は難しいでしょう」と。本名で書いてきたようですから、「本名で書くくらいの勇気があるのならそんなものに頼らないでもいいでしょう」と白石さんは答えている。

「エロ本をおいてください」には「ご要望ありがとうございます。大学生協は学生さんや教職員をはじめとした組合員の勉学研究支援および生活支援に取り組んでおりますが、煩悩の分野は支援できません」と答えるのですね。うまいですね。

もっと面白いのがあります。「愛は売っていないですか」に対して「愛は非売品です」。このやりとりは新聞にも引用されていましたね。「もういやだ、死にたい」に対して「生協という字は生きる、協力するという字を使います。だからといって何がどうだということもございません。このように人間は他人の生死に関してはあきれるほど無力なものです。本人にとっては深刻な問

題なのになんというか悔しいじゃないですか。生き続けて見返しましょう」。こういう仕方で学生をエンカレッジできればよい。

11　大学教職員のスタンス

　白石さんがその本の最後に感想を述べています。「大学生協は組合員の出資金で運営しています。その組合員のご要望とあらばできる限り実現させたいというスタンスでお調べし、お応えできない場合でもその理由や背景を明確に伝える返答を心がけねばなりません」と。

　この「大学生協」というところを「大学」に、「組合員」を「学生」に置き換えると、まったく私どもに向けた言葉として聞こえてくる。「大学は学生の出資金で運営しています。その学生のご要望とあらばできる限り実現させたいスタンスでお調べし、お答えできない場合でもその理由や背景を明確に伝える返答を心がけねばなりません」。私どもの大学の教務課の職員にこういうスタンスがあれば知恵が出たはずですね。規則は規則です。守らねばなりません。しかし、応対の仕方は変わってきますね。大学の質がそこで変わります。大学の評価はそれで一変します。

　私が学長の時です。一人の学生が卒業式直後に目安箱にメールを送ってきました。「私はICUの生活に非常に満足しました。ただひとつ残念なのは教務課の職員の対応です」ということでした。私も残念でした。その学生は優秀な学生でした。ICUの評価は、こういうことで決まってしまいます。

12　車の両輪説？

　大学という車について両輪説という言葉があります。一方の車輪が教員で、他方の車輪は職員である、という車の両輪説がよく言われます。私はこの両輪説はうそだと思います。両輪説ではなくて後輪説か。職員が後ろから押して、前輪が教員かというとこれも当てはまりません。うまくフィットしていないと思います。私は聖書を引用してこう言っています。「もし身体全体が目だとすればどこで聞くのか。もし身体全体が耳だとすればどこで嗅ぐのか」。これが私どものありようを言っているのではないでしょうか。全体で一つの身体なのです。目だけが身体じゃないのです。耳だけが身体じゃない

わけですね。そういう言葉を使ったほうが大学におけるスタッフの位置づけ、教員の位置づけを表現できるのではないか。学生も身体の枝なのですね。学生があって、一方に我々があるんじゃないですね。学生と一体にならなければ実は教育活動はできないということです。リベラルアーツというのはそういうことを言っているわけです。

　私は日本私立大学連盟の常務理事をしばらく務めました。常務理事として、尽力した一つが、私立大学教員倫理綱領を作ることでした。この教員倫理綱領は教員を対象にして、私立大学の教員はこういう倫理を全うすべきであるというものです。その中に私はこういう言葉を付け加えました。「同僚職員の固有の職務を理解し、協力して所属大学の向上に努める」。「同僚職員」というのは、「同僚教員」じゃないスタッフのことです。同僚職員の固有の職務を教員は理解しているかということですよ。理解しなければ本当は大学教育はできない。これは教員に向かって言っている言葉です。多分、この言葉はこれまであまり言われていなかったと思います。

　スライドの映写幕が自動的に上がってしまいました。もうやめろということのようですので、これで終わりにします。ご静聴ありがとうございました。

〔参考文献〕
絹川正吉 1995『大学教育の本質』ユーリーグ
白石昌則 2005『生協の白石さん』講談社

5 共に創る

1.「青年」は死んだ

　皆さん、ICU入学おめでとう。めでたいのですが、どれほどめでたいか、実感がわかないでしょう。入学試験は大変でしたね。試験監督を私もしましたが、担当した九〇人の受験生の中で合格したのは、わずか数人でした。皆さんはICUの入学試験をどのように評価されますか。ICU入試の理念は、学力考査ではなく、能力考査を旨としているところに特徴があります。これによって日本の大学教育にICUは一石を投じているのですが、いかがでしょう。ICUでは入試に合格しながら、入学手続きをしない受験生の追跡調査をしています（笑い）。その結果わかったことですが、受験生はICUの入試を非常に高く評価しているようです。「こんなに頭を使ったことはなかった。学習能力考査の内容にのめりこんで、本当に考えさせられ、楽しかった」（笑い）、というような感想をたくさんいただいています。「こういうユニークな試験をする大学に是非入学したいのだが、国立大より授業料が高いので、親が許してくれない、残念だ」と言う人もいます（笑い）。さて、皆さんの中には、いわゆる「不本意入学」の人もおられると思います。しかし、いつかは、今日ICUの入学式に出席できたことを、大変な恵みであった、と感じる時が来るに違いないと私は確信しています。ICUの入学式に出席できたことは、恵みの予表にすぎません。本当に芽がでるかどうかは、これからの皆さんの生き方次第でしょう。いかなる人生を皆さんが選択するか、ICUでのこれからの生活が深く関わることでしょう。充実したICUライフを持たれるよう切望して止みません。

　配布したレジュメに「青年は死んだ」とささかどぎつい言葉があります。これは最近読んだある評論からの引用です（矢野真和1993）。その趣旨は次の

ようです。「青年期」というのは、昔からあった自然のものではない。それ一八世紀の産業化とともに誕生した。産業化は知識の拡大と教育期間の延長を必要としたので、子供と大人の間に青年期を作り、大人になる準備期間を用意した。大人になることを猶予する時、すなわちモラトリアムを社会が作ったわけで、それを青年期というのです。そのような社会構造を作り上げた結果、青年期特有の文化、大人の文化に対する対抗文化（カウンターカルチャー）を社会は育むことになった。ここで対抗文化が生まれる原因は、大人の文化と青年の文化との間にギャップがあったからだ。そのギャップとは、情報の違いだと言います。青年期に得られる情報では、成人の世界に立ち向かうことはできない。両者にそれほど大きいギャップがあった。ところが今は大人の情報と青年の情報の間に差がない。大人の知っていることは青年は皆知っている。むしろ青年の知っていることで、大人が知らないことがたくさんある。これでは「青年」は存在しようがない。もはや「青年」は死んだ、したがって、カウンターカルチャーも死んだ、とこの評論は結論したいように思われます。皆さんも同感でしょうか。もう自分は大人だ、十分に成人の世界に生きている、そう考えるのでしょうか。

　さて、カウンターカルチャーが存在しなくなったことは、世界の進歩にとって歓迎すべきことなのでしょうか。人間の営みの中で「対立」があることは、めんどうなことで、できれば避けて通り過ぎたい、と思うのが自然かもしれません。しかし、対立と拮抗がないところでは、新しい創造も生まれないのです。学問的発展は論争から始まります。ICUはその名のとおり教職員も学生もその構成が国際的です。異なる文化的背景をもつ人々が一緒になって一つの営み、「大学」という営みをするところがICUです。いかし、そういう営みはきれいごとではすまされません。必ず軋轢がある。ところが、ICU創設者たちは、そのことを大切に考えたのです。彼らの思想を一言でまとめると次のようになります。「国籍や文化的背景が異なる人々との共同生活には多くの緊張が生まれる。しかしこれらを自ら体験し適応していく時にこそ、この緊張から新しい世界における生き方を創造する方法を学ぶことができる」（『ICU大学要覧』）。ICUの創設者はこのように言っているのです。ですから、私もそれを実践している。すなわち、私の生活には論争が糧になっているの

です（笑い）。

　話が脱線しかかっていますので、もとに戻ります。青年期固有のカウンターカルチャーがなくなってしまった、ということでした。それではカウンターカルチャーはまったくないのか、と言うとそうでもない。死んだのは「男の青年」で、今や「女の青年」が誕生した。青年期の対抗文化は女性で保持されている、と主張する人が現れています。この説に賛成の方は手を挙げてみてください。おられますね。真先に手を挙げたのは、女性の教員の方でした（笑い）。先日ICUでフェミニズムの論客である上野千鶴子氏の講演がありました。彼女の第一声はこうでした。「ICUと上智大学に共通していることがある。それは、女が一流、男が二流だということだ」(拍手)。それはそれとして良いことですが、男性としては「男よ、奮起せよ」と言いたいですね。とにかく対抗文化がないということは、創造性を価値とする「大学」においては致命的とも言える事態だということを、まず確認しておきたいと思います。

　さて、以上のような事情を「大学」という固有の場にもう少し引き据えて、「大学の知」は死んだ、と言っている評論家がいます（竹内洋1993）。昔は哲学（教養）を語ることは青年学徒の誇りであった。教養があるということにはメリットがあった。今はまったく変わった。「大学生の下宿に本がつまっていることは、暗くてきたないロウ・ステイタス・シンボルだ」と言われているのだそうです。本当ですか？　「いつまでも勉強から抜けられない人は憐みの対象となる」。そうすると私など大学で一生を生きている者の価値はまったくないということになる（笑い）。なぜそのようになったのでしょうか。理由の一つは「大学型専門知」の幻想が崩れたことにある、と言うのです。昔は文系ならば法経以外はまともな企業は採用しなかった。すなわち、大学で学んだ専門が買われていたのです。しかし今は、大学で何を学んだか、ということは、就職の時にほとんど関係がない。専門を知らなくても、基本的能力があれば、あとは会社が訓練するから、大学では適当にしておいてくれ、なまじっか専門を身につけていると、かえって扱いにくい。すなわち、大学型専門知は学生の将来の身分に関係しなくなった、と言うのです。ICUの卒業生の中には、生物学を専修して、鉄鋼会社に入社し、成功している

人がいます（笑い）。それでは大学で学ぶ必要はないのでしょうか。私どもの考えでは、大学は知の探究の場、深い意味で学ぶことが、大学が存在することの意味なのですが、そういうことは期待されていない。ということは大学は見捨てられたことになりましょう。そうであってはならない、大学の営みには本質的意味があるのだ、その営みの場に皆さんが主体的に参加されることを期待して、今日は「共に創る」という表題を考えたのです。

　カウンターカルチャーがないということは、創造的エネルギーがないことだと言いました。こういう状況の中で必要なことは「死んだ青年」に逆手の対抗文化を提示することではないかとすら思います。本日の「入学記念講演」における私の役割は、さしずめ、大人になった青年、対抗文化の担い手でなくなった青年に、大人の側からカウンターカルチャーをぶっつけることにあると考えました。それでは、あなた方に提示すべき対抗文化とは何か、そのことをこれから考えてみたいのです。

2．『清貧の思想』

　「死んだ青年」に対する対抗文化の極めつきのような本がベストセラーになったことがあります。それを少し紹介してみましょう。それは中野考次著の『清貧の思想』(中野孝次1992)です。日本にはいま物があふれている。消費文化の象徴であったアメリカを超えて、物が世界一あふれているのが、日本のようです。日本人は地球上の資源を使い放題。あり余るものを捨てて、それで海を埋めたて、「夢の島」などと言っている（笑い）。これは正常ではない、という感覚が現代日本人には欠けているのではないか。この問いに対して中野氏は日本の本来の思想はそうではなかった、と主張しているのです。「現世での生存文化の伝統があった」。資源を浪費する大量消費社会は、日本とは別の文明原理がもたらした結果である。新しいあるべき文明社会の原理は、日本人の先祖が作り上げたこの文化――清貧の思想――の中から生まれる可能性がある、と中野氏は主張するのです。果たしてそうでしょうか。アフリカなどで数知れない多くの人が飢えている時に、飽食して恥じない日本人が「清貧の思想」で覚醒するか、このことは十分に検討してみる必要が

あろうと私は思います。

　さて中野氏は日本人の清貧の思想を何人かの代表的人物を論ずることを通して説明しています。本阿弥光悦、鴨長明、吉田兼好、松尾芭蕉など、皆さんも国語の教科書でおなじみの人物像が紹介されています。それらの人物の中で最も重要なのが良寛（1758-1831年）ではなかろうかと思います。中野氏の文章を通しての良寛像は次のようになります。良寛は20歳頃に出家して、長い間修行僧として研鑽を重ねますが、仏法修行一筋の彼の歩みは修行僧の間でも孤独の相を一層深めたようで、「常に吾が道の孤なるを嘆ぜり」と書き残しています。彼は宗門の権力闘争から身を引いて、生涯漂白の人となります。壮年の頃の風貌を伝える文に「肉そげ、肩ゆがみ、顔面蒼白の乞食僧」とある。彼の住む小屋はかろうじて雨をしのぐだけのもので、家財と言えば小机と木仏と本二冊で、それ以外は何もない。さらに、生活において無所有を貫くと同じく、知識の所有も拒否する。肉体の養いは乞食によってかろうじて満たす。そういう生活に身を投じた良寛の風貌は、「神気内に充ちて秀発す。その形容、神の如し」であったと伝えられています。良寛の代表作とされている次の詩は、良寛の特性を十分に示しています。

　　　生涯懶立身　　騰々任天真
　　　嚢中三升米　　炉辺一束薪
　　　誰問迷語跡　　何知名利塵
　　　夜雨草庵裡　　雙脚等閑伸

　　生涯身を立つるに懶く　騰々天真に任す
　　嚢中三升の米　　　　　炉辺一束の薪
　　誰か問わん迷語の跡　　何ぞ知らん名利の塵
　　夜雨草庵の裡　　　　　雙脚等閑に伸ばす

　立身出世に心労せず、乞食してもらった米が三升も頭陀袋の中にある。炉辺には一束の薪があるのみだが、これで十分。夜、しとしととふる雨の草庵の中にあって、二本の脚をのどかに伸ばせることで満ち足りている、という

のがこの詩の大意でしょうか。ここに「清貧」の思想がある。所有に対する欲望を最小限に制御することで、逆に内的自由を最大限に飛躍させるという逆説こそが「清貧の思想」でありましょう。「足ることを知らば貧といえども富と名づくべし、財ありとも欲多ければこれを貧と名づく」と良寛は言っています。清貧とは自らの思想の表現としての最も簡素な生の選択である、と言えましょう。良寛は無能であったから清貧だったのではありません。数多の修行僧の中で最若年の良寛に、その師は一番の期待を持ったと記されています。なる必要がないのに、自分で乞食(こつじき)になることを選択したからこそ、それは思想なのです。「こつじき」と言えば「行」として何やら尊いこのように響きますが、その現実は「こじき」であることに違いはありません。「選択された貧」が「清貧の思想」であろうと思います。思想とは生き様(世界観)の選択の根拠と言えましょう。

　現在の日本では、このような「清貧の思想」を受け入れる場がないのではないでしょうか。皆さんは良寛のような生き方に同感できますか。このことに多少関連することを思い出しました。『週刊朝日』にシリーズで「間違いだらけの大学選び」という記事が出ていました。そこでICUはひどい評価を与えられました。それを読んで私はおだやかではいられませんでした。ICUに対して偏見と敵意を持っているとしか思えないその記事に対して、執筆者の公的責任を問いたいとすら思いました。その執筆者は、あの記事を書くためにどれだけの調査をしたのか疑わしい。ICUに調査にはまったく来ていないのです。ICUに資料を要求してきたので送ったそうですが、それらの資料からあのようなICU批判を根拠づけることは不可能であることは言うまでもありません(笑い)。その執筆者はご自分も学者と考えているそうですが、事実調査もしない学者など考えられません。そのことはともかくとして、あの記事で一番問題なのは、彼の評価の基準です。彼はこう言っています。「『現代日本朝日人物事典』にICU卒が一つも見つからない」。上智大など他の大学の卒業生の中の有名人の数に比べてICU卒の有名人は取るに足りないから、ICUは価値が低いと言うのでしょうか。この世で富んでいる卒業生が多いことが大学の評価になるのでしょうか。もっとも私は皆さんに社会に出て成功するなと言っているのではありません。大いに成功して

ICUにどんどん寄付をしていただきたい（笑い）。とにかくこの世で富むことがあの執筆者の評価の一つの尺度のようです。私はそのような尺度ではICUは測れないと考えます。皆さんはICUを選択する時に、『(大学案内) ICU』をごらんになったでしょう。そこに卒業生の紹介がありますが、その中に『現代日本朝日人物事典』には絶対に書かれることのない、社会の底辺で奉仕活動で苦闘する卒業生が再三紹介されています。ICUはそういうことを大切に考えるところです。「清貧の思想」によってICUが批判されるのならば、それは望むところですが、「飽食の思想」でICUを裁くものは、自らが裁かれていることを思うべきです。……だんだん激してきましたが、こういうところで、あの執筆者に反論しても意味がありませんね（笑い）。つい脱線しました。本論に戻りましょう。

　あのICUを批判した執筆者の思想にも見られることですが、いまの日本人の多くはこの世で富むことに腐心している。また現代の日本人を支配しているのは、名誉や利害などの世俗的関係だけのように思われます（このような構造を「横の関係」と言うことにします）。そのような在り方からは、内発的に自分を律する手がかりは見つけられないでしょう。横の関係のみの人間には「清貧の思想」は生まれないのではないかと思います。日本の過去の思想がいかに尊くても、その思想を受容する基盤が現代人になければ、そのような思想は過去のもので、意味がありません。良寛の思想の根は言うまでもなく仏教でありますが、その思想は仏教に特有のことでもないでしょう。絶対的に見えない存在を信じ、世俗を絶って、ただ絶対者の前に恥じない生き方を賢いと考える。絶対者と我との垂直の関係（「縦の関係」）のみによって己れを律するところに自ずから「清貧の思想」は発する。良寛の秀れた思想をめぐって、そのようなことを私は思います。しかしその思想のみによって、飽食に満ち足りている日本人の心を覚醒させることができるでしょうか。横のみでは秩序は生まれないが、縦のみでは人間の関係はできません。汝なお一つを欠く、というのが私の良寛に対する評価です。では何が欠けているのか、その問題を次に考えてみることにします。

3. 抵抗と服従

　目を日本からヨーロッパに転じますと、「清貧の思想」と重なりつつ、それとは異質の思想に出会うことができると思います。その一例として、ディトリッヒ・ボンヘッファー（1906-1945年）の生涯を紹介しましょう（森平太 1964）。ボンヘッファー家はドイツ市民階級の伝統を受け継ぐエリートの家系でした。父は医学の教授、母は貴族の出身で、ディトリッヒ・ボンヘッファー（以下ボンヘッファーと呼ぶ）は「かげりも曇りもなく、豊かな感受性と、たぐいまれな生命力をもって、輝かしい未来へと成長する天才であった」と紹介されています。21歳で神学の学位を取り、24歳でベルリン大学教授資格を得て、大学の講壇に立ち、次の時代を担う神学者として嘱望されたのでした。現在の日本では大学教授になることに、大した重みはありません。『大学教授になる方法』という本まで出版されているほどですから（笑い）。しかしボンヘッファーの時代に、しかもベルリン大学の教授になることは、大変な権威を伴うことで、その登竜門である教授資格を24歳で得たのですから、ボンヘッファーの天分の豊かさが想像できます。

　しかし、時代の嵐はボンヘッファーの天分を学問の分野で開花させることを許しませんでした。ボンヘッファーの生涯は第一次大戦後の混乱期から第二次大戦によるドイツの破局に至る激動の時に重なっていました。彼が講壇に立った頃、第一次大戦に破れたドイツは大混乱の中にありました。飢餓と頽廃がドイツを襲い、あらゆる社会不安と政治的陰謀がうずまいていた、と記されています。私どもの世代はこれと似た経験をしました。第二次世界大戦の敗戦直後に、焼け野原の街路上に餓死した死体がころがっているのを、私は何度も目にしました。そのような困窮の時に直面したボンヘッファーは、やがて書斎の神学者としての生活に耐えられなくなり、ベルリンで最も困難な社会的・政治的環境の中にある最悪の地域とされていたスラムに、牧師として入って行きました。そこでの貧困と無秩序と頽廃の只中で、彼は本当の「この世」を見たと言っています。「徹底的に弱者と共に在りつづけたイエス・キリストの現臨である教会は、この世のためにある」。それゆえに、虐げられた人々から孤立している教会の打破をボンヘッファーは実践しようと

したのでした。このボンヘッファーの思想は、そのターゲットをやがて国家の中枢に向けていくことになります。

　第一次世界大戦の敗戦によって、絶望のどん底に投げ出されたドイツの民衆の前に、ヒットラーは救世主の姿をまとって登場し、そのデマゴギー（扇動的で謀略的な宣伝）でたちまちのうちに民衆の心を捉えてしまいました。しかし、ヒットラーの中にひそむ悪魔性を見破っていた数少ない人々がいました。ボンヘッファーもその一人でありました。ついにヒットラーが帝国宰相の権力を手にした運命の日（1933年1月30日）のわずか2日後、ボンヘッファーはラジオ放送に登場し、「指導者の権威は神によって限界づけられていることを認識すべきである。酔ってはならない」と警告した。その放送はしばしば当局の手によって中断された。「ボンヘッファーはヒットラーにとって公々然たる敵の一人になった」。その時彼は若干27歳でありました。ヒットラーの指導によるナチズム（国家社会主義）のテロリズムの暴虐は、私どもの想像を絶しています。日本でも第二次世界大戦中、軍国主義の迫害で命を失った人が多くいました。そのようなむき出しの国家的暴力に、どうして抵抗できたのか。ボンヘッファーの思想の本質に注目しなければならないと思います。

　ボンヘッファーの初期の戦いの場は教会でありましたが、それについて多少の説明が必要です。ご承知のようにドイツはキリスト教国でありました。キリスト教会の組織が財政的には国家に依存している構造を持っていました。したがってナチスがドイツを支配しようとする野望は、必然的に教会を国家に隷属させずにはおきませんでした。そして教会の指導者の多数がナチズムの主張する民族主義に迎合し、政治的にナチスと一体化する「帝国教会」を組織しました。日本では事情が異なりますが、第二次世界大戦中に、軍事政権に強制されて、政府に迎合する「日本キリスト教団」を組織したことを思い起こします。「ドイツ帝国教会」はナチスの本性を見破ることができないばかりか、むしろその主張に同調したのです。ナチスはゲルマン民族至上主義を主張して、なえていた民衆の心を捉えた。日本の軍事政権も日本民族を至上とし、「大東亜共栄圏」をスローガンに侵略戦争を正当化しようとした。日本キリスト教団はその主張を支持した。今では考えられないことですが、

それほどに帝国主義の権力は強大であったのです。「ドイツ帝国教会」はナチスの全体主義的国家秩序を神の創造の秩序として肯定し、「民族は一つ、神は一つ、信仰は一つ」をスローガンにしてナチスと一体化していきます。しかし、やがてナチズムはその本性を暴露します。ゲルマン民族至上主義は、貧しいドイツ、弱いドイツを認め難い。「世界に冠たるドイツ」であらねばならない。しかもその可能性は武力によるしかないとし、隣国への侵略を開始し、ついにヨーロッパ全土を戦禍に巻き込んでいきます。そしてその暴虐は限りがなかった。彼らは「種の優越」を主張し、その帰結としてユダヤ民族を民族として抹殺することを企て、400万人から600万人のユダヤ人を殺した。当時のイギリスの首相チャーチルが「一人の死は悲劇である。しかし10万人の死は統計である」と言ったそうですが（ヴァイツゼッカー1986）、これは想像を絶する事態です。さらに自民族に対しても、障害者は存在すべきではないとして、施設から子供を連れだして殺したとも伝えられています。

　この狂気に対して「帝国教会」はまったく無力であったことは言うまでもありません。一方では『アンネの日記』で知られているような個人レベルでのユダヤ人救済運動があったこともよく知られています。日本の場合もそれらの点では同様であったでしょう。しかし、日本とはまったく異なることがドイツでは起こりました。ボンヘッファーはすでに述べたように、ヒトラーが政権を取った当初から、その本性を鋭く見破っていました。後の彼は言う。「ヒトラーは反キリストである」と。したがって、「帝国教会」の存在は福音的でないと明確に認識し、ボンヘッファーを含む少数派が、「帝国教会」に対立して「告白教会」を組織します。こうして反ヒトラー運動は、「帝国教会」対「告白教会」という「教会闘争」の形で出発したのです。個人としての抵抗は別として、このような組織的な抵抗運動は日本の場合にはなかったと言えるでしょう。ボンヘッファーはこの教会闘争の理論的支柱となり、その闘争を成功させるために、「告白教会」と「世界教会」とのエキュメニカルな連帯を図って奔走したのです。ナチスがこの運動を激しく弾圧したことは言うまでもありません。告白教会はボンヘッファーが自ら告白しているように、「人間的に見れば絶望的な戦い」を、「人に従うよりは神に従うべきである」という言葉によって担い続けようとしました。しかし、挫折

と分裂を余儀なくされ、ついにヒットラーにより非合法化されてしまいます。ボンヘッファー自身も一時は戦列から退くこともあり、希望を未来に託して若い牧師のための研修所の指導者になったこともあります。

「ブルーダーハウス(兄弟の家)」と名づけられた告白教会独自の牧師研修所は、非合法の組織で、そこに入ること自体がすでに苦難と孤立を意味することでした。最初の牧師研修所はバルト海沿いの寒村のわらぶきの家を用いて開かれましたが、そこでの共同生活はまさにヨーロッパ的「清貧」そのものでした。前に述べた「選択された清貧」の生活がまさにそこにありました。それは修道院的隠棲のようでもありました。しかし、それが、日本的隠棲と本質的に異なるのは、隠棲による内的集中(祈りと黙想)が、個の内面化にとどまるのでなく、共同体的に外に向かっての奉仕のための準備として位置づけられていたことです。ボンヘッファーは精魂をこめて若い牧師を訓練し、ナチズムの吹き荒れるこの世に送り出しました。しかし、彼らの多くは破滅的戦争の犠牲となって倒れて行きました。

1940年になると、ヨーロッパはヒットラーが席捲するところとなり、その「悪魔的幸運」は最高潮に達した。それとともに告白教会の抵抗は限界に達する。こうして若き同志の多くを戦争で失い、告白教会の崩壊の中で孤立していった。ボンヘッファーにとって、残された選択肢は、悪の根本であるヒットラーを直接倒すことを目指した政治的抵抗戦線に連帯すること以外になくなってしまいました。そこまで彼は追い込められた。その間のボンヘッファーの苦悩はいかばかりであったでしょうか。

そこで、意外なことですが、ボンヘッファーは国防軍情報部の嘱託となる道を選びました。ヒットラー打倒の陰謀が国防軍の中で秘かに進行していたのでした。このようにしてボンヘッファーはヒットラー暗殺計画に加担しました。「その代価はやがて反逆者の汚名と死によって支払われるべきものであった。死刑台を戦線とした戦いに加わったのである」。ボンヘッファーの役割は暗殺実行そのものではなく、クーデターに伴う連合国側との和平工作に参与することでした。何度か危険を冒して国外に脱出し、ヒットラーと敵対する国と接触を図る活動をしたのです。

キリストを信じる者が暗殺を企図するという、その神学はいかなることで

あったか。「ヒットラーの悪魔的支配のもとに苦しみつつある世界と人間に対する責任的・連帯的行為をして、今、ここでのみ言葉に従う一回限りの決断であり、いかなる原理によっても根拠づけられない自由の冒険である」とボンヘッファーは述べています。

ヒットラー暗殺計画は何回か実行に移されましたが、その都度失敗を重ね、秘密計画に関する情報がゲシュタッポ（ヒットラーの秘密警察組織）にだんだんと洩れるようになりました。ついにボンヘッファーも逮捕されます。今日は5月4日（月曜日）ですが、ちょうど50年前の今日、1943年4月5日（月曜日）に彼は逮捕されたのでした。国防軍内の反ヒットラーの秘密組織がまだ辛うじて存続していたため、ボンヘッファーは間接的にその保護を受けながら、2年間の獄中生活を過ごします。その間に彼の貴重な思想が書き残されました。

「希望を持たないことは貧困であるということである。将来に対して責任を負わないことはニヒリズムであり、現在に対して責任を負わないことは熱狂主義である」。それから1年後、1944年春、ドイツ全土は連合軍の爆撃ですでに荒廃していました。ついに最後のヒットラー暗殺計画が実行されようとしていた。そのことは秘密ルートを通して獄中のボンヘッファーにも伝えられた。彼の精神は緊張し、思想は凝縮した。彼はこう記しています。「神の現前において、また神と共に、われわれは神なしに生きる」。ものすごい言葉、ものすごい生き様ですね。キリストを信じるということは、いわゆる諸宗教における宗教性の過剰な信仰とはまったく異なることをボンヘッファーはその生き様によって示したのであると思います。

「1944年7月20日、ヒットラーの会議場で時限爆弾が炸裂した。しかし、悪運はヒットラーに味方した。血の復讐が抵抗派に加えられた。7千人が逮捕され、陰惨な拷問にさらされ、4千人が処刑された。ボンヘッファーの兄、義兄、叔父も。ついにボンヘッファーを有罪とする決め手になる証拠が当局の手に渡った。1945年4月9日、暁の静けさの中で、ヒットラーによっていかなる場合にも生きのびるべきではないとされた6人の抵抗派の主要人物が処刑された」。ボンヘッファーもそのうちの一人でした。獄屋に残されていたボンヘッファーの聖書の表紙の裏には、大きな字で彼の名が記されてあっ

たと言う。その処刑の日からわずか3週間後の4月30日、ヒットラーは陥落寸前の廃墟のベルリンにおいて自殺したのです。

　1945年5月8日、ナチス・ドイツは全面降伏し、ヨーロッパの地にようやく平和が訪れたのでした。ボンヘッファーの「服従と抵抗」の生涯にどういう意味があったのか、重い問いが私たちに投げかけられていると思います。

4．「荒れ野の40年」

　第二次世界大戦の終結から約半世紀の年月が過ぎました。かつての敗戦国の日本は奇跡的な復興を果たし、先の戦争のことがますます風化しようとしています。敗戦国ドイツも日本と似ている状況にありますが、しかし両国には決定的な相違があるように思われます。先月の新聞の一記事（『朝日新聞』1993）に、「独大統領候補、ユダヤ系も浮上、ナチス被害者、話題に」いう表題の記事が国際面のトップに書かれていました。ドイツのヴァイツゼッカー大統領の任期が来年で終えるが、後任の候補として、ナチスの被害者であるドイツ・ユダヤ人中央協議会議長を推す声もあり話題になっている、という内容の記事でした。もちろん、この記事の背景にあるのは、前述のユダヤ人大虐殺であることは言うまでもありません。世論調査によると53％の人がユダヤ系大統領を「想像できる」とし、40％が「想像できない」としているそうです。日本の類比で言えば、かって日本が抑圧した植民地出身の人を日本国の首相にすることに対応することでしょう。このようなことに日本国民の過半数が同意するでしょうか。考えられないことでしょう。この調査結果をどのように解釈するかについては、いろいろの意見がありますが。少なくとも言えることは、ドイツ人は国をあげて50年前の戦争責任を問い続けているということです。現代の日本でそのような事実をみることができるでしょうか。きわめて少数の人々が戦争責任を問い続けているだけです。

　「岩波ブックレット」に、「荒れ野の40年」と題するヴァイツゼッカー大統領の演説全文が収録されています（ヴァイツゼッカー1986）。それはドイツ敗戦40周年にあたって、ドイツ連邦議会で行われた演説で、全世界の人々に深い感銘を与えたものです。その演説でヴァイツゼッカーは自国が犯した

罪責の一つ一つを具体的に挙げて、ドイツ人の罪責を告白しています。特に、ユダヤ人虐殺はなかった、アウシュヴィッツなどでの大量虐殺は嘘である、と主張する極右の発言に対して、ヴァイツゼッカーは大統領として明確に「600万人のユダヤ人」の生命を奪ったことを述べています。日本でも「南京大虐殺は嘘」と主張する人々がいますが、それに対して国の責任者が罪責を認める発言をしたことはないと思います[1]。著しい違いだと思いませんか。ヴァイツゼッカー大統領の演説の結びの部分を引用してみましょう。

「人間の一生、民族の運命にあって、40年という歳月は大きな役割を果たしております。ここで改めて旧約聖書を開くことをお許し願いたい。信仰の如何にかかわりなく、あらゆる人間に深い省察を与えてくれるのが旧約聖書であり、ここでは40年という年月が繰り返し本質的な役割を演じております」。

イスラエルの民は、約束の地に入って新しい歴史の段階を迎えるまでの40年間、荒れ野にとどまっていなくてはなりませんでした（申命記・民数記）。

暗い時代が終わり、新しく明るい未来への見通しが開けるのか、あるいは忘れることの危険、その結果に対する警告であるかは別として、40年の歳月は人間の意識に重大な影響を及ぼしているのです。こうした両面について熟慮することは無意味なことではありません。

「われわれのもとでは新しい世代が政治の責任をとれるだけに成長してまいりました。若い人たちにかって起こったことの責任はありません。しかし、（その後の）歴史のなかでそうした出来事から生じてきたことに対しては責任があります」。

「われわれ年長者は若者に対し、夢を実現する義務は負っておりません。われわれの義務は率直さであります。心に刻みつけるということがきわめて重要なのはなぜか。このことを若い人びとが理解できるよう手助けせねばならないのです。ユートピア的な救済論に逃避したり、道徳的に傲慢不遜になったりすることもなく、歴史の真実を冷静かつ公平に見つめることができるよう、若い人びとの助力をしたいと考えるのであります」（ヴァイツゼッカー1986）。

5．彼岸への追憶

　ドイツの大統領は国家の過去の罪を一つひとつ認めました。しかし日本の総理大臣はこれまで一人としてそういうことはしませんでした（講演当時のこと[2]）。この差は何に起因するのでしょうか。このことが本日の講演の主題です。ヨーロッパのキリスト教をめぐる思想が、日本の思想より優れているというつもりはありません。しかし大きな差があることは認めなければなりません。

　「清貧の思想」にも絶対的なるものへの垂直の関係が内包されていることを前に述べました。ヴァイツゼッカーの思想がキリスト教に根差しているからには、絶対への畏れが彼の思想の根底あると思います。同じく絶対という垂直に対面しつつ、「清貧の思想」は個の内面化にとどまるのに対して、キリスト教の思想は垂直とクロスして水平へと展開する。「清貧の思想」は、それがいかに高潔であっても、その帰結は個人の内面においてデッド・エンド（行き止まり）である。良寛は自分の才能を一身の解脱のために自己の内面において燃焼し尽してしまった。そう言えるのではないでしょうか。今「清貧の思想」が注目されてはいるが、それは飽食の人々に対する「選択された清貧」という逆説にとどまる。すなわち、「清貧の思想」の垂直は、水平にクロスして「選択を許さない貧」、例えばアフリカの飢餓問題を担う思想へと展開することはないのです。「清貧の思想」のみからは、人間に加えられる暴虐と闘う思想は生まれてこない。この点に私は注目したいと思うのです。

　私は日本の伝統的思想が無価値だと言うつもりはありません。良寛の生き様に私の思想も共鳴します。ヨーロッパの思想に深くこだわりながら、私の心情は日本的なものに安らぎを覚えてしまうことを告白せざるを得ません。初めに紹介した中野幸次氏の『清貧の思想』に登場するもう一人の人物、与謝蕪村（1716-1783年）の句に私の心はしみじみと共感します。例えば、こういう句があります。

　　　月天心貧しき町を通りけり

　夜更けに屋並みの低い貧しい家が並ぶ路を一人で通って行く。空には中秋

の月が冴えて、氷のような月光が独り地上を照らしている。ただこれだけのことですが、「ここに考えることは人生への或る涙ぐましい思慕の情と、或るやるせない寂寥とである」と中野氏は説き、加えて次の言葉を添えています。「この〈貧しき町〉を蕪村は天の高みから見下しているのではない。彼自身が身は「貧しい町」に住んでいて（俗の中にあって）、しかも心では天空に澄む月とともにそれを眺めているのである」。この深遠な詩情に触れる時、日本人の心はよみがえるのではありませんか。

　もう一句あります。

　　　遠き日のつもりて遠き昔かな

「この句の詠嘆しているものは、時間の遠い彼岸における、こころの故郷に対する追憶である」と言います。おどろおどろした人間の歴史を後にして、私たちはいかなる感慨を抱くのでしょうか。少なくともこの句においては、歴史のひとこまひとこまが忘却の彼方に押しやられているのではありません。この句の積極的な意味は彼岸への希望でありましょう。

　このように、人間を永遠の相において見るまなざしを、日本の思想は深くたたえているにもかかわらず、その思想は虚空に消散し、実体を持ち得ないことを、私は否定することができません。日本の伝統的価値を認めつつ、その高潔な思想がなぜデッド・エンドになるのか、この問いをボンヘッファーやヴァイツゼッカーの思想が、私たちに突きつけているのではないでしょうか。ICUはこの問いの前に立たされている大学であることを、皆さんと共に考えておきたいのです。

6. 共に創る

　さて、ヴァイツゼッカーは「四〇年」という歳月の区切りに注目しておりますが、今年はICU創立40年に当たる年です。ヴァイツゼッカーの態度に学ぶならば、私たちもICUの四〇年の歴史に対して責任を負う立場にありましょう。ICUの創立の経緯は単純ではありませんが、先の第二次世界大戦が深く関わっていることは言うまでもありません。第二次世界大戦直後に、平和の礎石となるキリスト教大学を日本に創ろうという気運が日米のクリス

チャンの間に起こりました。それに呼応してアメリカではそのために壮大な募金計画が企てられました。その試みは一度は失敗しましたが、結局、アメリカ、カナダの教会から1ドル、2ドルと寄せられた寄付金の総額が800万ドル（当時のレートで29億円、今日の価値に換算すると580億円ぐらいでしょうか）になりました。日本でも全国津々浦々から多数のクリスチャンでない人々からも善意が寄せられ、総額1億5千万円（現在の価値では数百億円）がICUのために寄付されました。日本における寄付金によって、緑深きこの素晴らしいICUのキャンパスが用意されたのでした。まさに敗戦国日本を平和で民主的な国に再生させる希望のシンボルとして創建されたのです。しかし、今やこの事実は風化しつつあるかに見えます。それでよいのでしょうか、私たち自ら問わなければなりません。ICU40年の歴史に対して、私たちは新入生の皆さんと共に責任を負わなければならないのではははないかと思います。新しく入学された皆さんにもその責任の一端を担っていただかなければなりません。どのようにその責任を共に担おうとしているか、それが本日の重要な問いでもあります。

　ボンヘッファーの戦いの直接的な目標は、ドイツを悪魔的な支配から脱出させた、人間が人間らしく生きられる世界を回復させることでした。ICUを創立した具体的な目的は、疲弊した敗戦国日本を復興させて、平和に人々が生存できる国を作る礎石を据えることでした。40年の歴史に伴い、それぞれの目標の具体性は風化し、意味を失ってきたようにも見えます。もはや現代世界において、ボンヘッファーの必要がなくなった、ICUは目的を達成したので、その存在の意味は失われた。そう断言してよいのでしょうか。私が注目したいことは、ボンヘッファーの命を捧げての戦いや、多くの人々の献身によって創立されたことの根底にある彼らを支えた意味であります。その意味の表現の仕方にはいろいろあるでしょうが、一つには、人間の命をないがしろにされることを阻止する意志だと言いたいのです。皆さんは入学式で、「世界人権宣言」を尊ぶことを宣誓しました[3]。その意味は自分の命と共に、他人の命もないがしろにしないことを、皆さんの生き様とすること、それが問いかけられたことにあります。世界の現実をよく考えれば、至るところで、人間の命がないがしろにされていることに気づかされます。し

がって、もし「世界人権宣言」を自分の信条とするならば、日本を含めた世界中に発生している生命軽視の事態を、他人事としてすますことはできないことになります。それは容易ならざることですね。とうてい一人ではそのような課題を担うことはできません。課題は私たちの共通の課題とならなければならないでしょう。そのために私たちは学ぶのです。初めに「青年は死んだ」という説を引用しました。その意味するところは、大人と青年の間にインフォーメーション・ギャップがなくなったことだと言いました。しかしそれは真実でしょうか。私も皆さんも実は世界でどれほど人の命をないがしろにされたか、その事実を十分に知らされていないのではないでしょうか。例えば第二次世界大戦において、日本軍がアジアの人々に対していかに非人道的なことをしたか、その事実はずっと大人によって隠され続けてきました。大人と青年の間にインフォーメーション・ギャップがないというのは本当ではありません。「青年期」は存在するし、存在しなくてはならないと思います。

　大学は受験競争に疲労困憊(こんぱい)した皆さんに休息を与えるところだという通説に、ICUは与しない姿勢を持っているはずです。大学はあくまでも皆さんに学ぶ場を提供したい。皆さんも何のために学ぶのか考えて欲しい。

　自分が肥え太るために学ぶのでしょうか。ICUは富める者の施しによってできた大学ではありません。一円、二円、一ドル、二ドルという善意の集積によって存在が可能となった大学です。この美しいキャンパスにはそういう人々の祈りが充満しています。私たちはその祈りに積極的に応えたい。ICUの創立に関わった人々は、ICUで学ぶ人々が、人類の将来に対して責任を担うことを、期待したのです。地球規模の平和を希求することができて初めて、私たちの学びは真に意味づけられるものであると思います。皆さんと共々に「神と人とに奉仕する[4]」道を切り開いて行こうではありませんか。皆さんのICUでの研鑽を祈って止みません。

〔注〕

1，2　本講演のあとで、戦争責任を認める「総理大臣談話（1994年）」が公にされるが、不十分であると批評されている。

3 ICUでは「世界人権宣言」を入学時に学生に宣誓を求める。学生が宣誓をする時には、列席の教職員全員が入学生と共に起立する。その意味は、学生のみならず、教職員も共に宣誓するということである。
4 「神と人とに奉仕する」という言葉はICUの理念を表すモットーである。

〔参考文献〕

『朝日新聞』1993・3・19　朝刊
「ICUその三つの使命」『ICU大学要覧』
森平太1964『服従と抵抗への道』新教出版社
中野孝次1992『清貧の思想』草思社
竹内洋1993「大学知の終焉」『IDE』4月号
ヴァイツゼッカー, R. v. 1986『荒れ野の40年』岩波ブックレット No.55
矢野真和1993「青年の死」『IDE』4月号

III.

学士課程

1　初年次・キャリア教育と学士課程

1　「これからの教養教育」

　日本私立大学連盟の機関誌『大学時報』に、「これからの教養教育」というタイトルで一文を掲載した（絹川正吉2003）。今、「初年次教育（または初年次支援プログラム：The First Year Experience, FYE））」ということが問題になっている。入り口の初年次教育の対として出口の「キャリア教育」も大きく採り上げられている。しかし、それらは教養教育である、と言い切った。「正統的教養教育こそがキャリア開発プログラムの基盤である」と断言した。その文章の前段のところでは、「初年次・キャリア教育は大学論的でなければならない」と書いた。何を言っているのか、説明責任を負っている。すべて、大学における教育は大学論的でなければならない。大学論的であるということはどのようなことかが問われるのである（「キャリア教育」という用語には問題がある。本来は「キャリア支援プログラム」と言うべきであるが、通例に従い以下では「キャリア教育」と言う）。
　少子化で学生獲得の経営戦略が問われる中で、キャリア教育が注目されている。大学の就職率はいまや大学ランキングの指標の一つになった。学生像の変容も原因である。伝統的な学生に対応するだけでは、大学は経営できない。すなわち、伝統的な大学教育で対応できないから、伝統的な教育にプラスしてキャリア教育が必要とされるかのようである。結局、キャリア教育ということで、大学の教育が問われていることになる。「キャリア教育」は伝統的大学教育の枠組みの外にあることか。他方において、一般の大学教員は「キャリア教育」にほとんど関心がない。「キャリア教育」とは、大学のスタッフの仕事で、エントリー・シートの書き方ぐらいを教えておけばよい、とその程度の認識しかない。「キャリア教育」は、大学教員には無関係のことと考えられているようである。そこで、そもそも「キャリア教育」という

ことで何が行われているかが問われる。

2 キャリア教育の実践例

「キャリア開発科目」には次のような科目が見られる。「キャリアインフォメーション」、「キャリアデザイン」、「キャリア開発セミナー」、「ソーシャルスキル」、「インターンシップ」。

また「就職支援カリキュラム」として、1年次に「就職ガイダンス」と「自己発見支援」、2年次に、「基礎学力確認テスト」、そして3年次に、「エントリーシートの書き方」から始まって、ストレートに就職活動支援が行われている例がある。

また、最近「キャリアデザイン学部」が新設されている（法政大学ホームページ）。その目標は、「自分らしい生き方のために必要な知識・技術を習得するとともに、人びとの個性的な生き方を支援できる人材を育成する」と記載されている。そして、キャリア形成、キャリアデザインというのは、人間の生活のあらゆる場所と時期において行われると解説がある。

キャリアデザイン科目例には次のような科目が見られる。「キャリアデザイン論」、「職業選択論」、「人的資源管理論」、「臨床教育相談論」、「事業経営論」、「顧客サービス論」、「マーケティングと文化学習」、「社会論」などである。それらの科目は、教養的な内容と教育学と臨床心理学と経営学関連科目の合成である。いわば、伝統的学科目のリアレンジである。

松高政（2004）はキャリア教育を次のように分類している。
(1)「大学生活導入系」
　　大学生活適応支援、学生生活の過ごし方、大学生の時間割作成支援
(2)「スタディスキル」
　　レポートの書き方、情報検索、「コミュニケーション能力」
(3)「社会理解系」：社会マナー
(4)「自己理解、自己分析」
(5)「就職対策系」：エントリーシートの書き方、就職試験対策「経済新聞の読み方」

以上の内容は、初年次教育（導入教育）と重なっている。本来、初年次教

育というのは、大学における学習に適切に連接させるためのレディネスを作るということであるが、それはキャリア教育にもなるということである。

3　キャリアについての学生の問題

坂柳恒夫（2004）は学生のキャリア設計の実態を述べている。その中で注目したいことは、学生が大学進学の際に、自分のキャリアデザインを考えて、進学先を選択しているわけではない、ということである。また、大学生活への充実度が低い学生ほどキャリアデザインについての不安感が強い、という。したがって、大学生活への適応がキャリアを考えさせるための基礎的な条件であることがわかる。

また、最近話題になっている「ニート」（就職活動をしない、教育も受けない、トレーニングも受けない、という若者）問題もキャリア支援に関わることである。玄田有史・曲沼美恵（2004）によれば、「ニート」と呼ばれる若者は、「心の奥底に深い孤立感と漠然とした自信の喪失感」を抱いているという。また、これらの若者は「自分の能力や適性がわからない」、「働かないのではなく、働けないのだ」と言うそうである。そこには人間存在の問題が潜んでいる。それはまさに教養の問題である。そうすると、キャリア教育が声高に叫ばれているということは、教養教育が成功していないということになる。あるいは、教養教育が役に立っていないという主張になる。

大学において行われているキャリア教育の理念的根拠は何か、が改めて問われる。単に学生の便宜を計らっているだけなのか。あるいは学問そのものが人生の指針にならないから、キャリア教育が必要なのであろうか。

4　キャリア教育はリベラルアーツ教育

渡辺三枝子（筑波大学）は、学生たちは、大学あるいは学校から社会への移行に困難を感じているが、大学教育が学生の職業選択能力を育てることにほとんど関与していないことを問題にしている。そうすると、本当に必要なことは、いわゆるキャリア教育なのか、疑問が生じる。職業についての知識や情報も必要である。しかし、突き詰めたところでは、人間として基本的に生きるということの意味が求められている。教養とは、生きる意味であるこ

とを考えれば、キャリア教育の思想は、教養教育の思想に重なる。

キャリア問題は突き詰めて言うと、人間存在の問題であって、どうすればうまく会社に入れるかといったテクニックの問題ではない。たとえ会社に就職できても適応できないという問題が発生している。そういう問題は、いわゆるキャリア教育では対応できない。キャリア教育以前の問題がある。人間としてのあり方の問題が、ここに深く関わっているのである。

坂柳恒夫（2004）は、キャリア教育の基礎は、自己理解と他者理解、自己同一性の確立、世界理解力・世界観の形成、スキルと経験を獲得する能力、課題発見・課題解決能力、自律・自立、自己実現をめざした個性的な生き方で、意志と責任によって主体的に自己を形成することがキャリア教育の基礎であると述べている。キャリア支援は自己確認支援なのである。

キャリアというのは自己実現、自己選択の問題であり、キャリア教育の核心は自己確立である。言うまでもなく、それらは古くからリベラルアーツ・エデュケーションの課題である。すなわち、リベラルアーツ・エデュケーションこそがキャリア教育の必要にこたえるものであることが示唆されている。

リベラルアーツ教育の中核は自己責任を前提とする。自己責任をとらせるように教育支援をすることがリベラルアーツ・エデュケーションである。「ひとつの学問的思考様式を身につけ、専攻学問の知識探求の方法的基礎訓練により、知的世界における自己同一性を確立する」ことが、社会で生きようとする時の大きな力になる。そういう生き様を支援するのがリベラルアーツ教育である。

5 初年次教育のプランニング

キャリア教育の根幹は、知的自己同一性の確立であることを述べたが、初年次教育もその事情に深く関わることがらである。最近は初年次教育を包含するコンセプトとして、FYE (First Year Experience) が提起されている。アメリカの大学におけるFYEは、高校から大学への転換期支援プログラムとして位置づけられている。これに対して、日本の大学における初年次教育プログラムの多くは、専門教育への導入教育であるという指摘がある（杉谷祐美

子2005)。それは、本稿では論外である。

　初年次教育のプランニングとして、水谷早人(2003)は次の項目を指摘している。

　大学を知る（キャンパス・カルチャー・サービス）、方向感覚を持つ（教育目標・目的意識・学習目標・専門教育のねらい・付加価値）、大学に触れる（交流プログラム・専門学習支援・問題学生早期支援）、学力を高める（基礎学習技法・グループ学習・ライティングセンター）。

　以上の項目を見ると、本来の大学の営みが、本来の意味合いで行われているならば、殊更に初年次教育とか言う必要はないのではないかと思われる。もちろん、いわゆる初年次教育の内容が、無意味であると言っているのではない。そういう営みが大学論的であるか、ということを問題にしているのである。大学においてそういうことを行うということの意味を考えたいのである。というのは、初年次教育の内容が、状況対応型の技術習得一点張りになりがちであることへの警戒である。結局そういうものは、学生にとって本当には意味がない。スキルばっかり身につけても、結局役に立たない。そういう意味で初年次教育の問題もキャリア教育の問題も大学の営みであるという根本をよく考える必要がある、ということである。

　初年次教育の主目的の一つは、高校から大学への転換期支援であるといわれている。ここで、転換期支援ということはどういうことであるか。転換が円滑に行われるように支援すること、いわば高校から大学への接続がスムーズに行われることを期待するのが、初年次教育の目標であると考えられている。このことは、大学における営みとして当然のことであろうか。もしスムーズにつながるのであれば、大学は高校の延長であって、何も本質的に変わらない。大学論的に言えば、大学が大学であるということは、大学の営みが、高校から来る学生にとって、一つのまったく新しい世界との遭遇、異空間との出会いでなければならない。

　異空間として大学というものは存在している、異空間との出会いであるからこそ、初年次支援が必要であるというのであれば、了解できる。異空間であるからもの凄い抵抗がある。その抵抗を伴って大学に自分の生活というものをトランスフォームするというよりも、むしろ位置づける、そういうため

の初年次教育というものが必要ではないか。したがって、スムーズに高校から大学へ接続させることが、初年次教育だとは思わない。むしろ学生が大学に入ってきて悩まなければならないのである。

　我田引水であるが、ICUの入学案内の文章の中で、「リベラルアーツ教育に参加する人は、学生でも教員でも知的に格闘する経験をもつ」と私は書いた。知的な格闘を経験させるということがその学生に対して一つの自信を持たせる。それがアイデンティティを作ることになるのである。

　付言すれば、この事情は一般教育にも関係する。一般教育の意味とは何か。一般教育は学生に世界を理解できるように支援することではない。一般教育の一つの機能は、学生の思考を混乱させることである。混乱するところから学生は自立的に自分の世界観というものを作っていくのである。そういう躓きというものを与えない、そういう大学教育というのは、大学論的ではない。

6 「学びのドーナッツ」の相似構造

　初年次支援プログラムとキャリア支援プログラムは、自己同一性の確立ということにおいて、同根である。初年次支援プログラムは、初年次学生に大学という空間に自己同一性を確立させる支援である。キャリア支援ということは、社会における自己同一性発見支援である。

　両者を接続させる本質は、大学における知的活動である。すなわち、知的自己同一性創生支援ということで、両者は相似構造をもつ。このことを佐伯胖（2003）の「学びのドーナッツ」を用いて説明してみよう。

　I（学生である私）は小円（I-circle）で表現される。YOU（教員であるあなた）はIの円と同心円でI-circleを囲む大円（YOU-circle）で表される。YOUはI-circleの接面（第一接面）において、Iをかけがえのない存在として肯定してくれる他者としてIと出会う。IはYOUの大学における在り方を通してYOUの世界、すなわち大学への自己同一性に導かれる。この段階が初年次教育に対応する。したがって、初年次教育においては、YOUの大学における在り方が決定的に重要である。さらにYOUはYOU-circleの接面（第二接面）において他者（THEY）の世界でよく生きようとしている姿をIの前にさらけだす。すなわち、YOUはTHEYの世界において知的自己同一性を保持する存在と

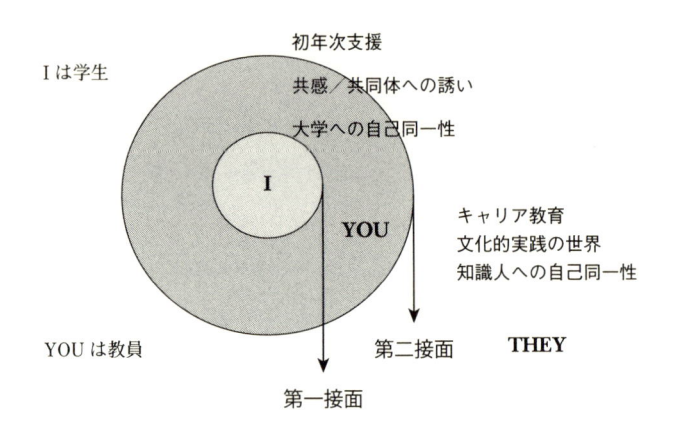

```
          初年次支援
   Iは学生    共感／共同体への誘い
          大学への自己同一性
             I
                YOU    キャリア教育
                       文化的実践の世界
                       知識人への自己同一性

   YOUは教員          第二接面  THEY
              第一接面
```

「学びのドーナッツ」の相似構造（佐伯）

して生きている。そういうYOUを通してIはTHEYの世界における自己同一性を模索する。この段階がキャリア教育である。したがってキャリア教育においてはYOUのTHEY世界における生き様が鋭く問われている。一般（教養）教育の成否の根源がここにある。一般（教養）教育は、知識の伝授ではなく、生き様の応接である。

　そもそも学問とは何であった。学問の歴史というのは、「生きるとは」という問い、すなわち一般的な教養、パイデイアの探求として出発した。しかし、近代科学の興隆は、今日の諸学に極度の専門分化をもたらした。その結果、学問はパイデイアの探求に直接応える位置を喪失している。現代の重要な課題とは、専門分野を超えたパイデイアの復権である。

　そのような復権を目指す教員の責任は何であるか。リベラルアーツとは、「生きるとは」を問う教養でもある。各教員は、自己の学問分野を深く究めながらも、学問の根源、パイデイアへの回帰を秘めて学生と向き合っている。私は数学の教員として学生と向き合っている。そこで語られる言葉は学問的な数学である。しかしながら、その数学を学生と学び合う時に、私自身はパイデイアへの回帰を秘めている。常に私はそのような問いかけによって学生の前に立たされている自分を意識しながら数学をやる。そのことが、学生に

対してどのような影響を与えてくるのか。それは直接的な影響ではない。教員の存在それ自体が学生に何らかの意味を持ってくる。そのような在り方である。そのような教員の在り方がまさに初年次・キャリア教育の源泉ではないか。そのようなことを思い、直感的にキャリア教育は教養教育であると私大連の機関誌に書いたわけである。

7 専門への衝迫を押し留めることがキャリア教育という逆説

「リベラルアーツ教育を根底で支えているのは、人間の精神に内在する高潔さと次代を担う若者の自己開発に助力することが自己の特権であり、責任であるとする大人の意識である。そこで、教養学部を維持し、早期の専門教育を求める声を押しとどめることが、リベラルアーツ教育の独自の任務の一つになってくる」。リベラルアーツ教育は、安直なキャリア支援に対して否定的である。専門を選ぶことへの葛藤の経験をむしろ歓迎する。葛藤を通してIはTHEYの世界における自己同一性を形成するのである。

8 真のキャリア教育は古典的教養教育批判である。

日本の教養は孤独の中での教養（「教養のゲルマン捕囚」）であった。教養教育ということをしきりと中教審等も言っているが、いわゆる教養に代わるものが明確に提示されていない。私は、大学の営みを社会に関係づける事柄と捉える。そのような意味において、大学の営みを社会に関係づけることがキャリア教育、すなわち教養教育である。キャリア能力は、知的学習の所産なのであって、着せてあげるものではない。大学が本来的教育の責任を果たさないでキャリア教育で補完するとすれば、それは本末転倒である。

9 コンセプトとしての一般教育

大学の営みを社会に関係付けることがキャリア教育であることから、具体的にコンセプトとしての一般教育の復活が問いかけられた。一般教育は崩壊した。しかし、一般教育の元の言葉はGeneral Educationだが、このGeneral Educationこそがキャリア教育である。一般教育は社会の必要に応える教育である。問題の所在は何であるか。大学での学生の営みが学生のレーベンに

関わっていない、生活に関わっていないことである。小宮山元東大総長も語っている。「現在、学生たちは学校で教わっていることが何を意味するのか、知の全体像が見えなくなっている。特に科学と人との距離が驚異的に離れてしまったことが、現代の教育の難しさである」。大学の教員は一生懸命やっているけれども、その営みが学生の生きるということに関連を持てなくなってきている。そこが大きな問題である。一般教育によって社会に接続する戦略を立てる必要がある。

　ボイヤー（1988）は次のように言う。「学士課程の教育における職業準備はたんなる職のため以上のことを意味する。最良の場合には、そうした教育は学生を技術的に向上させるだけでなく、学生にその仕事の人間的、社会的意味を発見させる」。これは一つのチャレンジである。そのようなチャレンジに大学は真向から関わらなければならない、ということをボイヤーは主張している。そのような主張の流れの中で、豊かな専攻、文脈的な学習ということが一つの焦点になる。数学を専攻した学生は、その数学を学ぶことを文脈的に理解する。その分野の検討されるべき歴史と伝統は何であるか。理解すべき社会的、経済的意味は何か。対決すべき倫理的、道徳的課題は何か。各学科が専門性をより広い文脈のもとに置き、いわゆる専門と一般の有機的統合に至る。そのようなカリキュラムというものを展開することが、キャリア教育の内容になる。

10　コミュニケーションとは

　もう一つ注目したいのは、コミュニケーション能力ということがキャリア教育の中で非常に重きを置かれているということである。それは非常に重要なことである。しかし、コミュニケーションというのは、もちろん技術の問題もあるが、技術ではない。佐伯胖（2003）が非常に含蓄のあることを言っている。「コミュニケーションというのは、自分というものを、他者のまなざしの中で見直すということだ」。そのような視点からコミュニケーションというものを考えた時に、キャリア教育におけるコミュニケーションの採り上げ方がどのようになるのか。それは本質的な問題として考えておく必要がある。コミュニケーションというのは「単に情報を交換するだけのものでは

ない。自分を変えてくれる可能性のある他者、パートナーとしての他者との学び合いをする」。そこにコミュニケーションということの本当の意味がある。

11 結び

浜名篤は絹川の所説を次のように要約した（大学教育学会2005年大会発表）。「絹川の整理によれば、キャリア教育の基礎は、自己理解と他者理解、自己同一性の確立、世界理解力・世界観の形成、スキルと経験を獲得する能力、課題発見・解決能力、自律・自立、自己実現を目指した個性的な生き方、意志と責任によって主体的に自己形成することであり、自己実現を目指した個性的な生き方こそがキャリア設計だと絹川は指摘している。一見別の目的のもとに発達してきた初年次教育を、4年間を通しての学士課程教育や教養教育との位置関係で俯瞰してみる時期にきているのではないか」。初年次教育もキャリア教育も、それが大学論的に位置づけられるならば、それらは学士課程教育として包摂されることになる。初年次教育とかキャリア教育とかいうきわめて功利的な発想で生まれたものが、逆に学士課程教育の本質を問うのである」。

〔参考文献〕
ボイヤー, E. L. 1988（喜多村和之・他訳）『アメリカの大学カレッジ』リクルート出版
大学教育学会2005「ニュースレターNo.70」シンポジュウムⅠ趣旨文
玄田有史・曲沼美恵2004『ニート』幻冬社
法政大学ホームページ「キャリアデザイン学部」
絹川正吉2003「これからの教養教育」『大学時報』7月号、私立大学連盟
松高政2004「キャリア教育再考」『Between』12月号
水谷早人2003「初年次教育のプランニング」『大学と教育』5月号
佐伯胖2003「情報化社会における真のコミュニケーション」キリスト者学校教育同盟第45回学校代表者協議会基調講演（於　青山学院）11月9日
坂柳恒夫2004「学生のキャリア設計と学部教育改革」『学士課程教育の改革』東信堂
杉谷祐美子2005「導入教育の実施概況」日本私立大学協会『私立大学における一年次教育の実際』
渡辺三枝子（筑波大）「キャリア教育を考える」web

2　学士課程教育における初年次教育

1　「初年次教育」ということ

　「一年次（導入）教育」または「初年次教育」がいま盛んに論じられている。ここではその全貌に言及することはできない。総括的情報は、山田礼子（2005）と濱名篤・川嶋太津夫（2006）に見られる。

　「導入教育」、「一年次教育」「一年次（導入）教育」または「初年次教育」ということで、何を表現しているのか、多少の整理が必要である。それらの教育の内容に関わるキーワードを、日本私立大学協会（2004）から収集して整理してみると、きわめて多様であることがわかった。その詳細をここでは紹介できないが、主な類型を示すと次のようになる。

類型	目標	実践例
(1) 入学前教育	高校と大学の接続	課題図書・作文添削
(2) 補修教育	基礎学力の補修	未習科目（数学‥）
(3) 転換教育	移行支援	一年次セミナー
(4) スタディスキル	学習技術の獲得	文章表現
(5) 専門ガイダンス	専門教育	基礎科目
(6) キャリア支援	社会への移行支援	ソーシャルスキル

　整理の視点については、（日本私立大学協会2005）も参考になる。問題は「近時導入教育の必要性が広く認識されはじめているが、一年次（導入）教育の概念は明確に理解されてない。どのような内容が教育上効果的であるかということは不透明なままブラックボックス状態にあるといわざるを得ない」と指摘されていることであろう（山田礼子2005）。

　「初年次教育」という表現は、アメリカにおける"First Year Experience"

（「初年次経験」）に由来しているように思われる。参考文献では、「一年次教育」、「一年次（導入）教育」、「導入教育」、および「初年次教育」等が入り乱れている。「初年次経験」または「初年次教育」ということと、「一年次教育」、「一年次導入教育」、「導入教育」、等は同じ意図に基づくコンセプトであるのか、明瞭ではない。

2　FYEの背景と必要性

　アメリカにおける「First Year Experience：FYE；初年次経験」は、このような教育のパイオニアであるSouth Carolina大学の商標登録用語であるという。
　その教育の中核は「Freshman Seminar：一年次セミナー」である。そこで用いられているテキストのリストを見ると、"College Study Strategies" とか "Thinking and Learning" という、いわゆるHow toもののようにも思われるものが多い。しかし、その意図はもっとハイレベルである。すなわち、「一年次の成功はその大学の教育の成功を導く。入学早期に大学の学習方法と生活に円滑に適応できる総合的・組織的な教育が重要である」。「大衆化した大学における組織的な学生支援戦略」が必要とされることから、このようなコンセプトが生まれた、と言われている（日本私立大学協会2004）。しかし、本当の狙いは経営問題の解決であって、そんなにきれいごとではない。
　そもそもアメリカの大学における "First Year Experience" は "retention"（在籍継続率）の問題に端を発しているようである。アメリカでは大学間を移動することが比較的自由である。そのため一年次から二年次になる時、学生が大量に転学することになれば、その大学の経営は成り立たない。そこで "retention" を高めるために "First Year Experience" が重視されるようになった。そして、"First Year Experience" としての「一年次セミナー」の有効性が広く認識されるようになり、「一年次セミナー」が正課に取り入れられた。FYEは一年次セミナーを発展させたコンセプトで、その実態は「一年次セミナー」に尽きると思われる。
　日本では、大学間移動はほとんど不可能であるから、"retention" を問うことは現在ではほとんど意味がない。このような事情を考えると、日本において「初年次経験」という意味合いを含む「初年次教育」という用語を用い

ることが適切であるかどうかが問われる。
　以下、初年次教育の内容について若干のコメントを示す。

3 「補修教育」について

　日本における「一年次教育」の類型に、「補修教育」がある。1980年代に、日本の大学が直面した一つの問題に、「リメディアル教育」があった。それは当時の高校卒業生の学力不足に対応する補償教育であった。大学入学者は、専門教育を受けるために、大学教員が当然にも期待する一定レベルの学力を備えていなければならない。にもかかわらず、学生はその条件を満たしていないから、関連科目の履修が求められた。そして、補償教育科目の履修単位は卒業要件には加えられない、いわば無償単位取得が必要とされた。

　それでは現在行われている「一年次教育」としての「補修教育」は、かっての「リメディアル教育」と同じことであるのか。実は、似て非である。かっての「リメディアル教育」ということが、現在の大学において意味を持つのか疑問である。

　そう考える理由の一つは、いわゆる「2006年問題」といわれた高校卒業生の履修科目の多様化である。高校生の学力が多様化していることは、「学習指導要領」という法令に基づく結果である。大学は多様な学力の学生を受け入れることを当然のこととしなければならない。補修というと、責任は学生の側にあるということになる。だから自己責任でということで無償単位になるが、現在では、補修を受けることは学生の自己責任の問題ではない。補修科目と称される内容は、ユニバーサル化した大学の現実においては、正規科目としなければならない。この意味で、「補修教育（科目）」という概念は無効であろう。

　なお、この問題は、「一年次教育」としての「基礎科目」の問題にも深く関わっている。

4 「基礎科目」

　導入教育の授業科目の約45％は「基礎科目」に位置づけられ、最も多くを占めているという。そして、専門科目に区分されている科目も10.6％あっ

たという（杉谷祐美子2005）。「専門のディシプリンの名を冠した科目が多数見られることからも、導入教育が専門教育の一環として行われている場合が少なくない」と指摘されている。

すなわち、日本における導入教育は、専門教育への導入という性格が濃厚である。FYE（初年次経験）は、専門教育への導入ではない。結論を先取りしていえば、「初年次教育」としての「導入教育」は、学士課程教育へのベクトルとして位置づけるべきなのである（後述参照）。

さらに、基礎科目を専門教育への導入とするから、そこでは、必然的に一定レベルの学力が前提とされる。しかし、現実はその条件を満たしていないから、基礎科目の相当の部分が「補修教育」にならざるを得ない。「基礎・概論型科目は理系学部において43％を占め、その半数近くが補修教育的内容を含んでいる」（杉谷祐美子2005）。すなわち、補修内容が正規教育課程に含まれているということである。このことは、補修的内容が補修ではないということになる。高等学校におけるカリキュラムの多様化から、このようになるのは当然である。もはや補修という概念は成立しない。

高校卒業生の学力に等質性がないことは、学習指導要領からくる必然性である。この構造は大学に引き継がれ、大学卒業生に等質性が期待できない事を必然にする。日本の導入教育は（正規科目に対して）補完的である。一年次教育が、ユニバーサル化に対する直接的対応であれば、補正科目は正課として位置づけなければ不合理であろう。さらに、日本では補修教育が専門教育への囲い込みを意図して行われている。このことは、学士課程教育の本旨にもとることではないか。すなわち、日本における一年次教育は学士課程教育の阻害要因でもあるという逆説的状況が生じている。

5 一年次セミナー

「一年次セミナー」が日本でも流行している。「一年次セミナー」いうFYEにおける同一の用語を根拠に、「一年次教育」を「初年次教育」と言ってもよいと言うのであろうか。問題は、"First Year Experience"としての「一年次セミナー」と日本の大学の「一年次セミナー」は同じものなのか、ということである。同じであって、同じでない。

日本の大規模研究大学において、教養教育を全教員の責任において行うという建前（全学出動体制）を実現させるために、多数の専門教員（大学院教授）に「一年次セミナー」を担当させる例が増えている（「一年次セミナー」が、全学出動の道具にされている）。ある大学の「一年次セミナー」の中に、そのセミナーに参加する学生のなすべきことは、そのクラスの時間に、グランドでひたすら走ることである、というのがあった。その大学の関係者は、このような科目があることを誇りにしていた。このことが意味することは、日本の「一年次セミナー」の内容は、担当教員の恣意に委ねられているということである。こういうものは、"First Year Experience" としての「一年次セミナー」と同質ではない。FYEとしての「一年次セミナー」で重要なことは、共通の目的意識と、テキストと方法のマニュアルの共有である。日本の多くの大学に見られるように、担当教員に内容を任せっぱなしでは意味がない。

6　学習スキル（ジェネリックスキル）

「一年次教育」の内容として「学習スキル（ジェネリックスキル、generic skill）」の教育が注目されている（小島佐恵子2007参照）。ジェネリックスキルとは、これまで産業界で推奨されてきた発想を基にしている。簡単に言うと「どんな職業にも転移可能な汎用的能力」を示す概念とされている。具体的には、次のような能力を指す。

　基礎スキル：
　　読み書き能力、数的処理能力、
　　技術活用能力、IT活用力
　概念・思考スキル：
　　情報活用力・問題解決力、
　　批判的思考力
　人間関係スキル：
　　コミュニケーション力、
　　チームワーキング力
　個人的なスキル・特性：
　　責任感、時間管理、自尊心

こういうスキルが日本の企業社会で必要とされ、いろいろな指標が提案されている（経済産業省2007）。こういう企業社会の主張は、日本の大学教育への批判を内包している。すなわち、大学教育が「知識」にとどまっていて、このような能力の育成に関わっていない、という批判である。

　さらに、「ジェネリックスキル」の育成と不可分なのが、「アクティブ・ラーニング」という方法である。それは、「一方向的な知識伝達型講義を聴くという（受動的）学習を乗り越える意味での、あらゆる能動的な学習のことである。能動的学習は、書く・話す・発表するなどの活動への関与と、そこで生じる認知プロセスの外化を伴う」（溝上慎一2007, 2014）。実際にそれは「学生参加型授業」、「協調・協同学習」、「課題解決・探求学習」などである。このようなことは「特色ある大学教育支援プログラム（特色GP）」の応募事例に非常に多く見られた。

　さて、「一年次教育」の中核として、「ジェネリックスキル」とか「アクティブ・ラーニング」が異常に強調される傾向がある。そうなると、一年次教育の目的、したがって、大学教育の目的が、「ジェネリックスキル」を涵養することである、ということになりかねない。実際に、このようなジェネリックスキルは、大学教育の成果（outcome）を測る一つの指標になってきた、というのである（さらに関連するコンセプトに「コンピテンシー」ということがあるが、それについては本稿では省略する。参照：中教審答申「学士課程教育の構築に向けて」2007年）。

　ここでの問題の核心は、「アクティブ・ラーニング」に強調点を置くことによって、「個別具体の授業実践の学生の学習経験が、カリキュラム次元にまで敷衍してフィードバックされない（溝上）」という事態が生じかねない、ということである。この警告は、筆者も「特色GP」の審査業務において、つとに述べてきたことである。

　大学教育の目標はジェネリックスキルに限定されてはならない。ジェネリックスキルが大学教育の目標ではない。それは大学教育の目標達成のための道具である。そして、ジェネリックスキルは一年次教育の主要部ではない。そのような能力は、一年次教育の内容として特化するのではなく、各科目（ディシプリン）の学習を通して練磨されるもので、how to 的に修得されるも

のではない。

7　大学への移行支援

「一年次教育」の主目的の一つは、高校から大学への転換期支援であると言われている。高校から大学への接続がスムーズに行われることを期待するのが、「一年次教育」の目標であると考えられている。このことは、大学における営みとして当然のことであろうか。もしスムーズにつながるのであれば、大学は高校の延長であって、何も本質的に変わらない。大学論的に言えば、大学が大学であるということは、大学の営みが、高校から来る学生にとって、一つのまったく新しい世界との遭遇、異空間との出会いでなければならない。異空間との出会いであるからこそ、一年次支援が必要であるというのであれば、了解できる。異空間であるから物凄い抵抗がある。その抵抗を伴って大学に自分を位置づけ直す、そのための「一年次教育」でなければならない（溝上慎一2014）。したがって、スムーズに高校から大学へ接続させることが、「一年次教育」だということは、適切だとは思わない。学生は大学に入ってきて悩まなければならないのである。そういう危機管理としての「一年次教育」にとって、本質的に重要なことは、学生と教員の人格的交渉である。そのことを、「学びのドーナッツ」の相似構造として前に論じたので、ここでは再論しない（絹川正吉2006、本書、前章）。

8　「一年次教育」は一年次学生の関数

補修教育の内容は、学生の初期条件とその大学の文化の関数である。補修内容を正課に取り込む程度は、インプット（学生の初期条件）の関数である。学生の初期条件をそのまま前提にして、学生の側から発想することが、ユニバーサル化した大学における「一年次教育」の本旨でなければならない。そのためには、各大学の学生のニーズの調査が先行すべきである。グローバル・スタンダードな一年次教育というものは存在し得ない。一年次教育は各大学の固有の条件により編成されるべきである。

9 「初年次教育」の再定義

　以上において「一年次教育」の現実を批判的に問い直したが、そのことは「一年次教育」を全面否定することではない。いわゆる「一年次教育」の様々な営みは、ユニバーサル化した大学において必要であることは論をまたない。しかし、それらの営みが大学の本来的営みとの相関のなかで実践されていなければ、その真の意義を失う。すなわち、ユニバーサル化した大学において大学的なものの復権として営まれなければならない。「一年次教育」という営みの総体が大学的なものの復権という視点で問い返されたときのその営みの総体を、改めて「初年次教育」として再定義したいのである。

　ここで、「大学的なものの復権」とは何かが問われる。しかし、それを論ずる紙幅がない。一点だけ指摘すれば、それは大学における営みの中枢である「ロゴス化の営み」である。「初年次教育」は学士課程教育への積極的戦略、ポジティブな発想なのである。

〔参考文献〕

濱名篤・川嶋太津夫編著2006『初年次教育』丸善株式会社
経済産業省2007「企業の求める人材像調査2007——社会人基礎力との関係——」3月
絹川正吉2006「初年次・キャリア教育と学士課程」『大学教育学会誌』28巻1号
小島佐恵子2007「初年次教育とジェネリックスキル」『IDE』1月号
溝上慎一2007「アクティブ・ラーニング導入の実践的課題」『名古屋高等教育研究』7
溝上慎一2014『アクティブラーニングと教授学習パラダイムの転換』東信堂
日本私立大学協会2005「私立大学における一年次教育の実際」『私学高等教育研究叢書』4、3月
日本私立大学協会2004『多様化する学生に対応した教育改革——大学教務研究委員会研究報告書』
日本私立大学協会調査2002『多様化する学生に対応した教育取り組みに関するアンケート』
杉谷祐美子2005「導入教育の実施概況」日本私立大学協会2005『私立大学における一年次教育の実際』
山田礼子2005『一年次（導入）教育の日米比較』東信堂

3　学びの転換

1　高校問題は大学問題

　物理学者で音楽家である東大情報学環准教授　伊東乾氏が『バカと東大は使いよう』という著書（伊東乾2008）の中で、東大生の実状を紹介している。これは象徴的と思われるので、引用しておきたい。ある東大の学生が「先生さ、一体何やらせたいの。良く分かんねんだよね。これやれと言ってくれたらそれやってやるからさ、何やったら優くれんの」と言ったというのである。そういうことが問題の出発点ではないのかという認識である。そうであるからこそ、「学びの転換」ということが問題になるのである、というわけである。

　山岡道男氏（2007）は、次のようなことに注意している。「高校での一方向の知識伝達型授業からの転換」、「高校までの一方向的授業方法から双方向的授業へ」、「大学入学以前の教師主導型を主とする学習からの転換を図り、大学における自主的な学習へ」「受身の知識・技術の習得を中心とした受験学習の『型にはまった思考』」からの脱却を計るために、学びの転換が必要だということになる。

　これらの言説は、高校が諸悪の根源である、というふうに読めるのである。しかし、これらの叙述における「高校」という箇所をすべて大学に置き換えると、それらはそのままでまた事実であると受け止めなければならない。すなわち、「大学での一方向の知識伝達型授業からの転換」、「大学での一方向的授業方法から双方向的授業へ」、「大学での教師主導型を主とする学習からの転換を図り、自主的な学習へ」、「受身の知識・技術の習得を中心とした受験学習の『型にはまった思考』」からの脱却は、大学教育の課題である、ということになる。すなわち高校問題とは大学問題であるということになる。大学での学びの意識転換を図らなければならないというわけである。そうい

うような素朴な問題点から出発して、「学びの転換」という問題をどのように整理するかが問われているのである。

2　大学教育のアウトカム

　最近大学教育のアウトカムということを非常に問題にするようになった。特に中教審の「学士課程答申」の中で、「ディプロマ・ポリシー」ということを重視して、学士課程のアウトカムということをストレートに問題にした。「ディプロマ・ポリシー」を立てることに対応して「カリキュラム・ポリシー」が立てられるべきであり、さらに「カリキュラム・ポリシー」に対応して「アドミッション・ポリシー」がなければならないということを論じている。この思考の順序が重要であるとされている。「ディプロマ・ポリシー」として、アウトカムを明示することが求められているのである。

　学士課程のアウトカムということについては、種々の議論がすでに展開されている。

　例えば、Astinの説の山田礼子によるアウトカムの構造が示されている（参照：山田礼子2005）。すなわち、アウトカムを二次元平面で表現する。座標軸は、水平軸が「内面的」から「行動的」に展開し、垂直軸は「情意的」から「認知的」に展開する。この軸により区分される象限の内容がアウトカムとして提示されている。第二象限は（認知的・内面的）アウトカム、第一象限は（認知的・行動的）アウトカム、第四象限は（情意的・行動的）アウトカム、第三象限は（情意的・内面的）なアウトカムの領域である。

　大学教育のアウトカムの領域が、認知的領域から情意的領域に徐々に広がってきているのである。すなわち、大学教育のアウトカムには、人間としての価値問題などが社会的に求められているということである。

　いずれにしてもこのような構図において、大学教育のアウトカム、あるいは大学教育というものを考えると、学びの転換というのは、どの領域で問題になっているのか。情意的領域における対応も求められている。もちろん認知的領域における対応も必要である。「基礎ゼミ」は両領域に関わっていることで有効性を持っていると考えられる（両方に関わるがゆえに、中途半端という批判もあろう）。両領域は相互連関的で分離はできないが、しかし、事柄と

しては区分して対応せざるを得ない。以下は主として認知的領域において、「学びの転換」を論じる。結論を先取りすれば、「学びの転換」はカリキュラムの転換である。どのような転換が必要か、それを明らかにする必要がある。ただし、先に引用した東大生の問題が、カリキュラムの領域で解決できるのかどうか。非常に難しい問題である。情意的領域における転換が求められることについては、本稿では最後に関連することを述べたい。

3 言語力の充実

認知的な領域における学びの転換は、何に焦点を置いて考えるか。名古屋大学の浪川幸彦氏の考察（2008）は一つのヒントである。浪川氏は名古屋大学の学生の問題等々を考察して、「論理性・体系性が欠如して、思考の筋道が分からない答案が増えた。演習問題を出すと、正解を欲しがり、人に聞くという態度を取る（この状況は、先に紹介した東大生の状況と同じである）。思考の柔軟性がない。記号を変えると分からなくなる。思考の転移ができない。学問の方法論的理解が欠如してきた」と述べている。そして、問題の本質は、学生の一般的言語力が脆弱化していることであると述べている。学生の思考は、論理的思考とは逆ベクトルで、情緒的表現が蔓延し、言葉の運用範囲が狭隘であり、仲間うちだけで通用することばの世界で生活している。ここに学びの転換が必要である、という認識である。

私は浪川氏の以上の見解にほぼ同感である。学生の一般的言語力を充実させることが、学びの転換の内容である。そのためには、単なる知識の積み上げではなく、学問のエロスの伝達、ロゴスの世界への導きが必要であろう。具体的には、アカデミックリーディングおよびライティングに焦点を置くカリキュラムを構築する必要がある。

4 学術の「作品化」

本書Ⅰ部「『教養教育』を問う」において、学士課程教育は「学術基礎教育」で具体化されることを述べた。学術基礎教育は、ディシプリン（専門）の学びを基調とするが、それらディシプリンの学びは、その分野の専門家のみのための学習ではなく、他の分野の学習へと転移可能なような学びである

ことを述べた。ここでは、さらに学術基礎教育の内容を表現するものとして、学術の「作品化」ということに注目したい。著名な経済学者であった内田義彦氏は『作品としての社会科学』(内田義彦1989、参照：沼田裕之・他1996) において、次のようなことを述べている。「社会科学の文章は、一義的に定義され、体系づけをうけた専門語群でくみたてられている。社会科学的認識では、認識主体と対象の間に、日常の世界とは独立した『社会科学』の世界（注：専門語の体系）を介在させている。一連の専門語をそのものとして理解するという用意を欠くと、社会科学の内容は理解できない。それは専門家に向けて書かれた生産財で、専門家（専門用語の専門家）にしか通じない。専門論文の高さと独創性は、一般性にではなく、特殊性において現れる。論文は一つの断片として学会の共有財になる。一般に論文は断片として発表されるから、その論文だけからは、その論文の意味（価値）は解らない。

それに対して、『資本論』は思想作品である。思想の作品は一つの世界をなして丸ごと一人一人の（一般）読者に対して、その意識の古層に呼びかけ、そこに眠れるものを新鮮に——そういわれればまことにそうであったという形で——呼び起こす。「哲学者は万人の（既に）知るところを語る」のである。作品はそれだけで意味をもつものとして完結している。思想の作品は専門の壁を越えて万人に深く訴えかける。特殊性ではなく一般性に思想の高さ、深さ、独創性のほどが現れるのである。思想の作品は、直接一般読者にとどき一人一人のなかでコペルニクス的転換がおこることを念願する。専門論文だけが創造で、一般読者向きというとすなわち安易な啓蒙書という常識が、一般に支配している。「作品」を志すことは、学者本来の仕事からの逸脱と考える傾向は誤りである」。

ボイヤー (1988) は学識の構造を、「発見の学識」、「応用の学識」、「統合の学識」と「教育の学識」に整理しているが、「作品化」は統合の学識の具現として評価されるものであろう。

以上の視点は学術基礎教育の内容を示す手がかりとなる。学士課程教育の内容には、「専門語の体系：概念思考訓練」と「作品化による当該学問（ディシプリン）の意味づけ」が含まれる。ディシプリンの世界における「専門と一般」の構図が問い直され、ディシプリンの学習を意味づけることが、

「学びの転換」の内実になる。教員が語りかける作品化によって、そのディシプリンの意味づけをすることが、「学びの転換」の目標になる。そういう営みにおいて、学士課程教育というものを考えるべきであろう。その意味では、「学びの転換」の中核は「一般教育」であると言えよう。

5 ディシプリン対角線型カリキュラム

さらに、学士課程教育におけるカリキュラムについて、先に引用した伊藤乾氏の示唆は参考になる。伊藤氏は大学合格者が身につけた「実力」とは何かを問う。それは「学習指導要領」という出題範囲（箱庭）の中で通用する実力であって、「仮想空間」での実力でしかない。ペーパーテストをクリアした先に実習段階が必要不可欠である。「仮想空間」での実力しか持たない学生に現実の社会で通用する実力をつける、ということが、本稿の文脈で言えば、「学びの転換」である。

問題点は大学教育における「縦割り行政型カリキュラム」である（ここで「縦割り行政型」と言っているのは、日本の官僚制批判のアナロジーである）。カリキュラムは科目（ディシプリン）ごとに独立していて、テストも科目ごとに行われている。こういう思考は現実社会では通用しない。現実のディシプリンは複数の基礎科目が複雑に絡まりあっている。

例えば、内科、外科、小児科、産婦人科等の臨床医学は、解剖、生理、病理、薬理等のすべての基礎医学のどれが欠けても成立しない。すべての基礎医学と臨床科目は複数の対角線で結ばれたカリキュラム（ディシプリン対角線型カリキュラム）でなければ意味がない。仮想空間における平行線型カリキュラムをディシプリン対角線型カリキュラムに転換することと、学びの転換は密接不可分である。

ディシプリン対角線型学習の事例として、ICU（国際基督教大学）における「理学科総合演習SIS: Senior Integrating Seminar」を紹介したい（絹川正吉 2002）。「SISでは、一つのテーマに対して、それぞれの専攻を生かして討論が行われる。種々の分野からの発表により、それぞれの発想の類似性や相違点、相互の関係などを、学生は高度の水準で理解することになる。これは、非専攻学生に対する一般教育とは異なり、専門をある程度前提とする専門教

養である。一般教育は専門のための入門ではなくて、むしろ、一般教育のために専門教育がある、という考えがここに実現している。個別的な専門コースの意義（価値）が一般教育においてこそ、明らかにされるのである」。

このような目的を持つSISの実施項目には次のことが考えられる。

①数学、物理学、化学、生物学の諸分科の歴史的展開を学ぶこと。ここでは科学者の偉人伝に関心を持つのではなく、むしろ経験的知識に基づく概念の展開の諸相に注目する。

②数学および自然科学における方法論を考察する。特に自然科学における数学の意義を問う（経験的知識と理論との関係を考察し、自然法則の探求について論ずる。特に、科学における真理獲得の方法を具体例に則して学ぶことに重点を置く）。

③科学の哲学を学ぶ（第2項目よりももっと一般的な立場に立ち、第1と第2項目を総合する機会を学生に与える。特に、20世紀科学革命に強調点をおいて、哲学および他の学問諸分野との連関を考えることに導く）。

④数学および自然科学の他の諸学問分野との連関。科学と人文学、社会科学等他の学問諸分野との内的連関および相克を考察する。概念的連関に強調点を置く。

⑤科学と美学・宗教との関係。真理探究のためのそれぞれのアプローチの相異を考察する。特に、それらに関わる人間の営みに強調点を置く。この関連で、科学的方法の価値と限界を種々の意見に照らして考察を進める

⑥科学と技術、それらの社会的影響。科学と芸術、科学と技術、技術と人間の願望、科学技術が現代社会にもたらした諸問題（例えば自然環境論）、等を論ずる。

⑦科学者の社会的責任。学問のための学問を追及する科学者が、直面する現代社会において負わねばならぬ科学者個人の責任の範囲と性格を考察する。科学の応用について、工業技術や軍事的技術について、科学者はどのように対応すべきか。厳密な科学的言明と科学者の社会的信条とはどのように調和するのか。

さて、高校での学びと大学での学びとでイメージギャップがあるというこ

とは、ネガティブなことなのであろうか。高校での学びと大学での学びとで何が違うのか。ディシプリンの営みなくして大学はあり得ない。学士課程教育はディシプリンの営みに学習を転換させることである。学士課程教育そのものが「学びの転換」を用意するのである。

6 知的共同体への参加

　以上のような「学びの転換」の可能性は、学生を「大学」という知的共同体に参加させることと密接に関連する（参照：絹川正吉2006,本書Ⅲ-1）。

　そもそも学問とは何であったか。学問の歴史というのは、「生きるとは」という問い、すなわち一般的な教養、パイデイアの探求として出発した。しかし、近代科学の興隆は、今日の諸学に極度の専門分化をもたらした。その結果、学問はパイデイアの探求に直接こたえる位置を喪失している。現代の重要な課題とは、専門分野を超えたパイデイアの復権である。

　そのような復権を目指す教員の責任は何であるか。リベラルアーツとは、「生きるとは」を問う教養でもある。各教員は、自己の学問分野を深く究めながらも、学問の根源、パイデイアへの回帰を秘めて学生と向き合っている。そのときに教員の存在それ自体が学生に何らかの意味を持ってくる。そのような教員の在り方がまさに「学びの転換」の源泉ではないか。

〔参考資料〕

ボイヤー, E. L. 1988（喜多村和之・他訳）『アメリカの大学・カレッジ』リクルート出版
ボイヤー, E. L. 1996（有本章訳）『大学教授職の使命』玉川大学出版部
伊東乾2008『バカと東大は使いよう』朝日新書
絹川正吉2000「学術基礎教育」『学術月報』10月、学術振興会
絹川正吉2002『ICUリベラルアーツのすべて』東信堂
絹川正吉2006「初年次・キャリア教育と学士課程」『大学教育学会誌』28巻
浪川幸彦2008「数学における高等学校と大学の連続・転換——数学教育の視点から——」『大学における「学びの転換」とは何か——特色GP東北大学シンポジュウムⅡ——』東北大学出版会
沼田裕之・他1996『教養の復権』東信堂
佐伯胖2003「情報化社会における真のコミュニケーション」キリスト者学校教育同盟第45回学校代表者協議会基調講演（於　青山学院、11月9日）

山岡道男2007「経済教育に見られる高校と大学の連続・転換――国際比較の視点から――」『大学における初年次少人数教育と「学びの転換」――特色GP東北大学シンポジュウム――』東北大学出版会

内田義彦1989『作品としての社会科学』内田義彦著作集第8巻、岩波書店

山田礼子2005『一年次（導入）教育の日米比較』東信堂

IV.

FDのダイナミックス

1　FDのダイナミックス(1)
「行政的と自律的」

1　問題の所在

　FDのダイナミックスが、大学自己開発のダイナミックスとなるための基礎的要因を試論的に考察することが本稿の趣旨である。FDの核心的テーマは何か。問題の所在とFDの課題を問わなければならない。

　一般教育学会は1987年に「FDアンケート調査」を実施し、調査報告書を発表した（一般教育学会1997）。その時の設問内容とアンケート結果（一部）は以下のようである。

① 「Faculty（教授団）による自律的大学評価とFD」については、大学教員の76％が賛成している（ただし、そこでは「評価」は優劣判定ではなく点検であることを前提にした）。

② 「大学の諸課題に対する研究活動」については大学教員の78％が賛成している。

③ 「Faculty内研修システム」については、大学教員の57％が賛成している。

④ 「授業改善を目的とする学生による授業評価」については、大学教員の34％が賛成している（これは賛成者が少数である。FDのダイナミックスにとって問題点になることである）。

⑤ 「研究業績のみでなく教育活動等を評価に加える」ことについては大学教員の65％が賛成している。

　この結果に対して、堀地武（1997）は次のように述べた。「それまでわが国では『FD』には馴染みが薄かったにもかかわらず、この調査が提示したFD発想に基づく見解全般にわたり肯定的な回答を得たことは、『FD』概念の理解・受容の可能性とともに、大学教育改革に関する画期的な発想転換の可能性を予見させるものであった」。このように述べられたのであったが、しかし、その予見は見事に裏切られているのが現実である。賛成率が高いに

もかかわらず、その後の発展は芳しくない。ここに問題がある。その理由を明確にすることが、FDのダイナミックスを明らかにする第一歩になる。

学会調査項目を正確に読むと、どの設問もFacultyの自律性を前提としていることは明白である。そのことは、例えば次の記述に表れている。

「FDの発想は、大学自治の原則の下で、Facultyが歴史的・社会的情勢変化に、大学の本質を見失うことなく対応することを可能にする」。「FDは自立的な大学改革の出発点となる」。「以上の主張の可能性は、FDがFacultyに自己対象の研究機能・教育機能を前提にすることにある」。

したがって、賛成が高率である理由は、Facultyの自律性を前提とするという甘言によるといっても過言ではない。Facultyの自律性を前提とする以上は、反対する表向きの理由はない。しかし、現実的・実践的にはFDは進展しなかった。したがって、「Facultyの自律性」ということは一個の仮説であったと言わざるを得ない。しかし、仮説と断定して、FDの可能性はあるのだろうか。改めてFacultyの自律性とFDとの関係を究めなければならない。

2　一般教育学会が想定したFDの実践

学会が想定したFDの実践内容を関正夫（1995）の分類に当てはめてみると次のようになる。

①PD型（Personal Development）：
・研究・教育の個人的能力開発支援サービス
・新任教員研修（大学の目的、教育の目的・目標・評価、講義、学生問題の認識）
・大学・教授会のシステムに関する知識
・コンピュータ技術、学術・教育情報システム利用、教育研究機器利用

②ID型（Instructional Development）：
・教授法開発（学習支援・教材開発）、教育技法（学習理論、授業法、講義法、討論法、グループティーチング、教育機器）
・学習支援システムの開発
・学習評価法

③CD型（Curriculum Development）：
　・FDの中核で教授活動の全体に関わるカリキュラム開発
　・新入生オリエンテーション、初年次教育・論述作文・学生指導、カウンセリング
　・一般教育・教養教育、外国語、保健体育、情報処理
④OD型（Organizational Development）：組織開発
　・大学の理念・目標を紹介するワークショップ
　・ベテラン教員による新任教員への指導
　・教育制度の理解（学校教育法、大学設置基準、学則、履修規則、単位制度、学習指導規則）
　・アセスメント（学生による授業評価、同僚教員による教授法評価、教員の諸活動の定期的評価）
　・教育優秀教員の表彰
　・大学自治と大学の管理運営の関係についての理解
　・研究と教育の調和を図るシステムと学内組織の構築の研究
　・自己点検・評価活動とその活用
　・大学・大学教員のあり方に関する基本的認識
　・大学教員の倫理規程と社会的責任の周知
　・授業改善のための学生による授業評価
　・教育活動を含む大学教員評価
　・Facultyの相互能力開発
　・教員の研究支援（sabbatical制度・研究機関紹介）
　・Facultyハンドブックの編成（自治慣行を明示する組織運営マニュアル）
⑤V型（日本型）：
　・各種大学関係団体の大学改革に関する研究集会・シンポジウム

　上記の分類で、関が「日本型FD」という項目を設けていることにも注目する必要がある。日本におけるFD活動が「日本型」にとどまっていることが、FDのダイナミックスの阻害要因になっていると考えられるからである。
　外国の事例では、次のような分類がある（田中毎実2003）。
①Career Development

② Development as Teachers
③ Development as Individuals
④ Organizational Development

　関の分類とこの分類とを比較すると、OD型は共通であるが、後者は教員個人の開発に重点があるように見える。ここにも、日本におけるFD理解と欧米におけるそれとの差異が見られる。日本におけるFD理解は「Facultyの自律性」を強調し過ぎてはいないか、という批判ができそうであるが、その正当性は吟味されなければならない。

3　学会調査以後の推移

　「FD発想に基づく見解に肯定的回答を得たことは、大学教育改革の画期的発想転換を予見させる」と学会の調査は予見した。文部科学省の調査によると、2003年でFDの実施率は全国の大学で90％を超えている。しかし、その後の展開は、学会の予想に必ずしも沿っていない。それはなぜか？（以下は杉原真晃2006による）

　学長の目で見ると（「広大学長調査」2003年）、FD活動の効果を積極的に評価しているのは9.2％しかない（「ある程度高まった」という意見が66.8％あるが、これは、しないよりはましという程度と解釈とすれば、ほとんど効果は認められていない）。教員を対象とした調査（「広大教員調査」2003年）でも、改善されたという積極的評価は7％しかない。FDに無関心な教員が67％もいる、と学長たちは判断している。FDの必要性を強く認識している学長が41％いるのに対して、教員は15％である。要するに教員は、FDを積極的には必要としていない。このことは、学会の一次調査の結論を誤りとすべきことであろうか。学会の調査の基本的な考え方を再認識する必要がある。

4　教員の自律性の仮説

　一般教育学会によるFDの概念構成は、次の諸原理を枠組みとしている。
① ファカルティまたは教授団の活動を第一義とする（ファカルティ開発・ファカルティのバイタリティの可能性を根拠）
② 「大学評価」およびFDは教授会の自律的活動

③「大学評価」は、アセスメント、点検、診断で、優劣の判定ではない
④FDは自律的大学改革の手法
⑤FDは自律的自己評価が基盤
⑥FDの内容に、自律的・学問的方法による「大学（の諸課題の）研究」を含む
⑦大衆化に対応し得る大学改革の方法
⑧一般教育改善課題への有効性
⑨大学教員研修は、FDのサブシステム
⑩FD活動の成立・展開こそ現代の大学改革

学会調査において、FDへの賛成が高率である理由は、Facultyの自律性を前提とするという仮説に基づいていることは、上記の内容からもわかる。賛成率が高いにもかかわらず、その後の発展が芳しくない理由は、この仮説の立て方に問題があると考えられる。

5　二つのパラダイム

「教員の自律性仮説」に関連することとして、学会調査を主導した堀地武（1997）のパラダイム論に注目をしておこう。

堀地によれば、パラダイムとは「概念的構造として成員によって共有されている問題の立て方・解き方の総体」である。ここで二つのパラダイムが取り上げられている。一つは「行政的レベルのパラダイム」である。これは、教授会等大学管理組織を含め行政的立場で決める制度レベルの問題の立て方・解き方の総体であるとする。ここに教授会を含めていることは注目に値する。もう一つのパラダイムは「自律的活動レベル」のパラダイムで、「自律性（autonomy）の要求される活動レベルの問題の立て方・解き方の総体」としている。これは大学教員の教育活動や学生の学習活動等、大学の使命や学問の自由の原則を基本とする。

本来は「自律的活動レベルの問題を優先的に検討した上で、行政的制度レベルの問題に対処することを原則とすべきであるが、今日の問題状況の多くは、自律的活動レベルをなおざりにしたまま行政的制度レベルでのみ解決しようとする動向に根本的な原因があると認められる」と堀地は述べている。

行政的制度レベルによる改革はシステム改革に中心があることを考えると、行政的制度レベルによる活動に対して否定的になることは理解できる。あるいは、行政的制度レベルのパラダイムがスタティックで自律的活動レベルのパラダイムがダイナミックであるとして、自律的活動レベルに価値を置くことは否定し難い。

　教育方法等の改善は自律的活動だとすることもおかしい。自律的でもスタティックな場面もある。教育方法等の改善も行政レベルの関与を必要とする。それぞれにダイナミックな場面がある。行政レベルと自律的活動との相関を問う視点としてダイナミックスが考えられる。

　組織体としての大学運営においては、事柄の実行には、両レベルが関わるということは当然のことである。大学の問題は、大学教員の自律的レベルでのみ解決できることでもなく、また行政的レベルでのみ解決されることでもない。両面の活動のダイナミックスが必要とされる。行政的レベルのみでは行き詰まるし、自律的レベルのみでも障壁に行き当たる。両パラダイムのダイナミックスが必要である。行政的レベルが悪であって、自律的レベルが善である、という二項対立図式では、問題は解けない。

6　FDのパラダイム

　田中毎実（2003）は、FDのパラダイムを論じている。

　縦軸を（下から上に）啓蒙（伝達教習）型から相互研修型への（実践）軸とし、横軸を（左から右に）制度化型（トップダウン）から自己組織化型（ボトムアップ）への（組織）軸とする。この二軸をクロスさせると、四つのFD組織化類型が考えられる。

　　①Ⅰ型（第一象限）：相互研修・自己組織化型
　　②Ⅱ型（第二象限）：相互研修・制度化型
　　③Ⅲ型（第三象限）：啓蒙・制度化型
　　④Ⅳ型（第四象限）：啓蒙・自己組織化型

　啓蒙型FDとは、トップダウンで組織化する公開研究会、フォーラム、授業研究集会、授業参観プロジェクトなどを内容とする。相互研修型はボトムアップで行われるネットワーキング、公開実験授業、授業参観、全学シンポ

ジュウムなどがその具体例である。そして、これらのプログラムはできるだけ「相互」研修であるべきだとしている。教員間で本質的な力量の差はないのだから、上から教え込むような啓蒙的なスタンスを取るべきではないとする。すなわち、FD活動は自律的な教育実践者同士が協働することでなければならない。相互研修型はどうしても非効率的になる。その対策は、授業参観プロジェクトのように、やる気のある側が（待つのではなく）こちらから出向いていくことである、と言う。

　ここで、啓蒙型FDは制度型と結合してトップダウンに行われ、相互研修型はボトムアップで自己組織化と結合するという両極を措定している。そして両者は互いに折り合わせ難いものとして受け止められている。にもかかわらず、ボトムアップ型FDと関係者を一網打尽にするようなトップダウン型FDとを併用することも指摘されていることは、FDのダイナミックスを考える上で大事な指摘である。

　田中の論においては、第三象限（啓蒙・制度化型）から第一象限（相互研修・自己組織化型）へのベクトルに価値指向が表現されている。そして、田中は価値ベクトルの始点Ⅲ型と終点Ⅰ型の比較を行っている。例えば、参加動機については、Ⅲ型が他動的であるのに対してⅠ型は自発的であるとする。達成効果については、Ⅲ型が啓蒙的で浅く一過性であるのに対してⅠ型は自己開発的で深く持続的であるとしている。このことは、前述の価値ベクトルの価値方向の内容である。すなわち、教員の自律性に価値をおいている判断である。もっとも、「組織化方式」とか「操作と効率」という指標については、ベクトルの方向は逆転することも注意している。

　Ⅰ型とⅢ型の対比は必ずしも上記のように対立するものでもない。例えば、参加動機についても、Ⅲ型が必ず他動的というわけでもない。自発的にⅢ型に参加することもあり得る。達成効果についても、Ⅲ型が深く持続的で、Ⅰ型が浅く一過的であることもある。マニュアル化とプログラム化は重なっている。Ⅰ型にもマニュアルが求められる。マニュアルをつくることが啓蒙型というわけでもない。Ⅰ型でもⅢ型でも、成否は関係者の力量に負うところが大である。Ⅰ型でも優れたリーダーは欠かせない。

　啓蒙型プログラムから出発したプロジェクトが相互研修型プロジェクトへ

と深められることもある。逆に、Ⅰ型相互研修の仲間が、自分たちのフィールドに帰ってⅢ型研修を組むこともある。相反するⅠ型とⅢ型は、互いの間を循環しつつ発展する力動的（ダイナミック）な相関のうちにあるというべきであろう。

　各行事は、トップダウンの場合もあり、ボトムアップの場合もある。啓蒙型がトップダウンで、相互研修型がボトムアップであるとは一概には言えない。むしろ、両者のダイナミックスを考えるべきである。

　上から教え込むような啓蒙的なスタンスを取るべきでないという主張は、相互研修型を優位におく価値観であるが、この主張は妥当であろうか。教授会の自律性において、むしろFDは実践されるべきで、これは行政パラダイム（トップダウン容認）に属する。「相互啓蒙型」がむしろ実践的ではないか。

　FD活動は自律的な教育実践者どうしが協働することでなければならない、という主張は大学教員がすべて自律しているという仮説から主張されている。しかし、現実は自律性が疑わしいことから問題が発生しているのだ。田中の論考における第Ⅲ象限から第Ⅰ象限に向かう価値指向が、現実のFDを無効にする原因になっているのではないかとすら思われる。

　相互研修型の非効率性に対する対策は、授業参観プロジェクトのように、やる気のある側が（待つのではなく）こちらから出向いていくことである、ということは、これは、まさに啓蒙型である。そこで次のような主張がされている。「ボトムアップ型FDと関係者を一網打尽にするようなトップダウン型FDとを併用することである」（と述べている）。したがって、同一線上のベクトルをどちらの端点を始点とみるか終点と見るか、というダイナミックスが生ずる。

　先の二つのパラダイムは、必ずしも対抗するものではない。同様に、実践軸も線形に（下から上に）認識すべきではなく、むしろスパイラル状に受け止める発想が必要である。このように把握される事態を「相互啓蒙型」と名づけよう。組織軸についても同様に、同軸を線形ではなくスパイラル状に捉えて、「自己制度型」と表現されるFDのダイナミックスを発想することが求められる。

7 大学大衆化の趨勢に伴う問題

　イギリス・アメリカでは、エリート段階からマス段階への移行にともない、FDが提唱された（以下、馬越徹1982）。イギリスでは、高等教育の量的拡大政策を提言したロビンス報告（1963）は教育内容・方法の改善について提言し、引き続き「大学教授法」と題するヘイル報告（1964）が公表された（ヘイルの委員会は「大学補助金委員会（UGC）の下に設置された」）。これを受けて、各大学に高等教育研究センター等が次々に設置され、大学教育に関する研究開発の活動が開始された。その成果を踏まえて「新任教員の試補制度（probation）に関する協定（1974）が大学教員組合（AUT）と大学当局者連盟（UAP）との間で締結され、自主的な大学の制度としての新任教員研修、すなわちStaff Development（SD）が始まった。

　これにより試補期間中の新任教員に対する教育が公的なものとなった。そして、1973年には大学教員訓練調整委員会（Coordinating Committee for the Training of University Teachers, CCTUT）という全国組織が結成され、スタッフ・デベロップメント活動が全英的規模で調整されることになった。この委員会は大学学長会議（CVCP）、UGC、AUTの三機関の代表により構成されており、大学教員の訓練に関する情報の収集と普及、地域レベルおよび全国レベルでのコースの開設要望に関する調査と奨励、などを主な業務としている。

　すなわち、FDは大学のユニバーサル化への対応であった。そのことは、とりもなおさずユニバーサル化する大学における大学的なものの復権を期待する営みである。そして、欧米におけるFDプログラムが、このような必要に応じて、いわゆるトップダウンに行われたが、そこで注目すべきは、それが行政による教員へのサービスとして実行されていることである。そして、英国においては「初任研修」の義務化を、大学教員組合と大学経営者連盟が協定して実行している。この事例に、前述した二つのパラダイムを矛盾相克としない論理の働きを認識することができる。その論理がユニバーサル化大学における「学生の学習支援」に他ならない。この論理に基づき、二つのパラダイムは総合され、二つの認識軸をスパイラル状に受け止めることが可能になろう。ここでは両型を矛盾・排斥するものとしては認識していない。田中がいうダイナミックスが「相互啓蒙型」によって表現されている。このよ

うな事態は、イギリスにおけるFDの組織化が教員組合と大学行政連合の協定に基づいていることに、象徴されている。

　日本の大学におけるFDのダイナミックスの混乱を解くには、行政サイドのFDプログラムを徹底して大学教員へのサービスと位置づけることである。大学設置基準で、FDが義務化されたが、そのようなFD義務条項の充足を、行政サイドから大学教員へのサービスの充足と受け止めることで、不必要な相克が解消される。

8　教育の質を問う

　なぜFDであるか。FDは大学の論理であると述べた。大学の論理とは、大学が大学である在り様のことである。大学の営みの中核は教育である。教授会・教員の責任は教育の質の担保である。自律性とは、教育の質の担保責任を自らの意思で担うことである。FDはそのためのものである。Facultyの自律性に基づくFDが教育の質を担保する。教育の質を担保する自己責任の営みとしてFDを位置づけるのである。教授会自治の本義はここある。大学教員の自律性が犯されては、大学の論理は成り立たない。FDが大学教員の自律性に託されていることを軽視してはならない。にもかかわらず、現実には、大学教員の自律性は仮説である。この仮説が公理として大学教員の間で共通に認識されるまでは、FDは大学教員の自律性に期待することはできない。そこに行政レベルのパラダイムと自律性のパラダイムの力学的関係は継続する。これを正当に機能させるための方策として、行政パラダイムのもとでのFDはサービスに徹底することを提唱する。サービスを受けるか否かは教員が自律的に決めることである。こうして二つのパラダイムの相克を統合する契機が生まれる。行政と教授会はFDについて協定を定める。そして、FD委員会を教授会の常置委員会として位置づけることが、FDのダイナミックスの第一歩である。

　一般的FDはサービス（行政主導）として行うのに対して、専門 (Disciplines) に関わる教育能力開発（専門FD）は、教員の自律性に基づかざるを得ない。専門FDの自律性支援策として、専門FD実践に対して、評価と報償制度を開発することも、自律性が仮説である限り必要なことである。これは行政の責

任であり、制度化すべきことである。

9　学士課程教育の目標設定とFD

　FDが進展しない理由の一つは、日本の大学教員がFDを必要としてないということではないか。ではなぜFDが大学教員のニーズにならないか。考えてみれば、FDとは教育改善の手段である。何を改善するか、という目標がないところで、手段の実行を要求しても意味がない。そう考えれば、教育についての達成目標の要求がないことが問題なのである。教育の内容の議論があって、目標が立てられ、それを達成するための手段が必要になる。この順序が逆転していることが、問題である。すなわち、「具体的目標設定」がないことが問題なのである。言うまでもなく、ここで問題にしていることは、個々の教員の目標設定ではない。大学という組織体の教育目標設定があいまいなことが問題なのである（参照：岡本薫2006）。

　したがって、FD活動の中核は、「大学教育の目標設定」でなければならない。ここから、FDのダイナミックスは、FD実施組織の問題から、大学教育内容の次元に質的飛躍を求めることになる。FDのダイナミックスは、政治力学（パラダイム論）を超えて、大学の質（大学の本質的営み）に関わる命題として発想されるべきである。

　現代における日本の大学教育の目標は、「学士課程」ということになる。したがって、「学士課程」の内容こそが問われなければならない。学士課程の中核は「一般教育」である。したがって、FDの戦略として、「一般教育の目標を再構築する」ことを焦点にすれば、その一点から日本の大学教育問題は一網打尽に展開される。それで初めてFDの登場の必然性が認識されるのである。

〔参考・引用文献〕

堀地武1997「大学教育改革に関する二つのパラダイム」一般教育学会編『大学教育研究の課題』玉川大学出版部、283-288頁
一般教育学会編1997『大学教育研究の課題』玉川大学出版部
京都大学高等教育研究開発推進センター編2003『大学教育学』培風館
岡本薫2006『日本を滅ばす教育論議』講談現代新書

関正夫1995『21世紀の大学像』玉川大学出版部
杉原真晃2006「FDの第一次調査以降の調査報告」京都大学高等教育研究開発推進センターFD研究会2006年10月7日
田中毎実2003「ファカルティ・デベロップメント論——大学教育主体の相互研修」京都大学高等教育研究開発推進センター編2003『大学教育学』培風館
馬越徹1982「諸外国における大学教授法の研究と実践」『大学教授法入門』玉川大学出版部

2　FDのダイナミックス(2)
「工学的方法と羅生門的対応」

1　基本的視点

　前章において、行政的パラダイムと自律的パラダイムの相克を超克して、新たなFDの地平を開拓することを提唱し、その契機となる具体策を模索した。その一つは、FD活動においては、行政の役割はサービスに徹底し、一方、日常的・専門分野のFDを教員の自律性に委ねることにおいて、パラダイムの相克を現実的に解決するということである。その根底にある思想は、我々の営みが真に学術的基盤に支えられながら、徹底して学生の学習支援に焦点を置かなければならないということである。学生の学習支援の論理において、すべての相克は克服されなければならないのである。
　さて、ここに新たに提起されたパラダイムの相克についても、私の立場は変わらない。すなわち、工学的・経営学的モデル（以下「工学的モデル」）と「羅生門的モデル」との相克を「学生の学習支援」の視点で総合することが、本稿の論旨である。以下、引用は論考A（安岡高志2008）と論考B（田中毎実2008）である。

2　工学的方法

　論考Aの要旨を、論考Bは以下のように引用している。「2001年の大学設置基準の大綱化では、教育課程の枠組みを自由化する代わりに、教育の質を保証する制度として、自己点検・評価が導入された。つまり、自由を得た代わりに自己責任が生じ、自己点検・評価を機能させることができるかどうかが組織の発展を左右するようになった。自己点検・評価は、目的を達成するための手段である。今後の大学改革では、自己点検・評価が基本であり、この自己点検・評価に実効性を期待するなら、Plan-Do-SeeのPlanに関連して、ぜひ設定されるべきものがある。具体的達成目標、日常の行動目標について

の共通認識、達成を測定する評価指標、評価基準である。具体的目標の達成のために、共通認識をもって、評価指標と評価基準を目印に、努力がなされなければならない。組織が目標を達成したければ、達成目標の共有化、行動目標の共有化など、共通認識を浸透させるためにこそFD活動が求められる。つまり、このような共通認識と協調性を涵養することこそが、FDである。FDは達成目標にたいする共通認識を醸造し浸透させる手段である」。

3 問題提起

　論考Aに対して、論考Bは次のように問題点を提起している。「大学教育の領域では、1990年代以降、『目標を明確に設定する』とか『PDCAサイクルを回す』といった常套句をともなう『工学的経営学的』(以下、「工学的」)モデルが力をもち、他の一切のモデルを駆逐しつつあるかのようにみえる。このモデルの可能性と限界をきちんと論ずることなくしては、新たな（FDの）モデル設定は不可能である」。

　確かに、過度に工学的方法を用いることは、大学の営みを破壊しかねない。その傾向は、特に国立大学における中期目標に関わる評価活動に表れている。すなわち、各国立大学は中期目標を数値化するよう強制されている、と言われている。すなわち、測定可能な評価目標を立て、その達成度で大学の営みを評価し、資源配分に結びつけようとしている（参照：大学評価学会2005）。大学の営みを、基準を定めて評価できるのかという問いである。このようなことは大学の営みの本質を損なうという大学教員の抵抗感覚は、外部者には理解し難い。大学の営みは数値化できないところにある、という主張を大学教員の自己陶酔にとどめておいてはならない。

　したがって、そういう事態を前にしては、論考Bの意見に共鳴せざるを得ない。しかし、ユニバーサル化した大学において、工学的方法が一定の有効性を持つことは否定できない。問題は、それがすべてであるかのような対応である。さらに、日本の大学教育においては、工学的アプローチすら実践されていないのではないかと推測される。FDに対する大学教員の熱意が感じられないことは、逆に工学的アプローチすら実践されていないことのしるしである。現実は、多くの教員が恣意的に自分の良しとする方法で「講義」の

みをしている場合が多い。日本の大学教員は、講義法以外に授業の方法を知らないようにも見える。このような現実において、「工学的方法」を全面否定することは適切とは言い難い。問題は、論考Aの主張する評価に基づく授業改善ということが、上記の悪しき工学的方法による評価制度と同質のものであるかどうかということである。論考Aの実践の詳細を見なければ、一方的にそれを工学的方法として批判することはできない。

4 「工学的方法」の本質

「『工学的方法』では、まず一般的目標が立てられ、それがより具体的な特殊目標に分節化される。この測定可能な特殊目標が『行動目標（behavioral objective）』である。この目標を実現するために教材が作成され、それを用いて教授学習活動が展開される。最後にこの目標の達成を『行動目標』に照らして学習者たちの行動によって評価し、その結果をもとにカリキュラム評価がなされる」(論考B)。

この言説に含まれている意図は、世界は分節化されたものの総体ではない、という批判的視点である。大学の営みは、分節化されてはならないのだというのである。目標を設定することにおいて、それ以外のことがすべて捨象されてしまう危険の指摘である。この考え方は、科学批判の論法と重なっている。科学批判の興隆にもかかわらず、科学は厳然と存在し、それを全面否定することは現実にできない。にもかかわらずそれは批判されなければならない。我々の現実は、肯定と否定を丸呑みにしている。同様に、工学的方法の肯定と否定のダイナミックスの相を受け止めなければならない。

5 工学的方法への批判

工学的方法について論考Bはさらに次のような問題提起をしている。
「工学的モデルの対象化的操作的アプローチは、そもそも現場の教員たちと内的に連携しうるのか。他方で、これへの対抗的アプローチは、すっきりとした理解可能なモデルを構築しうるのか」。

ここで「内的に連携しうるのか」という問いは、理解が困難であるが、察するところ、工学的アプローチに対する大学教員の抵抗感覚を言うのであろ

う。大学の営みを、当初から限定することへの抵抗感覚である。大学の営みは自由でなければならないからである。ここで注意しなければならないことは、大学の営みは、大学における教育活動を超えることである。教育活動が大学の営みのすべてではない。そこで、論考Bは次のように言う。

「教育改善はどんな場合にでも、PDCAサイクルを回転させることによって達成されると、みなすこともできる。しかしPDCAサイクルは、教員（たち）が混沌とした教育現実のさなかで自分（たち）を賭けて教育現実を構成する複雑で錯綜した生きた日常的活動からの、粗雑な二次的抽象物であるにすぎない。FDの工学的モデルは、この抽象物をこそむしろリアルとみなし、混沌とした生きた現実をあたかも死んだモノでもあるかのようにとらえて、このモノとしての現実を外から操作しようとする」。

論考Bの上の主張は、科学的方法の限界の指摘に類似している（後述参照）。「粗雑な二次的抽象物」を否定する論考Bの真理感覚がここで表出している。しかし、工学的方法を全面否定することは、人間の合理的行動をすべて否定することに重なる。論考Bの批判は諸刃の剣である。

6 工学的方法の手続き論の欠如

論考Bは論考Aを批判する。「論考AのFD論は、典型的な工学的モデルであるが、ここには、工学的アプローチ本来の〈FD全過程をシステム化するための（目的の目標への分化などの）手続き論〉が全面的に欠けている。しかし、このように理論的に未整備であるがゆえにこそかえって、ここには、『リーダー』なるものが、教員の現実構成をPDCAサイクルのうちに封じ込め、混沌とした生きた現実をあたかも死んだモノでもあるかのように物象化し外から操作したりすることなどが、はっきりと示されている」。

論考Bは論考AがFD全過程をシステム化するための（目的の目標への分化などの）手続き論を全面的に欠いている、と断定しているが、論考Aはこの点には言及していないだけであって、手続き論の欠如と断定はできない。その虚をついて行政がコントロールする、そういう隙を与えるということへの批判であろう。しかし、このことは工学的方法の直接の問題ではない。行政の関与を極度に否定する思想が先行している論ではないか。

7　経営の論理と工学的方法

　さらに、論考Bは、上述に関連して次のように主張する。

　「我が国の高等教育機関はこの間、危機に対処するために、『経営と研究と教育』とを分離しつつある。その結果、大学内で経営や組織運営が大きな力となり、外形的成果や効率を重視する経営の論理が、研究や教育をも強く規定してきている。工学的方法がその傾向を増幅している、ともいえる」。しかし、この論も工学的方法への直接の批判ではない。

　「今日の大学の成員はすべて、経営の論理や官僚制的な組織の論理と無縁であることはできない。こうして、単純に『行政主導的モデル』に『自律的モデル』を対置する第一次調査の発想は、状況の側から乗り越えられた」と論考Bは言うが、乗り越えられた、のではなく、対置が意味を持たなくなったと解すべきではないか。

　「今日の私たちにとって問題であるのは、私たち自身が自発的自律的に行政主導的モデルに同調し追随していることにこそある」。無自覚的に追従という論考Bの批判は、「行政主導的モデル」と「自律的モデル」をむしろ統合しようという絹川の論への一定の批判を含んでいる。しかし、教員が無自覚であることは、工学的方法それ自体の問題ではない。教員の主体性の問題だから、教員の在り方により回避できることがらである。工学的方法が悪いのではない。

　「大学教員の行政主導的モデルへの自発的同調のありようを典型的に示しているのが、『FDの工学的モデル』である」。「私たちは、この工学的経営学的モデルときちんと向き合うことによって、その擬似自律性（自発的同調）を脱し、大学教員が相互に自律的に研修しあう場を作り出さなければならない」。これは相互研修型への回帰の主張で、行政主導の否定、すなわち、絹川への批判でもある。「FDの工学的モデル」の推進は、大学教員の行政主導的モデルへの自発的同調を補強していると論考Bは言うのである。しかし、そうは言い切れない。今日の大学の成員はすべて、経営の論理や官僚制的な組織の論理と無縁であることはできない。そして「FDの工学的モデル」を全面否定することも現実的でない。むしろ、このような状況を止揚するダイナミズムをこそ創造すべきなのではないか。

8 「羅生門的アプローチ」と「工学的アプローチ」

　そこで、論考Bは「工学的アプローチ」に対峙させて「羅生門的アプローチ」を提示する。「教育学ではかつて『工学的アプローチ』という用語が、『羅生門的アプローチ』という用語に対抗させられる仕方で、用いられた」（注：それは初等教育の議論においてであって、大学教育の空間において議論されたことではない）。

　「『羅生門的アプローチ』においても、もちろん一般的目標はたてられるが、それを特殊目標に分節化することはなされない。一般的目標を十分に理解した『専門家としての教員』が『創造的な教授活動』を展開するのであり、この教授活動によって学習者に何が引き起こされたか、そのすべての結果が、できる限り多様な視点から、できる限り詳しく叙述される」。この記述は、先の一般的目標に関わる側面の記述に限定されない、という点が重要である。次に、「その記述にもとづいて、一般的目標がどこまで実現されたかの判断が下され、カリキュラム開発へのフィードバックが行われる」。

　ここで、工学的方法への批判は、「一般的目標にかかわる側面の記述に限定される」という点である。確かに、工学的方法は、目標を限定するが、その目標は常に評価の対象として、批判的に設定することを拒否するものではない。また、「創造的な教授活動」ができることが、羅生門的方法の前提であるが、そのことは工学的方法においても求められることである。大学教員の大衆化の現実においては、「創造的な教授活動」に向けてのFDが必須であると言うべきであろう。したがって、この点においては、工学的方法は羅生門的方法と対立するものではない。「羅生門的アプローチ」は論考Bの筆者の「授業参観実践」の思想的根拠であろう。「こうして、羅生門的アプローチが総合的であるのに対して、工学的アプローチは分析的である」というが、羅生門的アプローチと工学的アプローチが背反するのではない。

　「FDについても、〈意図的な計画、それに基づく目標分析、研修内容配列による合理的で分析的な組織化〉（工学的モデル）と、〈目標にとらわれず即興を重視する（つまりむしろ目標からはみ出す部分に着目して研修の多面的な展開を活性化しようとする）総合的な組織化〉（羅生門的モデル）との差異を際だたせることができる」。この言説の妥当性は、学問の性格によって異なる。しいて

言えば、「羅生門的方法」は人文学に適応する方法で、「工学的方法」は理工系分野に適合する。しかし、両者を裁断することはできない。むしろ両者を互いに補完的に用いることが必要である。

さらに論考Bは次のように結論づける。

「問題は、PDCAサイクルの〈混沌とした実践的現実から生成しそれへ再び返される〉という本来のありようが忘れ去られ、外在的物象化的操作が持ち込まれることによって、教員集団の〈教育現実にコミットし自分たちを変えつつ現実を変えようとする日常的実践のありよう〉が窒息させられかねないことにある」。

「しかし、工学的モデルもまた、他のモデルと同様に、教育現実のさなかから、切実な必要性に即して、生み出されてきた。このモデルもまた、混沌とした教育現実をコントロール可能なものにするために教育現実の中から生み出された現実構成原理の一つなのである。このモデルの現実性、有用性は、確実に存在する」と論考Bは「工学的方法」に一定の評価を与えている。

それでは、工学的経営学的モデルの欠陥、すなわちその物象化や操作性を克服する方途はあるのか、と論考Bは問う。

9　工学的モデルの教育的日常性への「ずらし」とその生成性の回復へ

「工学的モデルの欠陥を克服するためには、何らかの対抗モデルを対置すべきだろうか。先には、〈意図的な計画、それに基づく目標分析、研修内容配列による合理的で分析的な組織化〉と〈目標にとらわれず即興を重視する（つまりむしろ目標からはみ出す部分に着目して研修の多面的展開を活性化しようとする）総合的な組織化〉とを対置した。しかし対置の形は、これだけには限られない。工学的モデルへの対抗モデルには、例えば自律型、羅生門型、相互研修型などがあり得る。しかしこの三つは、工学的モデルの持つ三つの局面に対抗して編み出される三つの文脈、

　　・自律型モデルの場合は工学的モデルの官僚制的組織論理という面への対抗という文脈、
　　・羅生門型モデルの場合は工学的アプローチという面への対抗という文脈、

・相互研修型モデルの場合はトップダウンの啓蒙的組織化という面への対抗という文脈

に対応して、それぞれに描かれるのである」。

　工学的モデルへの対抗モデルには、例えば自律型、羅生門型、相互研修型などがあり得る、とするが、自律型、羅生門型、相互研修型は工学的モデルに対抗するものではない。「対抗モデルは、工学的経営学的モデルのもつ多種多様な面それぞれに対抗して、多種多様に描かれる。対抗モデルを一つの類型として描くことはできない。しかも、工学的経営学的モデルのもつ現実性を考慮するなら、ここで求められるのは、対抗モデルを拵えることではない。ここで必要なのは、大学教育の現実のさなかから繰り返し生み出されては惰性化する工学的モデルを、それが生い立ってきた日常性における集団的生成に向けて何度もずらしては何度も活性化させることである。問題は、工学的モデルへ向かう趨勢が強すぎて、この〈ずらし〉が窒息させられることにある」、と工学的アプローチが優位になることを批判している。しかし、論考Bも「工学的アプローチ」と「羅生門的アプローチ」を対立させているのではない。

　「昨年来の大学院設置基準及び大学設置基準の改正により、『授業及び研究指導の内容及び方法の改善を図るための組織的な研修及び研究を実施するものとする』という形で、FDが義務化された。この『組織的な』と言う言葉は、教員集団がすでに達成しつつある教育改善の努力を意識的自覚的に補充したり展開させたりする活動を形容するのでなければならない。この『組織的な』が、教員集団の日常的営みと無関係にもちこまれる（講演や学生による授業評価や授業公開や合宿研修と言ったいわば「定食メニュー」としての）イベントを指示するとすれば、このイベント型研修は、教員集団の日常性にとっては（工学的モデルのそれのように）ただただ外在的・操作的・物象化的であり、教員集団にとってはたんなる負担であり、徒労感疲労感をもたらすものでしかありえない」。しかし、教員集団の日常性こそが問題である。それを打破することがFDである。「組織化」を論考Bは、啓蒙型の実践と考えているが、設置基準における「組織化」は、むしろ「共同的」に読み替えられるべきである。

「ここで求められるのは、FDの工学的経営学的モデルを教員集団の日常性に向けて繰り返し〈ずらす〉ことである。

〈ずらし〉とは、次のことを意味する。

・日常性の物象化的操作に対して日常性の豊かさの重視へ、
・研修の客体としての教員への不信ではなく研修の主体としての教員への信頼へ、
・教員集団の研修における外的目的への従属ではなく主体的現実構成の重視へ、
・啓蒙的外在的専門性に対してディレッタンティズム（素人の相互性）の重視へ、
・教員としての未成熟の補完という苦役ではなくよろこびに満ちた自己実現の重視へ、
・操作的に拵えられた研修に対して自主的で偶発性に満ちた相互研修の重視へ。

このような〈ずらし〉によって、FDの工学的経営学的モデルは、繰り返し、教員集団の自己組織化を強く助成する力へと、変身しなければならないのである」。以上は、教員の自律性の具体相を示していて、異論はない。「ずらし」に期待される効果は、至極当然なことである。「日常性の物象化的操作」と「操作的に拵えられた研修」という批判的コメントを除けば、「ずらし」の視点は工学的アプローチにおいても肯定されるべき内容である。したがって、これらの批判的コメントも直接に工学的アプローチを批判するものではなく、主体である教員の精神的課題とも言うべきことである。問題は、「ずらし」の実践がいかに行われるか、「ずらし」の実践内容である。

「ずらし」によって、工学的アプローチに対するメタ的視点が用意され、相対化の契機が生まれることが期待される。したがって、工学的方法と羅生門的方法は、互いに拒否し合うものではなく、相補的な関係に位置づけられるものである。両者の間のダイナミックスが問われるのである。「ずらし」の実践こそがFDの内容になるのである。

10　ホーリスティックな視点

　「羅生門的方法」にメタ的視点を定める時、工学的方法の核心的問題は、目標の分節化である。このことは科学批判におけるホーリスティックな立場のアナロジーである。すなわち、羅生門的方法はホーリスティックな方法に対応し、その視点で批判の対象になる科学は、「羅生門的方法」に対置する「工学的方法」である。

　ここに「ホーリスティック」であるということがどのように用いられているかを簡単に言うと次のように言える。

　「環境問題の解決においては、もはやホーリスティックな方法しかないであろう。ホーリスティックな態度とは、すなわち、『情報』を予断を排して正確に受け入れ、問題の解決のためには、素直な方法をとることであろう。現在、多くの人々が環境問題の重要性、解決することの必要性を感じている。その期待に応えるためには、『環境情報』を反省概念として広く深く捉えることであろう。そして、個人の意思をもって行動することであろう」（仲上健一、立命館）。

　一時、科学批判の方法として「ホーリスティック」が、圧倒的支持を得たことがあった。しかし、その結果、科学に影響があったかといえば、ほとんどなかったと言わざるを得ない。我々のFD論においても、「羅生門的方法」が「工学的方法」を駆逐する可能性があるかといえば、それはなかろう。我々は、あれかこれかの二項択一ではなく、両者のダイナミックスを実現させることではなかろうか。いずれか一方を絶対化することは誤りである。いずれにも限界がある。

11　合理と非合理

　工学的方法の問題点は、目標を分節化し測定可能にすることにある。羅生門的方法では、分節化しないで総合的に対応するという。しかし、羅生門的方法は、学習者に学習内容を丸投げにする危険がある。学習者ごとに学習内容は放置され、異なる可能性がある（羅生門的といういわれは、一つの事実の認識が観察者に委ねられ、唯一の正解はなく、バラバラである、という特性を強調しているのではないか）。

論考Bは工学的方法の問題性を合理のうちで問いただそうとしている。しかし、問題は合理のうちで論ずる問題ではなく、その根をたどれば、工学的方法への本能的忌避感である。この感覚は合理的ではない。むしろ非合理的感覚である。この非合理的感覚を、論考Bは合理の世界に持込み、アンビバレントになっている。しかし、非合理的感覚で合理主義者を説得することは不可能である。逆に、合理的世界で非合理主義を問題にすることも無意味である。私たちは、（非合理主義者の納得するところではなくても）現実的解決を図らざるを得ない。

　「工学」はそもそも学問（Wissenschaft）の範疇に入っていなかった。このことが工学的方法に対する忌避感覚の根源である。テクネーに対するパイデイアの対比である。Wissenschaftの探求に身を置くものにとって、工学的方法は受け入れ難い。しかし、現実のユニバーサル化した大学問題はWissenschaftの視点のみでは論じられない。

　「工経的モデル」の限界を乗り越えるFDの地平の展望の鍵になることは、「実践のコミュニティ（Community of practice）」の形成である。そのヒントは、我々の探求の過程でその重要性を認識した「日常的FD」（日常性に埋もれたFD）活動への注目である。日常性に埋もれたFDという場面の本質こそは、「実践のコミュニティ」の形成に他ならない。この視点において、上記の新たなる相克の克服を試みたい。

　合理のみでは人は納得しない。それゆえ「実践のコミュニティ」が不可欠なのである。論考Aが「共通認識の形成がFDの営みである」と言っていることの意味がここにある。論考Aに従っていえば、FDとは「実践のコミュニティ」の形成である。ここで問われることは、実践の内容である。

　工学的方法は、合理的方法である。しかし、教育という営みは、人間の営みの全体が関わることで、合理的にすべてを解決することはできない。工学的方法によって脱落する部分にいかに対応するかが問題であって、工学的・合理的方法を全面的に否定することは、まさに合理的でない。事実、論考Bも工学的方法を全面否定しているわけではない。工学的方法の有効性を認めつつ、その限界もまた視野に入れることが、現実の課題になる。

　工学的方法の限界は、事柄を限定して、その限りにおいて問題解決を図る

ということである。限定を忌避する思考は、制度によって保証されるものではなく、営為者の営みにおいて表出するものである。

　教員は大学という学校制度の制約の中にある。大学における本質的営み（大学を大学たらしめている営み）は、その営み自体が矛盾をはらんでいる。その営みが矛盾構造を含んでいることを自覚することがFDの営みである。その意味で、論考Aと対決すること自体がFDであると言える。

　大学は伝統的ディシプリン教育のみを前提にするわけにはいかない現実がある。すなわち、大学教育の領域が、認知的（cognitive）な領域から情緒的（affective）な領域に拡大している。工学的発想も羅生門的発想も、この現実に対応できないのではないか。

12　まとめ

　以上のことを単純化して、段階的に述べておく。
〔レベル１〕
　工学的方法は、授業法を考えない多数の大学教員が存在しているという現実の状況のもとで、啓蒙的機能を持つ。
〔レベル２〕
　羅生門的方法は、工学的方法に対する啓蒙の機能を持つ。すなわち、工学的方法の限界を見定めるメタ的視点を与える。
〔レベル３〕
　工学的方法が絶対悪なのではない。現実の大学生の状況に対しては、工学的アプローチが有効性を持つ。しかし、大学における知的営みは、それを超えるという視点を用意するのが羅生門的方法である。両者は対立するのではなく相補的である。
〔レベル４〕
　大学は学校である。大学の発生の時代には、まさに大学は学校であった。それがWissenshaftの営みの場に止揚されることにおいて学校の域を超える。しかし、現実の大学は学校である。Wissenshaftに完全に立とうとするとき、大学は現実態としては否定される。Wissenshaftの営みが貫徹されることにおいて大学はそれ自体が否定される。すなわち、学校であることが拒否される。

現実の学校である大学においては、Wissenshaftは大学における営為者の信条として位置づけられる。この視点からは、羅生門的方法は、Wissenshaftの営為者の現実の大学における営みに対する精神的態度である。

〔引用文献〕
大学評価学会2005『21世紀の教育・研究と大学評価』晃洋書房
絹川正吉2007「FDのダイナミックス」『大学教育学会誌』29-1
田中毎実2008「FDの工学的経営学的モデルとその生成性の回復のために」『大学教育学会誌』30-1
安岡高志2008「目標達成のためのFDの在り方について」『大学教育学会誌』30-1

3　FDのダイナミックス(3)「今後の課題」

1　はじめに——「自律性の担保としての大学教育研究」

　これまで「FDのダイナミックス」のテーマのもとに研究をしてきた。この間の主要な論点は、行政的取組と自立的取組という対立軸に関することが中心であった。そして、トップダウンとボトムアップの葛藤は無意味ではない、ということを論じてきた。葛藤があることがFDを展開するエネルギーになる。また、自律性は現実として、恣意的と紙一重であり、制度化は、恣意的になることをチェックする機能が期待されるのである。
　一般教育学会は、1987年に「Faculty Developmentに関するアンケート調査」を行った。それについては、前に論じた（絹川2007, 2008a）。この調査に引き続き、同学会は「FD関連活動に関する実態調査」を行い、前回の調査と併せて総括を行っている（一般教育学会1988、以下「FD報告書」として引用）。その総括においては、「自律性の担保としての大学教育研究」の重要性が主張されていた。すなわち、「大学教員研修や大学評価は、大学教育研究と結びつかない場合、どうしても行政的・権力関係的な意味合いが強くなるため、学問の自由・大学の自治の観点から容認しにくいものとなる。そうした事情が背景にあって、わが国の場合、大学改革の方途として、FDを取り入れるとしても広義のFD概念を用い、特に大学教育研究を重要視する方向に向かわざるをえないとみてよい」と述べている。すなわち、自律的FDを担保するものとして、「大学教育等研究」が意義づけられている。「大学教育等研究」であれば、その成果は研究を重視する大学教員ならば、当然にも受容する、という前提に基づく主張であろう。
　以上の考えによれば、大学教育研究が大学（教員）のFD活動に関する自律性を担保することになる。しかし、この見解は正当であろうか。現実には、大学教育に関する研究センターが多くの大学でその後設置されたが、それに

よりFD活動が教員の自律的なものとして大きく発展したとはいえないのではないか。そこでは大学教育研究が自己目的的になる傾向があり、大学自治の問題とは無関係になっている。

この難問を克服する方法が、「FDの日常性」の重視、という我々の調査に基づく見解である。制度的・トップダウンのFD活動を、それぞれの教員の日常的教育関連活動のレベルに引き戻すことである。大学教育研究がFDの自律性を担保するためには、日々の授業活動のレベルに出発点を置くことである。すなわち「FDの日常性」が大学教員の自律性を担保するのである。

2 「FDの日常性」とSoTL

上記引用の「FD報告書」には次のような記述がある。「各大学における改善改革は、当事者が広義のFD活動として展開して成果をあげることができ、また当事者がFD活動としての意図をもたない場合でもFDの観点から検討して効果的なものにすることができる。それらを総称し、当事者の意図の有無にかかわらずFDに関連して意味のある改善改革の活動がFD関連活動である」。この言及は「日常的FD活動」への注目でもある。日常的なものを掘り起こし、顕在化することにより改革は進行する。FDはそういう掘り起こしの営みを重視する方向に再構成することが課題である。大学の自律性は「大学の論理」である。「大学の論理」を支えるものは、ボトム（大学教員の日常）における大学教育研究である、と言うことができよう。

「FDの日常性」は個々の教員の活動として止まっていては、FD活動としては不十分である。絹川正吉・原一雄（1985）は、次のように述べた。「大学における教育方法等の改善については、各教員が各様の経験を持っている。しかし、それらの多くは各人の内的経験にとどまり勝ちであって、共有の認識にまで発展しない傾向がある。そのような状況では、教授法の改善を評価することは困難である。積極的に教授法の改善を評価するためには、関係教員が相互に討論できる場を設け、経験を公開させる必要がある」。すなわち「FDの日常性」の経験を互いにシェアーすることにより、公的な空間に持ち出す必要がある。教育経験を記録し、公開し、相互に評価する、というシステムを創れ、という主張である。このことはFDの実践のコミュニティの

形成を意図することである。FDはコミュニティとして展開する。「教授団」の強調は実践のコミュニティ形成として捉え直すべきである。そして、FDコミュニティには階層があることに注意する。最下層のFDは日常性に密着した層で、FDコミュニティの最も重要な部分になるのである。

このような考え方は、最近、アメリカにおいて広がりを見せている「教育・学習の学識（運動）(Scholarship of Teaching and Learning, SoTL)」と重なっている（絹川2008b）。

SoTLの実践は、クラスルーム・リサーチ（評価）や証拠を収集するような実践をもとにする教育活動である。学識的教育の第一歩は、クラスルームで直面する個別テーマから始まる。例えば、初めての大クラスでの授業とか、新しい教育戦略の導入とか、困難な問題の処理とか、そのような教育上の問題に応じて、学識的教育者は、教授法の文献を読み、文献の範囲をだんだんに広げていく。それはちょうど自分の専門分野の研究を始める時と同じである。通常の研究成果は学会で発表される。同じように、学識的教育成果は公表されることにおいて、その学識性の属性が充たされる。

SoTL活動の要点を段階的に記述すれば次のようになる（絹川正吉2015）。

①学修（学習）目標を明確化する。

②学生にディシプリンへの関心・魅力を持たせる方法を、関連文献等により探求する。

③学生の学修（学習）経験と学修（学習）成果を観察し評価する方法を考える。

④学修（学習）経験について学生の自己評価を求め、学生の学修（学習）を観察し、記録して、理解が困難な要因を探り、何が知られるべきかを査定して、学修（学習）目標を恒常的に評価する。

⑤学修成果を観察し評価するために、学生の経験と期待についての情報を一般化して記録する。評価手段、学生の要約ノート、同僚教員・同一学問分野の教員からのフィードバックを組織的に記録する：学生はLearning Portfolioを、教員はTeaching Portfolioを作成する。

⑥以上の実践を省察して論文にまとめて発表する。これによりデパートメント文化に影響を与える。

「FDの日常性」は、SoTLの実践において公的にされる。別言すれば、FDの実践のコミュニティを形成するのである。このことにより、FDにおける大学教員の自律性が担保されるのである。「大学教育研究」が自律性を担保するのでなく、SoTLの実践が自律性を担保するのである（絹川2008b）。

3　学生のディベロップメント

　一般教育学会の「FD報告書」における第二のテーマは「改革目標としての学生のディベロップメント」である（一般教育学会1993）。すなわち、「大学教育改革は、目標として、学生の学習活動について受験体制的ないしは法令準拠的な学習情況から自律的システムとしての学習活動への変革、ひいては学生のディベロップメントないし自己教育の実現、さらには学生像や大学風土の変革を期することでなければならない」と述べている。FDは学生を自律的学習主体に導くものでなければならない。このことは、大学教員の自律性に基づくFDという課題のデュアルになっている。

　上の視点から、FDの第一の課題は、学生像の解明（前節のクラスルーム・リサーチもその一部）である。上記の報告では、まず「学生像の破綻情況」についてコメントしている。すなわち、「現代の大学大衆化の現実的情況の中で、『研究と教授』の一体化の原理は空洞化した。したがって、エリート段階の古典的学生像の破綻情況への対処を不問に付したまま、学生の学習の充実やファカルティディベロップメントを説いていることには、問題がある。そこで必要なことは、学生のディベロップメントないし自己教育の気運を醸成することである。学生の自己教育の重視が重要課題になってきた。そのためには、学生の学習活動にも〈Plan-Do-See〉の方法が有効である」とする。すなわち、「そのための改革モデルは、学生の学習活動も、自律的システムとしての基本過程〈Plan-Do-See〉の遂行により改善・発展すべきである」とする。そして、「学力本位の能力（理解力等）ではなく、学習活動において〈Plan-Do-See〉を遂行しうる目的・計画能力、自己評価能力、責任主体性等を含む自律的学習能力の開発・展開を促進する」。そのためには、「自律的学習の条件整備」が不可欠である。「〈Plan-Do-See〉の遂行に資する情報の提供をはじめ、その遂行及び能力開発の支援・保証のため必要な制度慣行その

他条件の整備（ガイドブック、カリキュラムガイダンス、シラバス、オフィス・アワー、指定図書制等々）を進める」。さらに、「自己教育を目指す方法として学生参加を企画する授業（セミナー等）を試みる」ことが主張されている。

そして、「学習活動における〈Plan-Do-See〉モデルの設定による学生の能力開発に連動して、大学当局ないしファカルティの教育活動における〈Plan-Do-See〉の遂行及びその能力開発は不可欠となり、学習活動に反映される教育活動の目的・計画や自己評価が充実改善に向かう」。「自己教育に有効な方途として、『学生による授業評価』がある。学習過程に責任ある主体として学生が自己評価を行うことにより明確な『自己教育』機能を担うものとなる（消費者アンケートであってはならない）」と述べている。そして、「ファカルティの教育活動と学生の学習活動が関連し、自己発展的な学生像・教授像のもと、それぞれのディベロップメントをめざして展開される自律的活動レベルのパラダイムの総合的な展望を開き、そのような新たな『大学の理念』の観点から着実に改善を進めることが期待される」のである。

この論者の主張は、〈Plan-Do-See〉の方法が、学生の自己学習・自律性を導くということである。前稿（絹川2008a）では、〈Plan-Do-See〉に代表される工学的方法は、まさに自律性のアンティテーゼとして位置づけられるという主張を取り上げて、その克服を論じたが、ここでは、むしろ〈Plan-Do-See〉の方法を自律性への方法としていることに注目したい。

以上のことは「工学的方法」それ自体が自律性を損なうのではないことを示唆している。自律的に工学的方法を駆使すべきなのである。もちろん、工学的方法には限界があり、自律性を脅かすような要因がないわけではない。しかし、それも教員の主体性の問題が深く関わっている。「工学的方法」を全面的に避けることはできない。

4　学生の自律的学習を担保する「学生ガイドブック」

さらに注目しておかなければならないのは、第二次調査報告で、「学生ガイドブックの改善」を重要視していることである。それは「学生ガイドブック」が自律的学習の条件整備の中心とされているからである。

そのことを「大学カリキュラムの改善の観点」からも論じている。すなわ

ち、「改善の目標は、学生にとって学習価値のあるカリキュラムの構築及び学習価値を高めるための〈Plan-Do-See〉の遂行を含む学習方法の設計、それらを学内共通の理解とすることである。そして、学生が学習の主体として、大学教育及び自らの学習活動の目的・計画を理解し、内容のある価値意識をもって自己評価できるよう、ガイドブックを計画するとともに実現の条件を整備することが重要である」。ここでも「学生の自律的学習」という視点が貫通している。また、ここで「学生ガイドブック」を「学内共通の理解とする」ことと関連づけられていることは重要である。

さらに、「学生ガイドブックは、大学教育及び学生の学習活動の目的・計画など、大学当局ないしファカルティの自己評価及び学生の自己評価のための十分な資料を提供するものでなければならない。学生に目的・計画を理解させ、評価能力を培うことは、学生による授業評価をも一環として大学の自己評価の質を一段と充実させ、学生の満足度を高める方途である」。

そして、学生ガイドブックの受容性を「学問の自由・大学の自治の観点」にまで関係づけている。「学生ガイドブックは、大学の理念・特色や将来的な課題・展望を内容とすることにより、それらを前提とした学生のアイデンティティの形成に寄与し、学問の自由・大学の自治の担い手としての自覚を促すものとなる」。学生のアイデンティティの形成を、「学問の自由・大学の自治の担い手」に根拠づけしている。同報告書は「学生ガイドブック」の内容に直接言及していないが、上述の言及から陰伏的にその内容が示唆されている。現在から見ると、シラバスはその一部になる。すなわち、シラバスはそのような意味において機能すべく記述することが求められるのである。

しかし。現代の大学大衆化の情況の中で、この主張の妥当性が問われる。「報告書」はエリート段階の古典的学生像の破綻を宣言しながら、依然としてエリート段階の古典的学生像を前提にしている。現在におけるFDの焦点は、ユニバーサル化に対応する大学の論理の貫徹である。ユニバーサル化した大学を大学論的に支える営みがFDの焦点である。大学論的なものの復権を目指すFDが求められているのである。

5 FDの実践

　FD研究は、一般論から具体的実践の内容の議論に展開すべきである。特に制度論から実践論にシフトすべきであり、FDの実践内容の議論に入るべきである。そのためには、FDの実践内容を具体的に記述しなければならない。

　FDの具体的実践内容については、第一次アンケート調査で取り上げられていることが、現代でも必要である。ということは、この間、事態は一向に進展していない、ということである。なぜ進展しなかったか、その原因に基づく提案が必要である。さらに、FDの実践における新しい課題は、大学教育の領域の拡大に伴って考えられなければならない。現在におけるFDの新しい実践課題は、教育の情意的領域における大学教員の資質開発である。今や大学教育は認知的領域のみにとどまることは許されない。ユニバーサル化した大学における教育は情意的領域に踏み込まざるを得ない。ここにFDの新しい実践内容が求められる。

　現在は教員の責任の範囲が、学問を中心とする「認知的（コグニティブ）な領域」から、学生の心の問題に関わる「情意的（アフェクティブ）な領域」にまで広がってきている。ユニバーサル化した大学の教員は学生の生活全般に、より深く関わらざるを得なくなっているのである。学業不振の原因を学生と一緒に考えると、「情意的な領域」に入り込まざるを得ない。経済的な問題、家庭の問題、人間関係、恋愛問題など、人生の意味や目標や、大学の日常生活とどう関わっているのかが問題になる。教員は、一人の人間として学生と向き合わざるを得ない。当然、授業の改善を中心としたFDでは対応できない。しかし、日本において「情意的な領域」のFDは手つかずと言ってもよい。

　しかし、「情意的な領域」に対しては、そもそも教員だけでは対応し切れない問題でもある。学生が精神的な問題で悩んだ場合にはカウンセラーと共同で対応しなければならない。そこで、カウンセラーとの有機的な関係を構築することが、新しいFDの領域になってくるであろう。対人関係の持ち方とか、教育的対話力の向上もFDの重要な内容になる。

　しかし、多くの教員はそこまでFDの対象に入れることに違和感を覚える

かもしれない。それでなくても、初年次教育やキャリア支援等が、教員の過大な負荷になっている。教員の本分は研究を中心とする知的な営みであり、授業を通じて学生に知的影響を与えることである。それ以上のことをすべての教員の責任領域とすることは現実的ではない。現実は、「情意的な領域」に関わる教育活動は、教員のボランティアな活動として行われている。教員の間では、物好きな、変わった教員がやっていると思われがちである。そのような貢献は公的には認知されていないから、熱心な教員に負担がかかる仕組みになってしまっている。

　大学教員の職責、責任領域はどこまでなのかをはっきりさせておかなければならない。「教員の仕事の範囲には、そういう学生の「情意的な領域」まで入るのだ」ということは、任用の際の契約条件として、明確化する必要がある。

　「情意的な領域」における職員（スタッフ）の役割はますます重要になる。教員の領域にまで踏み込んで、お互いにクロスする形で一体となって対処せざるを得ない。

　ただし、「情意的な領域」に関わる職員は学生支援の専門職、アカデミック・スタッフとして、新たに位置づけ直す必要がある。学生の生活全般に教育的に関われる専門的人材、教員としても関われる教職員の中間的な職域・職能を持ったスタッフを制度として認知することが求められている。そういう専門職の養成もFDやSDの内容になってくる。こうした領域の仕事を背景に、教育支援の専門家が育成され、学会に類似した実践のコミュニティを作って、日常的に自分たちの経験をシェアーし、研究の成果を分かち合う場を作ることが重要である。そういうコミュニティの形成に、大学教育学会の新しい役割が期待される。

6　専門分野別評価とFD

　さらに、FDの実践は、個別ディシプリンに密着して展開する場面をもっと強調すべきである。このことは「FDの日常性」の命題に関わっている。

　最近、大学教育の国際的通用性、信頼性を確保するため、大学教育の質の保証、そして、大学教育のアウトカムのグローバル化という視点から、専門

分野別評価が注目されるようになってきた。大学教育の内容・質の世界的規模での同定・質保証、国際的通用性が求められているのである。大学教育はそういう質評価に耐えられるものであることが要請されている。大学のユニバーサル化現象が、そういう要求を加速している。それにどう答えるかは、大学教員の責任である。この質保証という視点から、FDも展開されなければならない。

これまで、FD活動の内容は、大学教育における普遍的・一般的ことがらに限定されてきた嫌いがある。しかし、FDの日常性の現場は、ディシプリンを基盤にする教育と不可分である。そこでは、一般的教授法のFDのみでは、限界がある。教員の日常的活動に密着したFDの展開を図らなければならない。

日常的FDということは、日々の授業の振り返り（リフレクション）に結びついたFDや、カリキュラム論議に関わるFDとして、まずは捉えられる。しかし、日常的FDということについては、さらに深い意味がある。それは、前述の日常的FD理解を否定することではなく、それを肯定しながら、別の視点から考えるということである。自律的FDは教員の論理からスタートする。ボトムにある（後述のFDダイナミックスの構図では、トップにある）教員の日常性とは、ディシプリンに関わる営為を中核としているから、日常性の論理はディシプリンの論理になる。その意味では、日常的FDと専門的FDは、ボトムの教員にとっては一体的である。日々の授業の振り返りや、カリキュラム論議に関わるFDの根底にはディシプリンの営みがあることは当然である。そういう論理構造において、FDの日常性ということに注目するのである。

7 一般教育のFD

一般教育学会の「FD調査報告」で、もう一つ重要な提言は、「一般教育に関わるFD」に関心を示していることである。とかくFDと言うと、教授法の改善についての一般論に限定されがちであるが、教育の質を決定するものは、教育の内容である。教育の内容についての認識を深め、それを充実させることが、FDの最重要な内容であるべきであろう。このことは前述の分野

別評価問題に関係する。「一般教育」の内容の研究はFDの重要な対象である。

同報告書総括では、「常識的概念としての『一般教育』を抹消することはできない」と述べている。そして、「大学における教育活動としての『一般教育』は、自律的活動レベルにおける自律的システムとして、旧来の教養課程・教養部のような制度的なシステム概念にとらわれることなく、明確に意識されなければならない。そのことは、とかくあいまいにされがちであるが、当面の大学改革の出発点になる」と述べている。残念ながらこの見解は、現在において実体を持つに至っていない。

ここで問題なのは、「常識的概念としての『一般教育』」が何を意味するかということである。同報告は次のような類型を提示している。

①理性主義（古典・名著講読）
②新人文主義（総合コース・コアカリキュラム）
③道具主義（問題解決学習）

このような類型が現在において「常識的概念としての一般教育」の内容と言えるのであろうか。現在において、「教養教育」を重視すべきであるという意見（例えば、中教審答申）がたびたび登場するが、その内容は限りなく拡散しつつある。「常識的概念」の共有が困難になっている。そのような情況に拍車をかけるように、中教審が「学士課程の構築について」という答申において、「学士力」ということを例示して、その内容を次のように示している。

「学士力」1. 知識・理解
　専攻する特定の学問分野における基本的な知識を体系的に理解するとともに、その知識体系の意味と自己の存在を歴史・社会・自然と関連づけて理解する。
「学士力」2. 汎用的技能
　コミュニケーション・スキル、数量的スキル、情報リテラシー、等々
「学士力」3. 態度・志向性
　自己管理力、チームワーク・リーダーシップ、倫理観、等々
「学士力」4. 統合的な学習経験と創造的思考力

「学士力」の育成は、各教科の学習を通して実践される、と「学士課程答申」は述べている。いかにしてそれを実現するかは、まさにFDの課題である。

　他方において、同答申は「21世紀型市民」の育成を問題にしているが、その意味するところは明確に述べられていない。「学士力」が「21世紀型市民」の内容ともいえない（絹川2008c）。

　このように、「常識的概念としての一般教育」の内容が問われている。この課題に答えることは、FDの重要な内容になる。

8　大学行政のFDにおける機能

　ここで大学行政のFDにおける機能を明確にしなければならない。

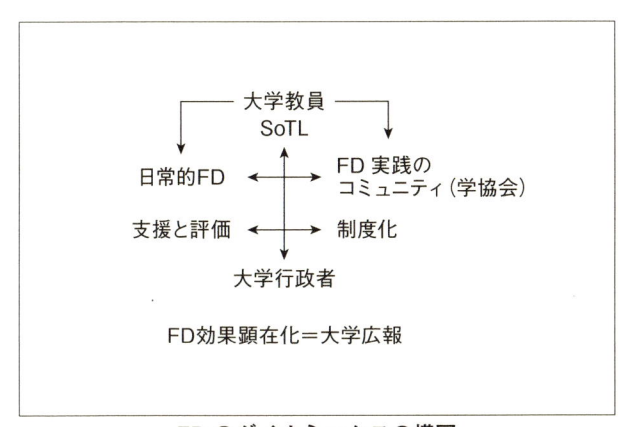

FDのダイナミックスの構図

　FDにおける行政（執行部）の機能は、あくまでもFDを支援することにおいて発揮されるべきである。すなわちFDの主体は教員である。教員の日常的空間における教育改善活動等はSoTLにおいて、教員個人の空間を越えてFDの実践のコミュニティに接続する。

　FDの実践のコミュニティはローカルには各教員の所属する教室（department）であり、学科であり、学部であり、所属大学である。そのような空間は、さらに、学協会における実践のコミュニティへと接続し、発展し、

そこからさらに、日常的FDへと還元される。そのような営みはあくまでも各大学教員の主体性において行われる。行政部（執行部）は各教員のこのようなSoTL活動を支援し、その営みを、SoTL活動の学識性において評価し、報償を用意する。そして、そのような営みをシステム（制度）化する。そして、FDの効果を評価する。評価の結果が、大学広報の中心に位置づけられる、という構図が描かれよう。さらに、大学設置基準におけるFDの組織化規定は、このような構図を実現する要求であるべきである。かくして、SoTLを中核とするFDの活動においては、そこにはもはやトップダウンかボトムアップかの相克は解消されるのである。

日常的FDという主張は、FDが日常性に埋没するのではないか、という疑問を持たせる。しかし、上述のFDのダイナミックスの構図からは、その懸念は払拭される。すなわち、日常的FDはつねにSoTLの営みとして、FDの実践のコミュニティにおいて公的にされなければならないからである。

9 FDコミュニティ形成のための学会の機能

FDコミュニティの形成に、大学教育学会の新しい役割が期待される。FDに関わる経験を評価し合うSoTLの実践体として大学教育学会を機能させることが望ましい。SoTLの活動のアナロジーとして、学会に「領域別（人社系グループ、科学系グループ、教職協働（学生支援）グループ）、複合分野別等のFDラウンドテーブル」を恒常的に設置し、分野別FD研究発表の場を用意する。すなわち、学会が「FDの実践のコミュニティ」としての位置づけを持つべきである。その際、分野別各セクションの研究交流のサブセクションは、次の周知の分類を基本にする。

　①PD型（Personal (Professional) Development）セッション
　②ID型（Instructional Development）セッション
　③CD型（Curriculum Development）セッション
　④OD型（Organizational Development）セッション

以上のことを強調すれば、大学教育学会がFDコミュニティである。学会の営みがFDなのである。

〔引用文献〕

絹川正吉（2007）「FDのダイナミックス」『大学教育学会誌』29-1
絹川正吉（2008a）「FDのダイナミックス（その2）」『大学教育学会誌』30-1
絹川正吉（2008b）「大学教育の実質化のためのFD活動」『大学評価』7号、大学基準協会
絹川正吉（2008c）「学士課程教育と教養教育」『IDE』505号
絹川正吉（2015）「FDの重層的FDアプローチ」『大学教育学会誌』第37巻第1号
絹川正吉・原一雄（1985）「大学教員評価の視点」『一般教育学会誌』7-2
一般教育学会1988「FD関連活動に関する実態調査報告Ⅰ──調査実施の概要」『一般教育学会誌』10-2（一般教育学会1997『大学教育研究の課題』玉川大学出版部、所収）
一般教育学会1993「改革目標としての学生のディベロップメント──学生の学習活動にも〈Plan-Do-See〉を」『一般教育学会誌』15-1

V.

大学のガバナンス

1　学校教育法改正で何が変わったか

1　教授会の位置づけ：学校教育法改正について

　教授会の機能に関わる学校教育法における規定が、2015年4月1日付施行で次のように改正された。

旧学校教育法第93条
　　大学には、重要事項を審議するため、教授会を置かなければならない。
新学校教育法第93条
　　大学に教授会を置く。
　②教授会は、学長が次に掲げる事項について決定を行うに当たり意見を述べるものとする。
　　（一）学生の入学、卒業及び課程の修了
　　（二）学位の授与
　　（三）前二号に掲げるもののほか、教育研究に関する重要な事項で、教授会の意見を聴くことが必要なものとして学長が定めるもの
　③教授会は、前項に規定するもののほか、学長及び学部長その他の教授会が置かれる組織の長（以下この項において「学長等」という）がつかさどる教育研究に関する事項について審議し、及び学長等の求めに応じ、意見をのべることができる。
　④教授会の組織には、准教授その他の職員を加えることができる。

2　学校教育法改正に反対する意見

　この改正に先立って、改正に反対する意見表明があった。例えば、日本私大教連（日本私立大学教職員組合連合）は次のような内容を含む声明を出している。

　「政府・文部科学省は、教授会が審議する事項を学位授与や教育課程の編

成等に限定し、教育研究と不可分な人事・予算等を審議させないことで、学長の権限を抜本的に強化するという学校教育法改正法案を今通常国会で成立させるとしている。教職員による学長選挙を否定し、学部長さえも学長の指名にすることを射程に置いている。

　学校教育法は国公私立大学の別なく『重要な事項を審議するため』に教授会を置くことを定め、教授会を基盤とした大学自治の法的枠組みが整備されている。人事と予算に関する教授会の審議権はその最も重要な制度的保障であり、これを否定する学校教育法の改正は、大学の歴史と大学の普遍的使命に照らして到底認められない暴挙である。

　安倍政権は、財界のグローバル戦略を大学に押しつけ、大学を政府・財界の意向に従属させるための大学破壊を強引に推し進めている。今回の学校教育法改正法案は、教育委員会制度の解体、道徳教育の教科化等と並び、戦後、国民が培ってきた民主的な教育の否定を意図するものである」。

3　法改正に対する日本私大教連の見解

　学長のリーダーシップのもとでの戦略的な大学運営を可能にするためのガバナンス体制の構築を大目的として、大学の組織および運営体制を整備すべく、副学長の職務内容を改め、教授会の役割を明確化することを趣旨とした学校教育法等の一部改正が平成26年6月27日に公布され、平成27年4月1日に施行されることとなった。

　これを受け、文部科学省高等教育局大学振興課ならびに国立大学法人支援課名による「内部規則等の総点検・見直しの実施について」とする事務連絡が各国公私立大学長宛に発出された。それに伴い、大学における内部規則・運用見直しチェックリスト、内部規則等の総点検・見直しの進め方等に関する説明会が文部科学省にて開催された。

　文部科学省の通達・説明や国会審議等における回答を総合して、日本私大教連は次の見解を表明している。

　以下は日本私大教連が表明した見解の骨子である。

・今回の法改正では、財界等が強く要求してきた、教授会の完全な諮問機関化や学長選挙・学部長選挙の禁止にまでは踏み込むことはできなかっ

た。
- 学長が大学運営に関する最終的な意思決定の「権限と責任」を有していることを内部規則において規定することのみが要請されており、どのような意思決定過程を持つかは各大学の判断に委ねられている。
- 円滑な大学運営を図るという観点から、学長と教授会が適切な役割を果たし、意思疎通を図っていくことが求められている。
- 学長は自らの権限と責任の重大性を十分に認識し、適切な手続きに基づいて意思決定を行うことになる。
- 意思決定における各機関の責任を再確認し、学長の決定に至るまでの適切な意思決定過程を確立することが求められている。
- 学長が教授会の意見を聴かなければならない教育研究に関する重要事項については、教授会の意見を聴いて定めることが求められている。
- 「教育研究に関する重要な事項」には、教育課程の編成、教員の教育研究業績の審査等が含まれており、その他学長が教授会の意見を聴くことが必要である事項を定める際には、教授会の意見を聴いて定めることが必要である。すなわち、教授会の意見を参酌するよう努めることになる。
- 私立大学における学長、学部長その他の人事については、今回の法改正の対象ではなく、理事会が最終決定を行うという法的な取扱いに変更はない。
- 学内規程から教授会の「議決」「決定」等の文言を削除する必要はない。
- 教授会の審議事項を縮減する必要はない。
- 法改正は、教授会が「経営に関する事項」を審議することを妨げていない。国会審議でも、「教育研究に関する事項と経営に関する事項を明確に峻別することはできない」と繰り返し答弁されている。「教育研究に関する重要な事項」には、キャンパスの移転や組織再編等の事項も含まれ得ると考えられる。
- 教育課程の編成や教員の教育研究業績の審査は「教育研究に関する重要な事項」である。
- 教員ポストの配置について、学長または設置者が、教授会の意見を聴くことを妨げるものではない。

・教員の昇任昇格、懲戒、解雇等も含め、法改正により教員の人事について教授会が審議することは一切禁じられていない。
・学則等の改正手続から「教授会の審議」を外す必要はない。
・学長や学部長を教職員の選挙を通じて選出していくこと自体は変更を求められていない。
・教授会の設置形態（設置単位）の見直しを求めていない。

以上、今回の学校教育法改正についての日本私大教連の見解を要約した。

それによれば、今回の学校教育法改正によって、従来の教授会の重要な機能は、いささかも変更されていない、ということになる。今回の改正は、単に学長に責任があることを表明しただけであることになる。

そうとすれば、日本私大教連の学校教育法改正反対声明は空振りに終わったことになる。したがって、日本の大学のガバナンスは、依然として従来からの課題を抱えたままであると考えざるを得ない。それゆえ、以下の大学ガバナンスに関する拙論（今回の学校教育法改定以前に執筆されたもの）の意義は失われていない。

2　私立大学の組織・経営再考

(注：本稿は、学校教育法第93条が改正される前の論考であるが、現代の私立大学の状況を踏まえて改定した。前章参照)

1　基本的視点

　大学における教育・研究を活性化させるための組織制度と「私立大学」の経営の在り方を再考することが、この論考の目的である。この問題を考察する時、原理的に確認しなければならないことは、日本の大学制度における法的根拠についてである。日本国憲法第19条は、「思想及び良心の自由は、これを侵してはならない」と述べ、第23条では「学問の自由は、これを保障する」と述べていることは、言うまでもなく大学を基礎づける基本的原理である。さらに、「重要事項を審議するため教授会を置かなければならない」という学校教育法59条は、大学の自治を実態的に保証する（注：この条文は改正された。前章参照）。さらに国立大学教員に対して述べている教育公務員特例法第5条「学長、教員及び部局長は、学長及び教員にあつては評議会（教育研究評議会のことか）、部局長にあつては学長の審査の結果によるのでなければ、その意に反して免職されることはない。教員の降任についても、また同様とする」は、私立大学教員にも拡大適用されている。

　これらの条文は、総括して、大学の自治を実体化し、大学の営みを積極的に意義づけるものであるが、現実にはむしろ、そのマイナス効果が際立つようになってきた。すなわち、原理的正当性が、現実の退廃現象を隠蔽する作用をもたらしている。そのために、大学の在り方が再検討されなくてはならないのである。特に、私立大学においては、少子化と財政危機に直面し、その生き残りをかけた経営努力が求められている。そのような状況において、大学経営優先の姿勢が強くなり、大学の存在の意味づけについて、大学人の

認識が拡散しつつある。大学の意味を確認しながら、現実的な大学経営の視点で、大学組織の再考をする必要がある。

2　大学自治の現実

　大学に対して保証されている自由は、学問の自由である。学問の自由を確保するために、大学・教授会の自治が社会的に認知されてきた。すなわち、大学が外部からの干渉や制約を排除して、自主的・自律的に教育研究に関する意思決定を行うことが認められている。これを根拠に、大学の経営が教授会を中心に展開されることは当然のこととされてきた。すなわち、学問の自由のために、教授会が大学経営を実態的に支配をすることは、当然とされてきた。しかし、学問の自由を担保することと、教授会が大学経営の全体に支配力を及ぼさなければならないこととは、同義ではない。すなわち、教授会の自治が認められるのは、学問の自由の問題に限定されていると考えるべきである。この主張の根拠は、教授会が大学の財政に対して責任をとれない組織であるからである。経営の基盤は財政である。財政を無視して大学は存立しない。現実的にその最も基本である財政責任をとらない教授会が、大学経営の全体に対して実質的決定権を行使することは、当然認められない。大学教員が自立的意思決定主体になっているとは限らないのに、建前として、そのような手続きをとる時、大学教員の都合に合わせた決定がなされがちである。そのような誤りを正す機能を大学組織は保有しなければならない。

　したがって、私立大学の教授会の自治は、大学経営権を持つ理事会によって制約される。理事会が学問の自由を脅かすような行為に出た時に、教授会の自治権は行使されるべきである（ただし、学問の自由とは、大学教員が恣意的に決定できる内容ではない）。すなわち、教授会の自治権は経営権を凌駕することではない。ところで、私立大学の経営の根幹は、カリキュラムとそれを担保する教員人事および学生定員である。従来、これらのことは教授会の専決事項のように考えられてきたが、しかし、カリキュラム・教員人事・学生定員は特段に大学経営に責任を持つ理事会事項であることを、現時点では認識する必要がある。なぜならば、現在、私立大学は経営上大きな困難に直面し、財政的基盤に関連しない人事・カリキュラム・学生定員問題は存在し得

ないからである。よって学校教育法に定める教授会の機能は、理事会機能を凌駕しない。このような視点で、大学の経営・運営を再構築する必要がある。この際、学校教育法が定める教授会の重要事項審議権（旧学校教育法の表現、前章参照）は、あくまでも審議権であって、決定権ではないことを確認しなければならない（このことは新学校教育法の下でも同様である）。経営権を持つ理事会と大学教授会は、良き緊張関係になければならない。

3 私立大学の法制

　大学の法制は「学校教育法」から始まる。一方、私立大学の法制は、さらに、「私立学校法」による。私立学校の設置者は「学校法人」である。「私立学校法」は学校法人について規定する。学校法人はその「寄付行為」（法人の根本規則、またはそれを記載した文書・書面）によって、その実態を明確にする。「寄付行為」はその法人が設置する学校の目的を定め、学校法人の経営組織を定める。学校法人の実体は理事会である。すなわち、学校法人は理事会である。学校法人・理事会の責任はその設置する学校に必要な施設・資金・財産を有することである。すなわち、財政責任は理事会が負う。このことは、財政責任のみが理事会の責任で、教学事項については理事会が関与できないということではない。さらに、理事会には評議員会を置き、予算、資産の処分等について、その意見を聞かなければならない。ところで、評議員の中には、その学校の職員のうちから、「寄付行為」に定めるところにより選任される者を含めなければならない（私立学校法44条）。ここで職員から選任される評議員が、教授会代表とは限らないから、学校教育法で定める大学教授会と（法人）評議員会との関係は、法的には必ずしも明確ではない。通常、職員という場合は、学校法人の被雇用者という意味であるから、組織的に教授会の意見が学校法人の経営に反映させなければならないということではない。設置者である学校法人・理事会と大学教授会の法的関係は明確ではないと言わなければならない。このことを明確にすることは、今後の私立大学の在り方にとって重要である。

4　学校法人・理事会と教授会

　学校法人・理事会とは何か。私立学校法25条によると、学校法人は、その設置する私立学校に必要な施設および設備またはこれらに要する資金ならびにその設置する学校の経営に必要な財産を有しなければならない、とある。学校法人の責任については、それ以上の法律的規定はない。ということは、学校法人の実体である理事会が施設等の設置者（造営物主体；[1]）であるにすぎない、ということではない。すなわち、私立学校法第25条を正確に読む必要がある。第25条は、財政責任が理事会の必要義務であることを述べているのにすぎない。財政責任だけが法人・理事会の責任であるとは言っていない。すなわち、理事会が施設を用意するのは、固有の目的を課した大学を設置するためであるから、理事会が許容する固有の目的の範囲内で大学が運営されるべきであることは当然である。もちろん、理事会が課する目的は、大学についての普遍的あり方を阻害するものであってはならない。この意味では大学は公的存在であり、理事会の不当な支配は許されない（教育基本法第16条「教育は不当な支配に服さない」）。したがって、理事会の意思は完全に自由ではなく、また大学教授会も同列である。このような視点で、理事会と大学教授会の関係を再構築する必要がある。

　教授会は重要事項を審議する（旧学校教育法第93条、新学校教育法については前章参照）。大学における重要事項とは何か。それは大学の本質に関わることであるべきであろう。大学の理念として伝統的に重要なことは、学問の自由である。学問の自由を保証するものは、教授会の自治である。歴史的に学問の自由が争われる時には、大学教員の任免問題が関わっていた。このことから、教員の任免は教授会の同意を必要とするという理解があり、さらに、教員人事は実態として教授会の専決事項のようになっている。これは正当なことであろうか。

　理事会と教員個人との関係は、雇用者と被雇用者の関係にある。この関係では、教員の任免権は理事会にある。教授会の審議権と理事会の任免権とは相克する。人事は大学経営の中枢事項である。私立学校法（第36条）によれば、「理事長は私立学校法に規定する職務を行い、その他学校法人内部の事務を総括する」とある。しかし、それ以外に私立学校法において規定されて

いることは、予算・決算および財産の管理に関することだけである。それでは、大学運営に関わるそれ以外のことについては教授会が全権を握っているのであろうか。国際基督教大学（ICU）の寄付行為によれば、専任教員の任用は学長の推薦によることになっている。学長が推薦権を持っているが、通常は教授会の決議に基づいて学長が理事会に推薦する。学長に実質的権限はない。しかし、ICUの場合、教授会が任用を決議した教員に対して、理事会が拒否した例がある。また、他大学の場合であるが、定年後の再雇用を教授会で決定しても、理事会はそれを承認しない場合がありえることを、法廷は認めている（俵正市2001）。このような事例から考えると、大学の経営責任は最終的には理事会にある。とすれば、大学経営の中枢である教員人事と、それと不可分の関係にあるべきカリキュラム等について、理事会は発言権を持つことになる。すなわち、理事会は教学内容について、その設置者の立場から、寄付行為によって定められた設置目的に反しないか、介入が認められなければならない。これは学問の自由を大義名分とする大学の在り方を阻害することであろうか。

　学校教育法によって定められている教授会の審議権（新学校教育法では、意見の具申）は、あくまで審議権であって、決定権ではないことを、ここで確認しなければならない。さらに明確に言えば、教授会の審議事項には一定の制約があるということである。「学問の自由」の主張については、普遍性の保持を条件に教授会はオールマイティであるが、そのことと直接関係がない大学経営上の問題については、教授会の権限は制約されるべきである。この一事が認められないと、現実に私立大学の経営は不可能である。もちろん、理事会は教授会の正当な意見については、それを拒否してはならない。

5　教授会の審議事項

　国立大学における評議会（学長、学部長等で構成）の審議事項は次のように規定されている（「国立学校設置法」第7条の3。国立大学が独立法人化した後には、「評議会」に該当する「教育研究評議会」の審議事項は、「点検・評価」事項を加えた他は旧来とほぼ同様である）。

　　①教育研究上の基本計画

②学則等の制定・改廃
　　③大学予算の見積もり方針
　　④学部・学科等の組織の設置・改廃と学生定員
　　⑤教員人事の方針
　　⑥教育課程の編成方針
　　⑦学生の厚生・補導
　　⑧学生の学籍に関する方針及び学位授与に関する方針
　　⑨教育・研究に関する評価
　　⑩その他大学の運営に関する重要事項
「学部」教授会の審議事項は、「国立学校設置法」において次のように規定されている（第7条の4．新国立学校設置法でも同様）。
　　①教育課程の編成
　　②学生の在籍に関する事項、学位授与に関する事項
　　③当該組織の教育又は研究に関する重要事項
　さらに、学長・部局長等の任用および教員の任用は次のように定められている（「教育公務員特例法」第3条）。
　　①学部長の任用は当該学部教授会の議に基づき学長がおこなう。
　　②教員の任用・昇任は、評議会の議に基づき学長が定める基準により教授会の議に基づき学長が行う。
（注：「教育公務員特例法」における学長任用手続きは、国立大学法人法と整合していない。これは不可解である。筆者の誤解であろうか）。
　国立大学の場合、評議会と学部教授会の間で、審議事項の区別があるが、その実態は学部自治で、評議会は単なる全学調整機関にとどまっている。したがって、評議会の審議事項は実質的に学部教授会の審議事項であると考えてよいであろう。すなわち「教授会審議事項」として整理要約すれば、次のようになる。
「教授会審議事項」
　　①大学の経営と運営の基本方針
　　②大学予算
　　③大学教員、部局長人事

④学生に関する事項
　⑤当該組織の教育又は研究に関する重要事項
　すなわち、大学の経営・運営のすべてについて、教授会は審議権を持っていることになる。このうち、③と⑤は実質的に決定権を保有している。しかし、①と②については審議権にとどまり、決定権にならないのは、財政が文部（科学）省によって実質的に支配されているからであろう。例えば、学部新設計画の審議は、（教育研究）評議会・教授会が行うが、その実行は文部科学省の承認なしにはあり得ない。文部科学省は大学の教学事項を財政で実質支配をしている。

　そこで、前述の基本的立場に立って、私立大学における教授会の審議事項として適当であるものとそうでないものとを分別しなければならない。私立大学については単純化できないが、国立大学法人における文部科学省の位置にくるのは私立大学の理事会ということになる。この場合、理事会が強力な財力を有している場合と、それほどの実力がなく、帰属収入の大部分が授業料のみの場合とでは、理事会と教授会の関係構造を、国立大学の文部科学省と国立大学教授会との関係に比することは不適当である。しかし法的には理事会が財政責任を負うことになっているから、その視点で、私立大学教授会が責任のとれる事項は、「学生に関する事項」のみである。この場合でも、学生定員等財政に関わる事項については審議・意見具申はできるが、決定はできない。このようなことをあいまいにしたままで、教授会の在り方を、国立大学と同様にすることが、大学として正義であるとする意識が一般的である。そしてまた、学校教育法も教授会をそのように位置づけているという認識が一般的である（この事態は新学校教育法の下でも変わらないであろう）。

　また、大学運営が民主的であることが、大学の正義であるという認識も大学教員の間では一般的である。しかし、民主的運営が、大学の運営において絶対必要条件であろうか。民主主義は政治において意味を持つのであって、組織の経営・運営においては、ストレートには適合しないことは、社会人の常識であるが、大学教員はそのようには考えないで、民主主義が金科玉条である（前章で論じた「学校教育法」の改正反対声明の根幹は、改正が民主主義をないがしろにするということであった）。金科玉条と考える背後には、大学を教員の

ギルドとするイデオロギーがあるのではないか。大学の発祥の一因にはギルドを必然とする情況があった。しかし、現代の大学は教員集団のギルドではない。大学は社会的制度であって、公共性を持たなければならない。学問の自由を守ることが、大学を必然的に教員のギルドとしなければならない、と言うならば、それは大義名分の衣を被った教員集団のエゴである。

6 学長の民主的選任

　国立大学においては、学長の選任は実質的に教授会を中心とする大学構成員（学生は含まず）の投票により行われる（国立大学が独立法人となった現在は、学長選考委員会が学長を選ぶことになったが、その実態は従来とほとんど変わらず、学長選考委員会が、大学構成員の意向投票を無視することは困難である。すなわち、学長選考委員会は機能していないのが実態である）。学長の任務は民意（構成員の意思）を代表することであるというのが、その正当性の理由であろう。そのことをさかのぼれば、大学の経営は構成員の多数意見で決しなければならないという組織原理、すなわち民主主義が前提になっている。一方において、大学の根本命題は学問の自由であるから、学問の自由のために、大学の運営原理は民主主義、すなわち多数決原理によるのが最善である、という認識があることになる。しかし、歴史的事実は、民主主義によって学問の自由は守られていない。

　学問の自由を守ることと、民主主義原理は直接的な関係はない。アメリカの大学の学長は構成員の民主的な投票では選ばれない。では、アメリカの大学は非民主的であるかといえば、もちろんそうではない。民主主義が人間の意志決定のすべての場面で最善であるとは言えないことは自明である。しかし、日本の大学の教員は民主的手続をとることを、大学の経営・運営のすべての場面で要求する。すなわち、民主的でないことは大学の真理性に反するかのように振舞う。

　大学の学長の選び方は、学長をどう位置づけるかによって、それに適合するように選ぶべきである（以下は国立大学が法人化する以前のことが前提になっている。しかし、前章で述べたように事態は本質的に変わっていないから、以下の論は現在でも意味を持っている）。国立大学は、対文部科学省との政治力学上、学

長は構成員の多数派の意志を代表すべきであるということは、国立大学においては学長をそのように位置づけていることになる。したがって、そのようにして選ばれた学長に期待されることは、構成員の最大多数の意見を尊重することであって、みだりに経営権やリーダーシップを発揮することは、ルール違反である。昨今、国立大学の学長にリーダーシップがないことが批判的に言及されているが、そういう批判は的違いである。国立大学の学長には、リーダーシップは期待されていない。国立大学の学長に期待されていることは、せいぜい学内構成員の意志の調整である。学長が調整型であることを批判することはできないのである。誤解のないように言っておくが、学長を選挙で選ぶことが間違いであると言っているのではない。国立大学が独立法人化すれば、学長の機能は国立大学の時代とは本質的に異なってくる。にもかかわらず、独立法人の長を、旧システムと同じく実質的に選挙で選ぶのであれば、たちまち法人化大学の経営は破綻するであろう。国立大学の学長を構成員の選挙で選んでいたことは、それなりに機能してきたのである。しかし、そのことを根拠に、私立大学学長を大学構成員の選挙で民主的に選ぶべきである、ということにはならない。従来の国立大学と私立大学とでは、それぞれの存在条件が異なるのである。両者に同様に民主主義原理を当てはめることは、論理性がない。

7 アメリカの大学の理事会

アメリカの大学システムにおける理事会の機能について考察をする（参照：Ingram1995）。

アメリカの大学の組織構造は、理事会と大学からなる。理事会は固有の理念と目標を持って大学を設置する主体となる法人格である。アメリカ社会においては、大学の理事は、きわめて高い社会的地位であり、理事になることは名誉である。博愛の精神が理事であることの基本条件である。したがって、理事はすべて無報酬である。

理事会はその設置した大学を直接にコントロールはしない。大学の経営は学長に一任する。理事会は学長の業務を通して、理事会の設置目的に適うように大学が経営されているかどうかを評価する。学長がそのような理事会の

期待に応えない時は、理事会は学長を解任する。

　理事は個人としては何の権威もない。理事会のメンバーとしてのみ機能する。理事会の責任はおよそ次のように言われている。
　①大学の使命と目的を定めること
　②学長を選任すること
　③学長を督励すること
　④学長の業務を評価すること
　⑤理事会を自己評価すること
　⑥戦略計画を主張すること
　⑦大学の教育活動と社会奉仕活動を視察すること
　⑧適切な財源を保証すること
　⑨優れた経営を保証すること
　⑩大学の独立を保証すること
　⑪大学と地域社会を結びつけること
　⑫不平聴聞機関になること

すなわち、大学が健全に経営されるようその守護者の役割に徹することが、理事会の使命である。

　理事会第一の役割は、大学の使命と目的を定めることである。理事会は常に大学の使命を明確な戦略的用語と実践的用語で記述する責任がある。このことが理事会の最も重要な任務である。それを根拠に理事会は大学経営の旋回軸となる。理事会は大学の使命の所有者としてのセンスを保持していなければならない。

　理事会の第二の役割は、学長を選任することである。自己の大学を他から差異化するのは学長である。学長の選任以上に重要な理事会の任務はない。学長の選任については、次節で述べる。

　理事会の第三の役割は、学長を支持することである。学長はきわめて困難な職責を担うのであるから、その任命権者である理事会は任用した学長を全面的に信頼し、サポートをしなければ、学長はその職責を遂行することはできない。理事会のリーダーシップと学長のリーダーシップは相互補完的である。したがって、理事会と学長は一心一体である。

理事会の第四の役割は、学長の業務を評価することである。しかし、このことは容易ではない。学長の業務を定期的（5年ないし7年ごと）に綜合的に評価しなければならない。評価の目的は、学長の職務遂行を力づけることにある。学長を罷免するための評価であってはならない。学長は理事会のエージェントではあるが、それと同時に教授会のリーダーであり代弁者である。そのような学長の役割について十分な考慮に基づく評価がなされることが期待される。第三者評価も有効である。

　理事会の第五の役割は、理事会を自己評価することである。学長の成果と理事会の成果は相互補完的である。学長の評価と理事会の評価もしたがって相互補完的である。学長の評価が行われて、理事会が評価を受けないことは整合性を失する。理事会の自己評価は3年から4年の間隔で行うのが適切である。自己評価の機能に新任理事に対するオリエンテーションという意味合いがあることも認識しておく。

　理事会の第六の役割は、戦略計画を主張することである。理事会は企画をしてはならない。企画は学長の任務である。理事会の役割は、どのような戦略的企画が期待されているかを明確に述べることである。そして、その決定のプロセスに適切な仕方で参加することである。優れた戦略的企画は、大学の発展にとってきわめて重要である。

　理事会の第七の役割は、教育活動と社会奉仕活動を視察することである。教育と社会サービスは高等教育機関の普遍的な機能である。研究は第三の機能である。予算の承認は理事会の重要な行為である。理事会は大学の機能に対応して予算の適切性を判断をしなければならない。その際、大学の主要なプログラムについての知識が必要になる。

　理事会の第八の役割は、適切な財源を保証することである。財政的健全さが必ずしも学問的活性度の指標にはならない。といって理事会の財政責任を逃れることはできない。大学使命遂行のために適切な財源を用意することに、理事会は最善を尽くさなければならない。

　理事会の第九の役割は、優れた経営を保証することである。理事会は学長とスタッフの職能に信頼しながら、大学の経営内容について常に情報を求め、評価をする。時には、経営に内容について第三者の評価を求める。

大学の特性は、教員集団と学生集団の関係、および教員・学生集団と行政の関係に現れる。これらの関係の健全さが大学の質になる。このような質の向上についても評価が必要である。

　理事会の第十の役割は、大学の独立を保証することである。理事会は大学が本来の使命を遂行するために障害となるような大学に対する非合理的攻撃に対して、防波堤の役割をはたさなければならない。理事会が大学に学問の自由を保証することは、その義務である。

　理事会の第十一の役割は、大学と地域社会を結びつけることである。教員と学生は地域社会から孤立する傾向にあるから、そうならないような支援が必要である。

　理事会の第十二の役割は、不平聴聞機関になることである。人事問題についての紛争に、好むと好まざるとにかかわらず理事会は関与せざるを得ない。その際、次の原則を必要とする。

- 学内の組織的決定を理事会の判断で置き換えない。
- 人事問題はできるだけ行政の末端のレベルで取り扱う。
- 理事会として関与せざるを得ない場合は、学内方針と手続き面について遺漏がないかを検討する。そういう問題ではない場合は、行政レベルで再考するよう求める。
- 理事会に不平の聴聞を求めることができることについて、明確な基本方針がなければならない。

8　アメリカの大学の学長に理事会が期待すること

　理事会が機能しているかいなかの決め手は、学長に自信を持たせているかということに尽きる。理事会が学長に期待することは、おおよそ次のようなことである。

- 重要事項について適切なデータと情報を提供すること。理事会が最初に情報を受けるのでなければならない。
- 良い情報のみでなく、悪い情報も提示すること。理事会は大学に対して愛の鞭でなければならない。しかし、理事会がそうあるためには、大学が抱えている問題について深い認識がなければならない。

- 理事会が大学の設置者であること及び理事会が社会に対して負っている責任を認識すること。
- 理事会は学長に困難な決定を求めるが、一旦決定した方針については、あくまでも学長を支援することを認識すること。
- 学長提案を理事会がすべて承認するとは限らない。そのような時に、学長は忍耐深く鷹揚でなくてはならないこと。
- 理事会の時間を有効に使うこと。
- 理事長が理事会を啓発・指導することに一体となって協力すること。

他方において、理事会と相互補完的である学長は、理事に次のような期待を持つであろう。

- 理事は学長に対して開放的・直裁的であること。責任を分かち合うこと。
- 学長は理事会のために働いている、という原則を知っていてもらいたい。
- 理事個人は大学スタッフに直接に大学に関する情報の提出を求めない。必要な情報は理事会を通して要求すべきである。
- 理事の行動は大学の益になるようなものであってほしい。
- 大学に関する秘密は厳守する。

以上のような理事会と学長の関係を通して、アメリカの大学における理事会の機能が展望できる。次に、そのような学長像に相応しく学長の選任が行なわれなければならない。次の節でアメリカにおける学長選任の一般的在り方を概観する。

9 アメリカの大学における学長の選任

アメリカの大学における学長の選任システムについて概説する（参照：Neff & Leondar1997）。学長の選任は、理事会が定める「学長選任基準」に基づき、次の三段階からなっている。すなわち、「学長候補者捜し（searching）」、「適格審査（screening）」と「選考（selecting）」である。学長を選ぶことは、理事会の独占的責任である。理事会はこのことを十分明確に手続きとして定めておかなければならない。すなわち、理事会は最終的に学長が選任されるまでの過程について明確にしておく。例えば、適格審査委員会が理事会に推薦できる候補者の数等はあらかじめ明確に定められていなければならない。適

格審査委員会がただ一人の候補者を理事会に推薦し、理事会の選任権を実質的に拘束してはならない。最終的な選任は理事会に託すべきである。

それに対して、適格審査委員会は理事会が指名する者によって構成される。通常はその審議内容は秘密である。適格審査委員会は理事会が定めた「学長選任基準」に基づいて理事会に推薦する候補者を選抜する。適格審査委員会は学長候補者の選抜について、大学の機関や理事会にも相談をしてはならない。候補者の選抜は、適格審査委員会の固有の任務である。

すべての大学関係者は、候補者捜しに参加できる。「学長選任基準」に基づいて積極的に候補者を開拓する。大学構成員がこの過程で参加意識を持つことは意味がある。教員と学生及びその他の関係者は、権利としてではなく、特典として学長選任の過程に参加するのである。

最初の出発点に戻れば、「学長選任基準」を明確にすることが重要である。学長選びに入る前に、理事会と大学構成員の間で、次期学長像を共有する手続きが必要である。「学長選任基準」は大学の目的と、次期における大学の発展を視野にいれて定められる。そのためには、大学の現在における状態と未来への展望を分析し、今大学にとって何が求められているのかを明らかにする。これらの作業は、選任活動に入る前にされていなければならない。そのためには、自己評価の結果も有力な資料になる。

10　アメリカの学長の資質

学長の役割には二つの次元がある。一つは執行役員として理事会の運営に貢献することと、大学の教学責任者としての業務の実行である。学長には大学の基本的在り方を理事会と教授会の両方に説明する能力が要求される。学長は理事会と教授会に対する両面の責任を果たすことに確信がなければならない。

学長の資質を問うことと学長の職務内容とは区別される。学長の職務内容の記述は一般的普遍的で特に特徴がないから、それを根拠に学長の選考基準を問うことはあまり意味がない。学長選任においては、学長の質を問うことを選考基準とすべきである。学長は長時間にわたって強いストレスを受けながら働く物理的精神的スタミナをもっていることが期待されている。しかし、

そのことは学長としての資質の必要条件で十分ではない。期待されていることは、大学をこれからの長い年月にわたって前進させる専門的経験に基づくリーダーシップである。いかなることについてリーダーシップを発揮することが期待されるかを明確に適格基準に書き込むべきである。その際に、単に学長の理想像を述べたのでは意味がない。理想的学長などは存在しない。理想的条件をリストしただけであると、選考に関わる委員会の議論を、当該大学の現実の必要からそれさせてしまう危険がある。

学長のリーダーシップを問う条件の第一は、新学長に期待される最も本質的な専門的資質を、四から五の数箇条で記述することである。条件をできるだけ本質的なことに限定すべきである。あれもこれもは期待できない。何が本質的課題であるかを理事会と大学関係者で設定する作業が、学長を選ぶ第一の仕事である。

例えば、学長に学問的リーダーであることを期待している、とだけ記述したのでは不十分である。学問的リーダーであることの実践的意味が明らかでなければ、この条件は機能しない。研究における先進的役割を期待しているのか、研究活動の取りまとめ役を期待しているのか、明確にする必要がある。また、良き経営者を求める、といった時、それが何を意味するのか不明確である。管理能力を期待しているのか、それとも資金調達能力を期待しているのか、明確にすべきである。「学長選考基準」の作成については、理事会委員会で草案を作成し、学内関係者の意見を聞いて、最終的な基準を理事会が確定する。

以上のことを考慮して、学長の資質を以下に例示しておく。

学長の資質として問われることの第一は、その大学の固有の使命に対するコミットメントである。例えば、リベラルアーツ教育を使命とする大学の学長に求められることは、リベラルアーツに対する深い洞察と共感を持っていて、しかもそれらを現代に語りかけることばを創り出せること、すなわち、その理念を現代の言葉に翻案する哲学的能力である。

第二に、大学の過去、例えば5年間の業績について分析し、将来への展望を示す能力が求められる。すなわち、大学を評価する能力と、それに基づいて大学の未来を企画する才能である。

第三に、当該大学と同規模以上の組織における行政経験があること。そして、当該大学において、変わるべき事柄と、変えてはならない事柄を分別する判断力が問われる。
　第四に、大学を社会へ発信する能力が問われる。
　第五に、財政に通じ、資金調達方法についてよく知っていることである。
　学長候補者には、大学の必要な情報を提示して、上記の諸点について初めに文書で、最終段階では面接・講演で、見解を表明することを求める。

11　日本の私立大学の理事会と学長選任

　先にも述べたように、日本の私立大学の設置者は学校法人・理事会である。この意味では日本の大学とアメリカの大学で構造的差異はないように見える。しかし、理事会の機能が非常に異なる。アメリカの大学の理事会は設置者ではあるが経営実務には従事しない。しかし、日本の場合には理事会は経営実務を担うのが通常である。その根拠は、「私立学校法第37条（役員の職務）」である。すなわち、「理事長は、学校法人内部の事務を総括する」とある。ここで「総括」の意味に幅があるから、アメリカ式の理事会の設置が不可能ということではないだろう。にもかかわらず、常務理事制度を通して、理事会が大学経営の実務を執行しているのが、通常である。この場合、理事会の経営能力が強く、財政的にも安定していれば、理事会と大学の構図は、文部科学省と国立大学のそれに類似する。そのような場合には、学長は対理事会に対する教学側の代表という機能が強くなり、その選任は大学構成員の民主的な手続きによるのが正当であるということになる。しかし、このような経営の在り方には問題がある。アメリカの理事会の積極的な意味は、公益性、すなわち、社会に対する責任の主体であることに見られる。すなわち、大学が反社会的になることを、理事会はチェックする機能をもつ。日本の場合は、理事会にそのような機能を万全に期待することは、理事会が経営主体であることにより不可能である。日本の場合には、公益性は、文部科学省の監督下に大学がある、すなわち、大学が公（法）の支配のもとに置かれていることにより、担保されることになる。最近の日本の動向は、規制緩和である。あるいは国立大学の独立法人化に象徴されるように、直接に文部科学省の支配

から解放する方向である（注：法人化した国立大学の現実は、文部科学省の支配下置かれているのではないか）。そうなると、理事会が直接経営主体になることは、公益性の視点からも問題が生じる。日本の私立大学においても、理事会の機能をアメリカ式に変革することが求められてくる。そうなれば、大学の学長が経営者で、理事会はスポンサーとして監督・評価の機能を持つことになる。そのことを前提とすれば、学長の選任の仕方も、単純に教授会の投票ですませることはできなくなる。そうしなければ、学長は当事者責任を果せなくなる。結局、大学において学長をどのように位置づけるかにより、学長の選任の仕方が変わらざるを得ないことを、大学構成員は認識する必要がある。金科玉条のごとく民主的手続きを保持すれば、大学自体の存立が危うくなる。学長を機能させるように、学長を選任する必要がある。

12 大学における意志決定

　大学における意志決定の構造について考察する。そのためには、大学教授会の実体を見ておく必要がある。大学の自治は教授会自治であるが、教授会の運営が、高尚な大学自治論にふさわしく行なわれているかどうかは問題である。現実の教授会の運営は、一律には言えないが、学問の自由の砦としての高尚な使命実現にふさわしく行われていないのではないか。それは大学教授会に対する次のような批判に表れている（西田亀久夫1996）。

- ・「大学はその機能に起因する原理的欠陥を持っている」。すなわち、学問研究は、本質的に原理的可能性の探求で、研究者は現実的制約を超克する学問的操作の達人である。しかし、そのような操作性は、現実の問題の解決には適しない。大学教授会の議論は「どのような現実的な提案も、それが不完全であると論証することによって否認する」傾向を否み得ない。したがって、教授会自治がある限り、自立的大学改革は絶望的である。
- ・「大学教授会は大学の組織に起因する社会的欠陥を持っている」。すなわち、大学教授会は民主的合議体でなければならないとするから、「理性的な討議を積み重ねて生産的な結論に到達することはほとんど不可能である」。その理由は、30人を超える集団にそのようなことを期待するこ

とはできない、という集団力学の実験的な結論である。したがって、教授会において、完全な民主的運営で議論の一致が見られたとすれば、そこには必ず事前の操作か欺瞞があると言わざるを得ない。事実、ある旧帝国大学系の大学においては、教授会は事前調整を経た議案の確認のセレモニーで、実質的審議はされていない。

・「防衛的自治意識の迷妄がある」。現代の日本の大学人は過去の歴史（軍部支配へ隷属）に対する罪責意識を「大学自治」の心情的基盤にしている。「そのため、外からの介入拒否という一点に凝縮して、一切の批判を拒絶する排他的・防衛的」体質を日本の大学人は保持している。

・「大学経営論についての研究が未発達である」。大学は一大産業であるにもかかわらず、その経営について理論的研究が行われていない。そのため、経営が常に素人のレベルを超えない。素人経営者が学長に選任されるので、学長が交代する度に、議論ははじめからし直される。したがって、同じ議論が繰り返されているだけで、進展が見られない。これでは大学が自立的に改革されることは期待できない。学長職の専門性についての認識がないことがわざわいしている。

以上の原理的批判に反論できる根拠はほとんどない。そこで、少なくとも議論の生産性を上げるために、教授会万能を排して、代議員制度等の代案を導入する必要がある。これについては、すでに法制的対応がすんでいる。すなわち、「学校教育法施行規則」第143条に「教授会は、その定めるところにより、教授会に属する職員のうちの一部の者をもって構成される代議員会、専門委員会等（次項において「代議員会」という）を置くことができる。2. 教授会は、その定めるところにより、代議員会等の議決をもって、教授会の議決とすることができる」と定めている。にもかかわらず、教授会の運営は旧態依然であるのが実情である（注：新学校教育法では教授会は諮問機関の性格を強めているから、上記の施行規則における「議決」ということの意味が矛盾的になる。しかし、新学校教育法のもとで、本施行規則が改定されたとは承知していない）。

代議員制の導入問題の他に、原理的に解決しておかなければならないことは、教授会自治の内容である。すでに言及したが、大学の自治の本旨は、学問の自由の擁護である。しかし、学問の自由は大学教授会のみの問題ではな

く、社会全体の問題である。教授会が自治でなければ、学問の自由は擁護できないということではない。むしろ、教授会自治の退廃現象が顕著になっている現代では、教授会自治の主張は、教授会の問題性を隠蔽する作用をもたらし、大学の社会的信用を失墜させている。さらにまた、学問の自由の保証が、一義的に大学経営を教授会に委ねることにはならない。この構造を明確にする理論構築が求められる。現実的には、教授会の責任範囲を限定し、行政責任を明確にすることである。学長等執行部（役員会）の責任に委ねることを明確化して、教員が教授会の非生産的重荷から開放されて、教育と研究に専心できることが重要である（注：新学校教育法のもとで、教授会の実体が急激に変化させられるとは思えない）。

このような問題を考える時に、大学教員は現実を捨象する性癖がある。教員の中には必ず教授会自治絶対主義者がいる。もちろん相対主義者もいる。絶対主義者は、大学教員が自律的・自発的であることを前提にする。相対主義者の方は、大学教員と言っても人間であるから所詮は不完全であることを前提にする。教授会での議論では、どうしても絶対主義者のほうが有利である。しかい、その論に実体がともなわない。学長のリーダーシップは、絶対主義を立てつつ、現実的対応は相対主義をとる、ということに発揮される。

現在の私立大学の状況を考えると、カリキュラムと教員人事こそが経営の根本である。それに理事会が関与できないということは、どういうことなのか。原理的には介入できるのか。そういう問題について考えておかなければならない。

13　経営責任を明確にする組織構築

私立大学は、経営責任を明確にした組織を持つ、という視点でものを考えざるを得ない。自己点検・評価も、現在行われているような教学分野に限定したものでは不十分で、経営部門と総合して行うのでなければ実効性はない。したがって、自己点検・評価組織には理事会も参加するようにする。というより、理事会が自己点検評価を行うのである。理事会、教授会、大学全体、すなわち、学校法人全体の評価を行うことで、評価行為の意味づけをする。

理事会が設置主体なのだから、教員は理事会の被雇用者である。しかし、

被雇用者が教授団となると、自律的に学問の自由とエクセレンスの維持という大義に依拠して、教授団は理事会と対峙する。しかし、現実を見ると教授団はエクセレンスの維持という機能を十全に発揮していない。自己保存的であって、大学の経営に対立する。繰り返すが、教授会は大学の経営基盤である財政に責任がとれない組織である。財政に責任がとれない教授会を通らなければ何事も決まらない、という教授会絶対主義のもとで、理事会は機能しない。学長が教授会の決議を理事会に報告し、その報告を追認して記録にとどめるといった単なる追認機関が理事会では、財政破綻を起こす。そういう構造では、大学は生き残れないだろう。

逆に、理事会が財政権限を独占して、理事会主導の経営体制でも、大学は存在の意味を失う。大学・教授会と理事会が協働関係になるように組織を構築することが重要である。

14 理事会の機能改革

教員人事とカリキュラムは大学経営の根幹であるから、すでに述べたように、理事会がそれらの問題についてまったく没交渉ではあり得ない。しかし、理事会が直接カリキュラムや教員人事に介入することは大学の伝統的文化からいって不可能である。したがって、アメリカ型のように、理事会は大学に対して助言・批判・評価などの監視機能を持つべきで、その機能が発揮されるかどうかが一番大事である。そのことを組織上どのように表現するか、寄付行為上明確にしておく。例えば、国立大学の場合の運営諮問会議（旧国立学校設置法第7条の2、現行は「経営協議会」に相当）に類似した組織を置く。国立大学の場合と異なり、私立大学の場合は、学校法人・評議員会の中に運営諮問会議を置くことが適切である。すなわち運営諮問会議は評議員会の小委員会として、主として評議員をその構成員とする。その職務は、国立大学の場合と同様でよい。すなわち「運営諮問会議は、次に掲げる事項について、学長の諮問に応じて審議し、及び学長に対して助言又は勧告を行う。

①大学の教育研究上の目的を達成するための基本的な計画に関する重要事項。

②大学の教育研究活動等の状況について当該大学が行う評価に関する重要

事項

③その他大学の運営に関する重要事項」

その際、国立大学の場合と異なり、運営諮問会議の審議内容は理事会・評議員会に報告を義務づけることである。国立大学では、審議内容の公示にとどまっている。

15 学長の位置づけが組織改革のポイント

次の組織改革のポイントは、学長というものをどう考えるか、どう位置づけるかということである。学長とは大学の本質的機能を維持す責任があり、そのために理事会と教授会の接点でなければならない。それぞれの大学には理念があるが、その理念を保持し、体現できるのは学長である。設置者である理事会は、理念が具体的に大学の営みの中で実現されているかどうかということを監視する責任があるが、実体を担うのは学長である。

例えば、アメリカでもリベラルアーツ・カレッジの存立ということは大変難しく、常に危機にさらされている。専門強調の圧力からリベラルアーツは逃れられず、社会の評価も安定していない。にもかかわらず、アメリカには有名なリベラルアーツ・カレッジがいくつかあり、100年以上の歴史を保っている。そのような大学の学長たちも、リベラルアーツは教授会では維持できないと言っている。日本でも、アメリカでも、ヨーロッパでも、大学教員は専門偏重であり、そのような大学教員が自立的にリベラルアーツ教育を維持することはできない。結局、学長が、断固としてリベラルアーツを固守すると主張しない限り、その大学はリベラルアーツから脱線する、ということがアメリカの学長の常識のようである。

以上のように、学長の役割は大学の本質的機能を維持することであって、学長は教授会の代表というわけではない。それぞれの大学の在り方によって、いろいろと違いはあるが、学長が教授会を代表してしまっては、私立大学は成り立たない。

もう一つ大きな問題は、学長の選任の方法である学長選出方法の改革を行うことが、私立大学改革の一つの鍵になる。従来、このような視点は提示されていなかった。アメリカの学長選任について先に考察したが、日本の大学

文化の中で、アメリカの方法をそのまま採用することはできない。にもかかわらず、学長の選任権は理事会にあることを明確にすべきである。しかし、そのようにいうと、いわゆるオーナー型の大学における理事長独裁体制を補完する主張になりかねない。ここで主張していることは、あくまでも理事会に学長選任権があることの主張であって、理事長に選任権があるべきだとはいっていない。問題のある大学は、理事長と学長との責任と権限の構造が未分化である場合が多い。

　法制的に問題なのは、学校教育法で保証する教授会の審議権（旧学校教育法）との関係である（新学校教育法のもとでも、「教授会の審議権」という認識を変更することには、実際上無理がある）。先にも述べたように、教授会が関与しない学長選任は無効という判例がある。この判例については異論がある。その逆の判例もある。いずれにしても、学長選任権と教授会の審議権との関係を調整しておく必要がある。私見では、学校教育法を改定し、教授会の権限が大学経営権を凌駕しないようにすべきである（新学校教育法で、このことが実現するか、疑問が残る）。この問題は、国立大学の独立法人化に際しても、整理を迫られた問題である。教授会民主主義と大学経営の矛盾を解くことを、法制的に根拠づけることは非常に重要である。この主張は、教授会を単純に学長の諮問機関に位置づけよ、ということではない。すなわち、新学校教育法を全面肯定するのではない。

　注意したいことは、国立大学の自治に関わり、学長・学部長等の選任権と教育課程編成権を大学が獲得してきた歴史的経緯である（寺﨑昌男1998）。しかし、この場合は国家権力に対抗して学問の自由を擁護することが本質であって、ただ大学の自治が主張されているのではない。したがって、国立大学における人事権と教育課程編成権の権限関係が、直接に現代の私立大学に当てはめることは当を得ていない。

16　学長を機能させる組織構造

　日本の大学においては、学長を実質的に機能させる場面がほとんど用意されていない。学長を機能させると、必ず学長独裁という批判が出る。もちろん学長のワンマン経営を容認してはならない。しかし、現実は判断を要する

場面が多い。組織においては最終的にはその長が判断をすべきであるから、学長の出番がないということは、実質的判断を棚上げするような結論を生み出しやすい。これでは組織改革は不可能である。民主的に学長を機能させるのは非常に難しい問題である。

　大学経営における最も本質的な事項は教員人事である。学長が人事の基本方針に関与できるようにならなければ、大学の本質的改革は不可能である。(旧)国立学校設置法では、学長が議長になる評議会が教員人事の基本方針を審議することになっている。しかし、実際は人事権は学部教授会にある。したがって、一度学部に配置された教員枠を変更することはほとんど不可能である。私立大学の場合、限られた予算の枠内で改革を行うためには、教員枠の変更、いわばリストラが必要になる。大学の個性化が求められているが、そのためにはリストラをしなければならない。しかし、これは至難の業である。

　そこで、人事権を学長が実体として掌握し、しかも形式は民主的であるという仕組みを考えざるを得ない。教育研究評議会のような組織を学長が積極的に利用するのである。教育研究評議会のもとに教員人事委員会を置き、学長がその委員長になる。通常は小委員会の長を学長は務めない。しかし、学長が最前線に乗り出すことが戦略である。カリキュラム編成についても同様である。もっとも重要なアジェンダについては学長が直接に関与できる組織をつくることが鍵になる。

　学長が直接指導するが、緩急自在に間をとりながら学長独裁という狼煙が上がらないよう、最終的には妥協しつつ学長の意図するところに導く。そのようにお膳立てをするには、学長が直接関与する以外にない。このように学長としての政策を、組織を通して実行するためには、学長を機能させる組織をつくり、学長自ら関わらざるを得ないのである。

17　組織変革の根本

　大学を改革するためには、教員人事権が公的には理事会にあることを明確にし、学長権限を明確にさせることである。さらに、教授会の機能を限定することである。(旧)学校教育法によれば、「教授会は重要事項を審議するが、

重要事項を限定して記述しなければならない」(新・学校教育法による教授会の権限は、実質的には、旧法と変わらないことを前章で述べた)。さらに、審議権を字義どおりに解釈し、教授会には最終決定権がないことを明確にする。審議事項は学則に明記し、教授会においては定められた審議事項以外のことは審議しないように学長が明確な態度をとることが必要である。

18　大学教員評価の現実

　私立大学の改革にとって重要な命題は、大衆化した大学における教員の責任と、教授会の機能を再定義することである。この問題と不可分な課題が大学教員の評価制度の変革である。特に大学教員の教育評価をどう行うかということが緊急の課題である。研究業績でも客観的・絶対的には評価できない。教員の教育評価も同様である。特に教育評価は絶対評価になじまない。原理的には相対評価である。教員の評価の現実は平等原則が支配的である。ほとんどが年功序列でもなく実態は年齢序列である。したがって、報償機能が働かず、無意味である。いま必要なことは教育貢献に対する報償機能を制度化することである。教育に優秀な教員、あるいは教育に顕著なる功績を挙げた教員には給与を特進させる制度が必要である。そのためには教育評価の方法を開発することが求められる。

19　大学教員の責任と契約

　教員の評価を考えるときに基本になることは、私立大学の教員の責任を明確にすることである。特に私立大学においては、それぞれの大学に固有の使命がある。教員には使命にコミットすることが求められるのは当然である。しかし、そのようなことを明確にして就任する慣習は、日本の大学では定着していない。就任に際しては、受けるべき報酬に対応して責任内容を明確に契約しなければならない。アメリカのある州の大学では、教員任用のために100頁以上のパンフレットが用意されている。そこには、プロモーション資格、組織の決定、給与体系、義務、期待される授業方法などが全部書いてある。その記載事項に基づき学長と就任する教員の両者がサインをして、契約が成り立つわけである。

日本の大学は暗黙の了解で、教授会規則すら呈示しないで任用しているが、教員の責務が流動的であるだけに、教員の責任と義務は契約で明確にしておく必要がある。その際に、大学教員の業務の割合が問われる。現在の大学教員は「研究：70％、教育：20％、大学運営・社会貢献10％」という割合を暗黙の了解にしている場合が多い。しかし、今後の私立大学では「教育：70％、研究：20％、大学運営：10％」とすべきである。教育に重きを置かないと、大学は存続できない。学生は授業料に見合うサービスを要求する。教職員の給料は授業料により支弁されるから、社会はそれに対する説明を要求する。アカウンタビリティが大学に課せられている。大学・教員はそれに応えなければならない。

20　大学改革と学長のリーダーシップ

　リーダーシップの問題は、それが問われるそれぞれの大学の運営組織の構造に深く関わるので、一般論はあまり意味がない。すでに述べたように、学長がリーダーシップを発揮できるように組織構造を変革することである。その際、いかなることについてリーダーシップが期待されているのかが明確でなければならない。いわば改革の目標の明示が、リーダーシップの第一歩である。そして、学長が提示する改革目標を、大学構成員に納得させることが、リーダーシップの第二である。そして、当該問題に対して学長のリーダーシップ発揮可能な組織的審議機関を創設することが、第三である。さらに、その審議機関の長として学長が審議に参加し、審議をリードすることが、リーダーシップの第四である。

　学長のリーダーシップは現実的でなければならない。大学教員の完全癖からの解脱を促し、人間の考えることには完全はないから、次善の策を創出し、それで止むを得ないと構成員に思わせるような落とし所へ誘導することが、リーダーシップのリアリティである

　学長のリーダーシップが求められる重要な場面の一つに、教授会の運営がある。すでに論じたように、教授会で審議すべきことと、そうでないこと（行政事項）の区別を厳格に学長は提示しなければならない。例えば、最も重要な審議事項として教員人事がある。教員人事については、教員の資格審査

と教員枠の問題を区別する。教員の資格審査は教授会事項で、学長が安易に介入してはならない。しかし、資格審査の過程で、大学の使命にコミットすることが期待できるか否かは、学長が最終的には判断すべきである。これに対して、教員枠は主として行政事項（経営事項）であり、その決定には学長が主導権を持つ事柄である。このことは、教授会において機会あるごとに明言しなければならない。日本の大学教員の意識では「第一次判断権は教授会にある」ことになる。これでは私立大学は破綻する。教授会は経営責任を引き受ける組織でないことを、教授会に認識させることも、学長のリーダーシップの内容である。

　リーダーシップは独断専行ではない。学長が教員の論議の只中に入り、議論を共有することが、リーダーシップの重要な基盤である。議論することに教員が疲れるまで付き合う。時に論破し、時によく聴き、頃合いを見て、結論を学長が（断定的に）提示する。時には多数決で強行突破する。結論は不完全でも、次善の策として納得させる。人間の出す結論に完全はない。不完全な方針を用いながら、欠けたところを補い合うのである。

　以下にリーダーシップの概念整理を多少しておく（高木幸道1995）。

　リーダーシップには意味付与の機能、すなわちヴィジョンと共有価値を与える機能が含まれる。また、目的達成のための手段・目標関連を明確化する機能が期待されている。さらに、リーダーシップは状況の関数である。リーダーシップは恒常的ではない。状況が変わればリーダーシップの内容も変わる。ここで状況的要素として考えられるのは、フォロアーシップ（リーダーのもとにいる人々）の特性、組織の持つ特性（組織風土）および文化的・社会的・経済的環境の特性である。リーダーシップを論ずることは、リーダー個人の資質を問うことではない。

　Clark Kerrは学長のタイプには、改革推進型、経営本位型（Management型）、保身執着型、責任回避型、その他、その時々で複数の役割型がある、と言っている。日本の場合を考えると、さらに、調整型と象徴型を加えたほうが現実に適合する。これは、期待されているリーダーシップを考える上でも参考になる。

　効果的リーダーシップは大学のタイプにも関係する。大学のタイプには、

次の分類がある（バーンバウム1992）。
- 同僚平等型：集団の規範に従って行動する
- 官僚型大学：合理的構造と意志決定
- 政治型大学：権力と資源をめぐる競争
- 無秩序型大学：組織不整備
- サイバネティック型大学：自己制御による方向性の提供

さらに、学校法人の経営タイプの分類がある（高木幸道1995）。
- 同族経営型
- オーナー専断型
- 理事会（長）主導型
- 学内理事主導型（理事会教学協調型）
- 教学（教授会）主導型

これらの学校法人のそれぞれのタイプの特性によって、リーダーシップの発揮が期待される場面が異なる。

リーダーシップのパターンには次の類型がある（高木幸道1995）。
- 命令統制型：オーナー専断型
- 対人間調整型：レクトール型、教学主導型
- 価値投入型：卓越した理念を掲げての創設者型、起死回生を賭けての中興者型
- 創造開発型：今後に求められるタイプ

学長のリーダーシップとフォロアーシップについては、次のコメントが参考になる（ガードナー1990）。「リーダーとフォロアーズとの相関関係の中でとらえると、リーダーの優劣は、天性の才能より、フォロアーズの態度、意志、参加意欲などによって大きく左右されるものである」。「リーダーとフォロアーズとの関係は、文化によって異なる」。「良質の集団構成員は、優れたリーダーを生み出しやすい」。「ヨコ系列で選出された日本の学長は、リーダーシップの在りようがおのずから制約されている。補佐体制、学部体制、事務体制が学長のリーダーシップを決定づける」。

学長のリーダーシップを論ずるときには、以上の視点が視野になければ、適正を欠くであろう。

付録 「私立大学経営に関する絹川の主張の要約」

(東北文化学園大学・高坂知節学長〈2005（平成17）年～2011（平成23）年〉による)

1　学問の自由と教授会の自治
   ・学問の自由を担保することと、教授会が大学経営の全体に支配力を及ぼさなければならないこととは、同義ではない。
   ・教授会の自治が認められるのは、学問の自由に限定されている。なぜなら、教授会が大学の財政に対して責任をとれない組織であるため。
   ・教授会の自治は、大学経営権を持つ理事会によって制約されている。
   ・教授会の自治権は、経営権を凌駕するものではない。
   ・「学問の自由」の主張については、普遍性の保持を条件に、教授会はオールマイティであるが、そのことと直接関係がない大学経営上の問題については、教授会の権限は制約されるべきである。
   ・大学運営が民主的であることが、大学の正義であるという認識も、大学教員の間では一般的であるが、民主的運営が、大学の運営において絶対必要条であろうか。民主主義は政治において意味を持つものであって、組織の経営・運営においては適合しない。これは社会人の常識である。大学教員はそのように考えないで、民主主義が金科玉条である。
   ・日本の大学教員は、民主的な手続きをとることを、大学経営・運営のあらゆる場面で要求する。すなわち、民主的でないことは、大学の真理性に反するかのように振る舞う。

2　学長の選考
   ・学問の自由を守ることと、民主主義原理は直接的な関係にはない。アメリカの大学の学長は、構成員の民主的な投票では選ばれない。
   ・「私立大学学長を大学構成員の選挙で民主的に選ぶべきである」ということにはならない。従来の国立大学と私立大学とでは、それぞれの存在条件が異なるのである。両者に同様に民主主義的原理を当てはめること

は、論理性がない。
・学長を選ぶということは、理事会の独占的責任である。

3 学長の責任
・学長には、大学の基本的在り方を理事会と教授会の両方に説明する能力が要求される。学長は、理事会と教授会に対する両面の責任を果たす。
・学長の役割は、大学の本質的機能を維持することであって、学長は教授会の代表というわけではない。それぞれの大学の在り方によって、いろいろと違いはあるが、学長が教授会を代表してしまっては、私立大学は成り立たない。
・学長が、人事の基本方針に関与できるようにならなければ、大学の本質的な改革は不可能である。
・学長が、教授会の決議を理事会に報告し、その報告を追認して記録にとどめるといった追認機関が理事会では、財政破綻を起こす。そういう構造では生き残れないであろう。

4 大学の経営
・大学の経営の根幹は、カリキュラムとそれを担保する教員人事および学生定員である。
・教員人事とカリキュラムは大学経営の根幹であるから、理事会がそれらの問題について、まったく没交渉ではあり得ない。
・理事会は大学に対して、助言・批判・評価などの監視機能を持つべきで、その機能が発揮されるかどうかが一番大事である。
・教授会民主主義と大学経営の矛盾を解くことを、法制的に根拠づけることは、非常に重要である。
・大学を改革するためには、教員人事権が公的には理事会にあることを明確にし、学長権限を明確にさせることである。
・さらに、教授会の機能を限定することである。学校教育法により「教授会は重要事項を審議する」が、重要事項を限定して記述する。さらに、審議権を字義どおりに解釈し、教授会には最終決定権はないことを明確

にする。
・審議事項は学則に明記し、教授会においては定められた審議事項以外のことは審議しないように、学長は明確な態度をとることが必要である。
・大学を改革するためには、教員人事権が公的には理事会にあることを明確にし、学長権限を明確にさせることである。

〔参考文献〕
バーンバウム, R. 1992（高橋靖直訳）『大学経営とリーダーシップ』玉川大学出版部
ガードナー, J. W. 1990（加藤幹男訳）『リーダーシップの本質』ダイヤモンド社
Ingram, Richard T. 1995, *Effective Trusteeship. Association of Governing Boards of Universities and Colleges*
Neff, Charles B. and Leondar, Barbara 1997, *Presidential Search, Association of Governing Boards of Universities and Colleges*
西田亀久夫1996『教育政策の課題』玉川大学出版部
高木英明1998『大学の法的地位と自治機構に関する研究』多賀出版
高木幸道1995『学長リーダーシップを問う』学校法人経理研究会
俵正市2001「定年制・再雇用の問題点と対策」『私学経営』320、私学経営研究所
寺﨑昌男1998『大学の自己変革とオートノミー』東信堂

3 私立大学のガバナンス
——国際基督教大学の経験から

1 アメリカ型と日本型の混在した理事会

　ICU（国際基督教大学）は、日米のキリスト者が共同で創立した大学である。したがって、理事会の位置づけには、日米の考え方が混在している。どちらかといえば、アメリカ型の発想が強かった。アメリカ型の発想が、日本の法制によって歪められた、と言うほうが正当かもしれない。

　学校法人理事会は数年前に大幅な改革を行った。改革前の理事定数は24人で、理事長、副理事長1人、常任理事5人を置いた。常任理事のうち2人を財務及び学務理事とし、財務副学長と学務副学長をもってこれに当てた。学長、学務、財務理事以外の常任理事は実務を担当せず、毎月開かれる常任理事会に出席するだけであった。財務及び学務理事は副学長を兼ねるから、その意味で専任で、副学長として報酬を得る。理事全員は理事としては無報酬である。学長、学務及び財務理事以外の理事は、実質的に名誉職である。

　定例理事会は各年3回開催していた。常任理事会は理事長、副理事長、常任理事、学長で構成され、毎月1回開かれた。その実態は、学長報告の承認機関であった。常任理事になる学務副学長及び財務副学長は、学長の推薦により任用される。寄付行為の上では、副学長は学長の補佐であるから、大学の経営は実質的に学長が担っていた。すなわち、理事会は学長の経営を監督する立場にある。学長の補佐である財務副学長が、学長を監督する常務理事の一人であるという、構造上の矛盾がそこにはあった。

2 財政問題を契機に理事会を改革

　ICUの財政の基本構造は、学生納付金、国庫助成金と基金運用収益である。日本経済が下降線をたどることに対応して、基金運用収益が期待できな

くなり、ICUの財政は極度にひっ迫してきた。バブル期の資産運用が順調であったことを基本にした大学の拡張政策が、突然見直しを迫られ、理事会に調査検討委員会が設置された（1992年）。調査委員会の結論の一つは、理事会の責任体制の確立だった。すなわち、

①理事定数を減ずる。
②財務理事を独立させる。
③総務理事を置き、理事会と大学の連携を図る。
④教職員定数を減ずる。
⑤リベラルアーツ教育を徹底する。

　この基本方針に基づき、大学経営体制の強化がこの間に実行され、相当の成果が得られた。理事定数は17人以下とされ、理事会は毎月開かれるようになった。また、寄付行為施行細則に「大学運営会議」の設置を定めた。これは、学長を議長とし、副学長、総務理事と財務理事で構成し、毎週招集される。また「大学運営諮問会議」を置き、学長への勧告を行う機関を評議員会内に置いた。学長と両副学長は、寄付行為組織である「大学運営会議」と学則組織である「大学幹部会」（後述）の両方に関わり、理事会と大学の関係が強化された。

　話題が元に戻るが、調査検討委員会がどういう視点でICUの危機を救う方策を提言するかを考える上で、一つのエピソードがヒントになった。問題の一つの焦点は、理事会の責任体制である。特に、理事長が名誉職で、大学の健全な経営ができるか、という批判である。調査委員会委員長（筆者）が、たまたま理事長と面談していた時、理事長が、「そういうのなら、理事長を機能させてみろ」と言われた。これが調査検討のヒントになった。理事長を機能させるように組織を見直すことである。学長については、そのことが最も問われる。学長を機能させるようには、大学の組織が構成されていない。大学のガバナンスの中心は、学長を機能させるようにすることである。当たり前と言えばそうであるが、急所をついていると言えよう。

3　多様な規定で定められた学長の職責

　学校法人の立場で言うと、「学長とは、この法人の設置する大学の学長の

資格をもって就任した理事」である（寄付行為施行細則）。学長の職責は、寄付行為施行細則で次のように定められている。

　①学長は、大学の主要幹部として、その地位に伴う職務を行う。
　②学長は大学を代表する。
　③学長は理事会に対し、副学長、学部長及びその他主要職員を推薦する。その他の職員については、その任免の責を負う。
　④学長は、理事会及び在米財団に対して、大学の学事、財政の現状及び必須要請の事項につき年報を作成する責を負う。
　⑤学長は、理事会及び在米財団に対し連絡の責を負う。

（ここで「在米財団」とは、ICU創設のためにアメリカに作られたICU支援財団を指す。）

　理事会の視点で見ると、ICUの学長は、大学経営の責任を理事会から一任されている。しかし、学長の職責は、大学学則及び教授会規則でも定められているから、その実態はもっと複雑である。学則によると、学長は本大学を代表し、校務を掌り、寄付行為施行細則に定められた職務を行うことになる。さらに、学則により、学長は教授会の議長となる。さらにまた、学則により、学長は幹部会の議長になる。幹部会は、副学長、学部長、大学院部長、国際渉外部長、図書館長、及び事務局長で構成され、大学運営の全般について審議することになっている。開学以来、学長の職責については、以上の位置づけで推移してきた。このような組織的位置づけで、学長を機能させることができるかが問われることになる。

4　ICU学内組織

　ICUは一学部、一大学院を置いている。大学院には複数の研究科からなる（現在は一研究科に統合されている）。ICUで特殊なのは、学部が教養学部のみで、複数の学科で構成されていることである。各学科は複数の専攻分野で構成される（注：以下における学部についての記述は、筆者がICUに在籍していた当時のもので、現在は、アメリカのリベラルアーツ・カレッジに相似な形式に改組されている）。

　例えば、理学科には生物、化学、数学、物理学等の専攻分野がある。いわ

ば理学科は小規模だが理学部の構造をもっている。すなわち、ICUの学科は通常の大学の学部に相似的である。学科教授会は学部教授会に相当する。以下において「教授会」は全学教授会を指し、各学科には「学科教授会」が置かれている。

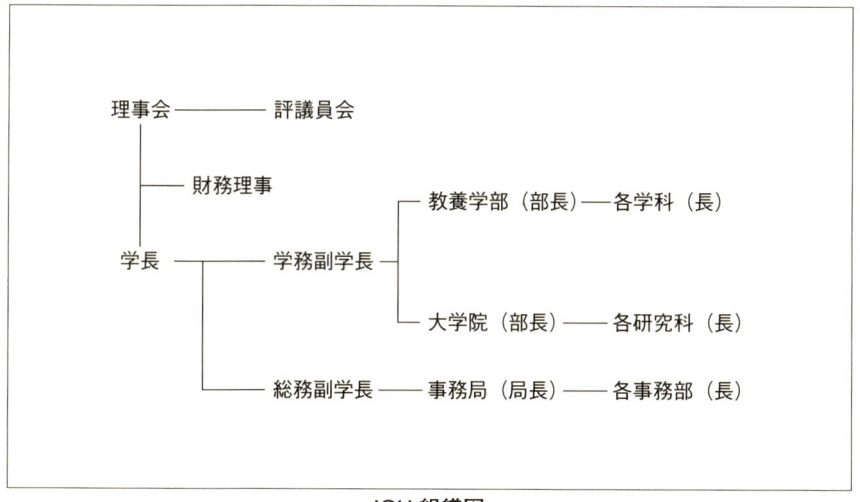

```
理事会 ──── 評議員会
  │
  ├── 財務理事
  │
学長 ──┬── 学務副学長 ──┬── 教養学部（部長）──── 各学科（長）
       │               │
       │               └── 大学院（部長）──── 各研究科（長）
       │
       └── 総務副学長 ──── 事務局（局長）──── 各事務部（長）
```

ICU 組織図

5 教授会の運営と教員人事

学則には教授会の審議事項を次のように定めている。
　①教授、助教授、講師の任免。
　②教育課程に関する事項。
　③学生の入学、卒業等、学生の身分に関する事項。
　④学術研究に関する事項。
　⑤教育研究施設に関する事項。
　⑥学内の宗教活動に関する事項。
　⑦その他学長の諮問する事項。
（後述の議論で、この⑦項が重要な意味を持つことを注意しておく。）
　教員の任用システムについて、ここで詳論することはできないが、多少のコメントを示しておく。前述の寄付行為施行細則で、学長が教員の任用を理

事会に推薦することになっている（教員の任用は、形式上理事会の決定事項）。その実態は、学科教授会から上がってくる人事を、教授会が審議（事実上は決定）し、その結果を学長が理事会に報告し、理事会が承認するだけで、学長が教員人事に本質的関与する余地はなかった。学長は単なるメッセンジャーにすぎない。これでは、大学改革は不可能である。寄付行為上の学長の推薦権を実質化する仕組みを組み込むために、これまでの人事手続の細部の見直しを行った。一つは、教員任用枠の決定に学長が直接関与できる組織を作った。すなわち、学長を議長とし、学務副学長、学部長、大学院部長、学科長で構成する「教学改革実行委員会、略称WCAR」を設置し、すべての空席は、全学的視点で、この委員会の議を経て定めることにした。ここで学長は教員人事について直接に意見表明をする機会を持ち、論議の方向づけを与えることが可能になった。とはいえ、学科（通常の大学の学部に相当）の個別教員人事を、全学的視点で見直すことは至難の業である。それだけに、学長の指導力が問われることになる。教学改革実行委員会のような組織を、教授会に承認させることも、至難の業である。ICUでそれが成功した一つの理由は、前述した財政危機に伴い、教員数の削減を理事会が命じたことである。いわばリストラである。教授会が自発的に削減に応ずることはできない。にもかかわらず、削減は至上命令である。この矛盾は学長のリーダーシップで解決する以外に道はない。そのような歴史的状況を、学長が戦略的に捉え、善用したことにより、教員人事問題を学長が掌握する組織として、教学改革実行委員会を設置することができたのである。

6　学部長等の選任をめぐって

　ガバナンスの中核は、人事である。学部長等、大学の幹部要員をどのように選ぶかによって、ガバナンスは決定的に左右される。学則上、学部長等は学務副学長の補佐、すなわち、学長の補佐である。学部長の考えが学長と異なれば、たちまち大学の運営は困難になる。私はそういう苦い経験をしている。学長を中心とする大学の運営体制が一枚岩でなければ、学長は時間の流れにただ身を任せるだけである。そのような学長は不要である。
　問題は、学部長等の選任が、教授会の直接投票で行われ、学長の意見を反

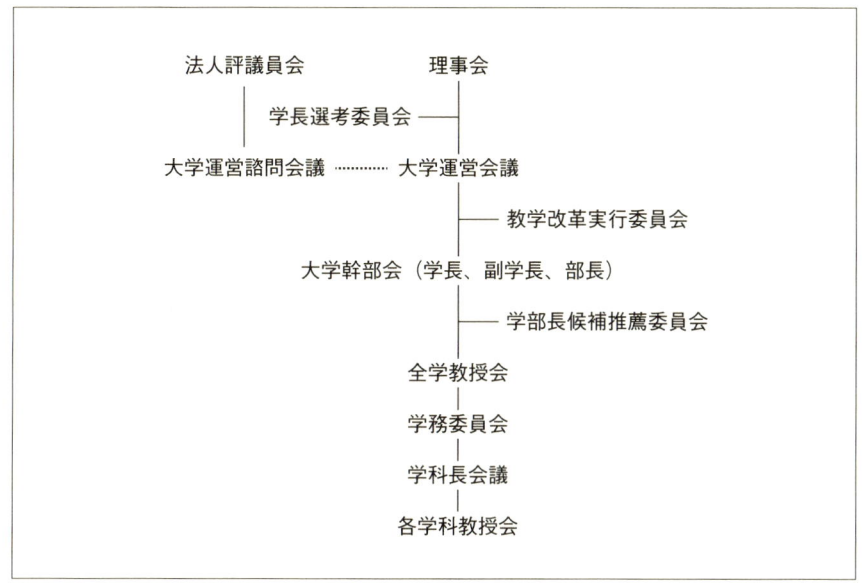

```
┌─────────────────────────────────────────────────────────┐
│          法人評議員会        理事会                       │
│                  └──── 学長選考委員会 ────┤               │
│          大学運営諮問会議 ……… 大学運営会議                 │
│                                   ├── 教学改革実行委員会  │
│                            大学幹部会（学長、副学長、部長）│
│                                   ├── 学部長候補推薦委員会│
│                              全学教授会                   │
│                              学務委員会                   │
│                              学科長会議                   │
│                              各学科教授会                 │
└─────────────────────────────────────────────────────────┘
```

ICU 意志決定組織図

映させるシステムがないことである。ICUにおいては、寄付行為上、学長に学部長の推薦権があるが、実質は、教授会の投票で決まり、その結果を学長は理事会に伝えるメッセンジャーにすぎないということである。

　アメリカの大学では、学部長の任用は学長の責任である。アメリカの学長は、経営責任者でもある。経営責任の一端を担う学部長は、学長の腹心である。その選任を学長が行うことは当然のことである。日本の大学で、学部長を学部教授会の投票で選ぶということは、学部長には経営責任を付託しない、ということを意味する。すなわち、学部長は学部教授会の代表なのである。

　ICUにおいては、幹部会の構成員のうち、国際渉外部長、図書館長、事務局長は学長が実質的に任用する。肝心の学部長、大学院部長、学生部長は教授会の投票によって決めている。しかし、そうなった歴史的経緯がある。そこにも日米のシステムの混交が見られる。

　ICUにおける学部長選任規程は、教授会規則に含まれている。その規程は次のようになっている。「学長は指名委員会と協議して、学部長候補者を理事会に推薦する」。ここに指名委員会は、学長を委員長として、幹部会の

メンバー、学科長、研究科長、各学科代表から構成する。この規則は創立以来変わっていない。すなわち、10数年前までは、この規則により学部長等を選任していた。したがって、教授会の直接投票ではなかった。ところが、2代前の学長（東大出身）が、「この規程にもかかわらず、当面、教授会の投票により学部長等を選任する」とした。指名委員会と協議して決めることの労を省いたのである。本来の選出規程は、学長の選任権が独断専行にならないように配慮しつつ、ガバナンスの実質を押さえた妙案であった。しかし、その運用は容易ではない。学長の主導性にかけた方法である。「この規程にもかかわらず」としたことがわからないでもない。しかし、教授会の直接投票のガバナンスに与える負の効果のほうがはるかに大きいことを見逃している。案の定、次の学長は、投票で選ばれた大学院部長の無法ぶりにより、窮地に立たされることになった。教授会が選んだ部長であれば、教授会構成員は、その後、その部長を支持し、大学の運営が円滑に行くことになる、と期待しているのであろうか。そうはならないことは常識であろう。投票者は無責任なものである。

　私は、学長として、学部長等の選任方式を、元に戻すことを試みたが、激しい抵抗にあった。投票権の侵害で、民主的でないと言うのである。止むなく妥協を強いられ、次のような次善の策を提案した。すなわち、教授会は、指名委員会が推薦する3名の候補者名を参照して、投票するとある。ここで「参照して」とあることは、投票は推薦候補者以外の者も対象にすることを、論理的に可能にして、指名委員会の推薦を認める、ということで妥協した。その後の数回の学部長等の選出では、この新制度は順調に機能した。ところが、ある時、一部の教員が党派的行動をとり、指名委員会が推薦した候補者以外の者に投票するよう事前運動を行い、教授会で多数票を獲得することに成功した。この結果、学長は窮地に立たされた。止むを得ず、教授会の投票で過半数を獲得した（指名委員会推薦候補でない）候補者を学部長として理事会に推薦するという矛盾を犯した。理事会は学長に、次回は原規則に基づいて推薦をするよう勧告をした。

　そこで、改めて学長は、指名委員会が推薦する候補者に対してのみ投票を行うことを提案したが、猛烈な抵抗に遭遇し、改めて教授会自治なるものを

認識した。

　止むを得ず、さらに妥協して、次のことを教授会に求めた。すなわち、学部長等の推薦は学長の責任であること、また、教授会が指名委員会推薦候補者以外の者を候補者に選出した場合には、学長は指名委員会と協議すること（すなわち、ストレートには教授会の推薦を容認しないで指名委員会に持ち帰るということ）の2点を教授会が承認することを要求した。これについて教授会は激論になり、票決の結果、かろうじて学長の主張が認められた。

　以上の経緯は考えてみれば、おかしなことである。学長の最終提案の本質は、もとも存在する選出規程の確認を求めたにすぎない。それを認めないということであれば、組織体は成立しない。認めることが、組織体構成員のモラルである。そもそも、学則によれば、学部長等の選任は、教授会の本来の審議事項ではない。前述の教授会審議事項第（7）項により、学長が諮問する限りにおいて、教授会の審議事項になる。学長は原規則に従って（すなわち、教授会が直接関わることなく）、指名委員会と協議してそのまま理事会に候補者を推薦しても、合法的である。しかし、それが不可能なところに、日本の大学の教授会自治の歪みが見え隠れする。そもそも（旧）学校教育法第59条で「大学には、重要事項を審議するため、教授会を置かなければならない」と規程した本旨は、教授会が大学の質を担保するということである。教授会は、大学の質の維持のために、重要事項を審議する権利（責任）が与えられているのである。その趣旨を大学教員は十分に認識して教授会を運営しなければ、大学は滅びの道を駆け降りることになろう。

7　学長の選任をめぐって

　ICUにおける学長選任の原則はきわめて明確である。すなわち、学長の選任は理事会の専決事項である、ということである。これはアメリカの大学では当たり前のことで、アメリカ人の協力により創設されたICUにとっても当然のことであったはずである。しかし、事態はそのように単純には推移していない。そこにも日本的教授会自治の問題が深刻に影響してきた。あるいは、日本的大学運営方式とアメリカ式が相克してきた、と言うほうが真実であろう。以下でその経緯をたどっておこう。

学長の選考は、理事会が選考委員会を構成して始まる。選考委員会は理事会代表5名と、学内教職員から選出された評議員から5名で構成され、理事長が委員長となった。この選考委員会が学長候補者を選定し、評議会の議を経て理事会が決定することになっていた。これだけ見ると、学長の選任は理事会の専決である。しかし、そのプロセスに教授会が関わったので、事態は複雑であった。すなわち、評議員として選考委員となった教授会メンバーは、選考の参考にするためと称して、教授会構成員に投票（これをpollと言い、voteとは言わなかった）を求め、その結果を選考委員会に報告していた。その結果、選考委員会の結論が、投票の結果と整合した場合は問題がなかったが、そうでない場合は、投票の意味をめぐって、再三、大学構成員の間で意見が紛糾した。この経験を踏まえて、理事会は、教授会メンバー、講師たち、職員に対する投票（poll, 参考投票）を先行させて、その結果を選考委員会だけが承知して、選考を行い、その後で、投票結果を公表するよう規程を改めた。その際、あくまでも投票の結果は選考委員会における参考資料で、決定は理事会が行うという建前を維持した。一方、教授会メンバーは、その意味を受け入れず、投票はvote（決定の効果をもつ投票）であることを主張し続けた。すなわち、教授会の意志において学長を選任すべきであるということであった。

　しかし、この新しい学長選任方式がもたらしたことは、学内における党派的運動の活発化であった。理性の府である大学にふさわしくない、おかしな雰囲気が学長選考の度に、学内に広がったのである。

　以上の推移を踏まえて、今回、ICU理事会は、学長選出について、アメリカ方式を貫徹させた。紙幅の関係で、ここでは簡単に結論のみを示すと、次のようになる。

(1) 理事会は、大学構成員の意見を求めて、次期学長の使命を集約し、これを公示する。

(2) 理事会は学長候補者推薦委員会を構成し、学内外に学長適任者を求める。学長候補者推薦委員は、理事、評議員、大学職員、同窓生の中から理事会が選任する（大学職員から委員を選ぶことについては、理事会は学長の意見を求める）。

(3) 推薦委員会は3名以内の候補者を理事会に推薦する。
(4) 理事会は大学教職員の意見を問うためのポール（参考投票）を行う。ポール対象者は上項で推薦された者の中から理事会が選ぶ。
(5) 理事会はポールの結果を参照して、次期学長候補者を選定し、評議員会に諮って決定する（ポールの結果は、次期学長が決定してから公表する。またポールは教授会メンバーと大学スタッフを区別せずに行う。すなわち、学長選出については、教授会の組織としての関与を否定したのである）。

　当初の理事会案ではポールを行うことは入っていなかったが、教授会メンバーの強い意見によりポールを行うことにしたのである。
　この改革に対して、教員はもちろん反対したが、理事会は、その意志を貫徹した。これにより、長年に渡る学長選任に関わる混乱は一応収束したかに見える。しかし、教授会メンバーの意識は変わっていない。あくまでも学長を教授会の代表とする考えは根強い。学長の職責について、共通の認識が形成されない限り、この相克は絶えないであろう。問題は、この学長選任方法により、ICUのガバナンスが改善されるかどうかである。選任された学長が、選ばれた経緯をどのように戦略的に用いられるかにかかっている。学長の機能を変更することは、容易ではない。学長をどのように機能させるか、それによって学長の選任方式も変わってくるのである。

8　学長を機能させる

　財政問題を契機にICUの改革が開始された。理事会は、（筆者が委員長として取りまとめた）調査検討委員会報告書に基づいて、第一の重要な課題である財政の健全化を学長に要求した。すなわち、バブル期に立案された大学の拡張計画（具体的には大学院の拡充）により肥大化した教員数を削減することを、学長に突きつけたのであった。当時の学長は、民主的にことを図ろうとして、大学の運営において実質的な支配力を持つ学科長会議（学部長会議に相当）に、教員数削減案の作成を求めた。各学科長は当然にも自己の所属学科の利益を優先する。一年間をかけて議論をしたが、何の結論も得られなかったことは当然である。民主的には経営問題は解決不可能であることを実証したのである。教員数削減、すなわちリストラの任務は、次期学長に託さ

れることになった。皮肉にも、教員数削減を提示した調査検討委員会の委員長であった筆者が次期学長に選任された。新学長は、しばらくの間、課題を託されていた学科長会議の動向を静観した。議論が膠着したことを学科長たちが自認する頃合い計って、学長が直接にこの課題に関与する組織を立ちあげることにした。学長は教授会の承認のもとに、教学改革実行委員会を設置した。同会議は、学部長と各学科長を委員として、学長が委員長の座についた。学長が直接に課題に関与できる仕組みを創ったのである。すなわち、学長を機能させようと図ったのである。

　新学長のもとでの審議も、一年間経過した時点でも、過去と同様にまったく進行しなかった。学科長たちが、いささかやる気を失いつつあることを見定めて、学長は教員数削減試案を提示した。学長の試案は、各学科の現状を詳細に検討し、定年を迎えようとする教員の何人かは後任補充をしないことを基本にした案である。紆余曲折を経て、学科長たちは大筋において学長試案を了承した。この間、各学科長は教学改革実行委員会での議論を、学科教授会に報告していた。すなわち、学長試案は周知されていったのである。そのことを踏まえて、学長は教員数削減案を教授会には提示せず、直接理事会に報告し、理事会はそれを承認したのである。すなわち、学長は「教員枠策定」を理事会の責任である経営問題として処理したのである。

　次に、教員人事方式にも若干の改善を見た。従来は定年等による教員補充は、ほぼ自動的に承認されてきた。しかし、それを改め、定年退職教員の補充は、教学改革実行委員会の議を経ることにした。これも行政手続きとして、教授会の審議にかけずに、学長の発議で実行した。さらに、し教員候補者審査委員会の手順についても変更した。学長が理事会に教員任用を推薦するに際して、学長が単なるメッセンジャーであってはならない。そのためには教員任用プロセスにおいて、学長がどの時点で関与できるかを明らかにしなければならない。従来は、教員候補者審査委員会（当該学科長、当該専門分野の教員、他分野の教員で構成）の推薦があれば、学科教授会の審議を経て全学教授会の投票に付される。この従来のプロセスでは、教授会に人事案件が上程されるまで、学長は当該人事案件に関与できない。そこで、教員候補者審査委員会で承認された人事案件を、学務副学長に報告させ、学務副学長は学長

に報告し、学長に異議がなければ、学科教授会の議に付すことを、学務副学長が当該学科長に伝達することにした。この手続き改定は、行政手続改定案件として、学長が発議し、教学改革実行委員会の討論をへて、施行した。教授会の議には付していない。このようにして、「学長を機能させる」という命題に、一定程度の進展を見た。

　財政改革の課題として次に浮上したのが、外国人教員処遇問題であった。当初、ICUが雇用する外国人教員（主にアメリカ人）の経費は、アメリカにあるICU財団が負担していた。ICU財団はアメリカのキリスト教各会派によって支援されていた。そのことが影響して、彼らが派遣する宣教師の処遇にならって、ICUの外国人教員の処遇が定められたのである。ICU開設当初の為替レートは1ドルが360円であったので、ドル建てで支払われる外個人教員の処遇と日本人教員に対する処遇の間には大きな格差が生じていた。その格差をさらに増幅したのが、外国人教員の子供の教育費負担であった。通常は、外国人教員の子供は、アメリカン・スクール（各種学校・国際学校）の幼稚園、小学校、中学校、高等学校へと進学する。この間の授業料等学費の全額をICU財団が支給していたのである。ところが、アメリカの経済が落ち目になり、日本の経済が興隆するにつれて、ICU財団を維持することが困難になってきた。そこで止むなくICU財団を閉鎖し、財団が担ってきた財務負担をすべてICUが肩代わりすることになった。外国人教員の給与は、円建てで、日本人教員給与規定に従うことにした。問題は、外国人教員の子供の学費負担までICUが引き受けることになったことである。すると、学費相当額が外国人教員の子供一人当たりで、一年で数百万円になり、子供が複数人の場合には、その総額は無視できないほど多くなった。理事長は学長（筆者）にその制度を廃止するよう命じた。学長がその制度の廃止を公表すると、外国人教員は、その家族まで伴って、学長に面会を求め、教育費補助は任用に際しての契約であるから、一方的に破棄はできない、と強硬な態度に出た。なかには、学長はナショナリストだ、と言いふらすものまで現れた。学長は説得に窮して、妥協せざるを得ない羽目になった。すなわち、現任外国人教員に対しては、教育費負担を継続する。ただし、以後任用する外国人教員の処遇は、日本人教員と同一にすることにした。かくして学長は、

妥協することを学んだのである。

9 理事長が機能した！

　筆者が一期4年の学長職を務めて、改めて次期の学長を選任する時期に来た。結局、学長候補者は現学長と、現学長に反対する勢力が推す候補者に絞られた。上述のような荒行を実行した現学長が不利なことは明らかであった。「改革する学長は再選されない」ということが、日本の大学における実態であることを筆者は実感した。規定どおりに学長選考委員会を理事会は発足させた。委員は理事会側から5名、学内教職員から5名で、理事長が委員長として加わった。いままでのように、教職員に対して「参考投票」を求めた。その結果は、現任学長に対抗する候補者の票が数票上回っていた。日本の大学のこれまでの常識では、この時点で現任学長の落選が決定する。そこで理事長が動いた。規定では、学長選考委員会が学長を選任することになっている。理事長は現任学長の改革路線を継続させることとして、選考委員を説得し、次期学長は学長選考委員会の評決の結果、現任が継続することに決まった。理事長が機能したのである。

　（注：その後、ICUは、学科組織を解体し、アメリカで多く見られる（専攻分野の集合による）リベラルアーツ・カレッジ型に改組した。よって現在の運営組織は、筆者の学長時代とは異なる。しかし、問題の本質が変化したとは思われない。）

〔参考文献〕

絹川正吉20001「大学組織の再構築──ICUの挑戦」『高等教育研究叢書』58、広島大学高等教育教授システム開発センター

絹川正吉2002「私立大学の組織・経営再考」日本高等教育学会編『大学の組織・経営再考』高等教育研究第5集、27-52頁

4　学長のリーダーシップ

はじめに

　本章はV-1で示した学校教育法の改正以前に、大学のガバナンスに関わる経済同友会の意見に応答する形で書かれたものである。今回の学校教育法改正は、経済同友会の意見に部分的に同調していると考えられる。したがって、本稿の主張は今回の改正に対する意見の色彩を帯びることになった。

1　問題の所在

　「志を持った大学のトップ（理事長または学長）が新しい取組・改革を実行しようとしても容易に進めることができない」のは大学のガバナンスに問題があるからである、と経済同友会が意見表明を公にしている（経済同友会2003）。私立大学におけるガバナンスの構図は、今日においても10年前と同様な課題を抱えたままではないか。私立大学におけるガバナンス改革の課題を、経済同友会の提言を下敷きにして考察してみたい（以下の引用は同報告書）。
　「一般にガバナンスとは、組織における権限・責任体制が構築され、それを監視・チェックする体制が有効に機能していることである」。「私立大学の状況も大学によって事情は様々であり、教授会が強くトップの権限が弱い大学がある一方、創設者一族等が理事長などを務めるオーナー経営的な大学もある。今回は前者を中心に問題点をとりあげる」としている。
　以下において、私立大学のガバナンスについて、経済同友会の提言に応答する形で、考察をする。その際に、大学という組織と企業のそれとは本質的に異なる事情があることを踏まえる必要がある。特に、「専門的な知識や技能の伝達を主な目的としている大学では、教授活動に必要な知識や技能が備わった集団に決定の責任が課せられなければならない」という大学に密着し

た事由を無視することはできない（村山志帆2013）。以下は、この事由を常に念頭においた考察であることを理解されたい。

2　理事会の機能

「大学ガバナンス改革では、教授会に大きく依存している現状のガバナンス構造を見直し、最高意思決定機関である理事会の経営・監督機能の強化、ならびに執行部門のトップである学長の権限強化が鍵となる」として、経済同友会は次の提言が述べている。

<u>経済同友会・提言1　理事会の権限および経営・監督機能の強化</u>
　<u>＊理事会を実質的な最高意思決定機関とする。</u>
　<u>＊学長選挙を廃止し、理事会が直接、学長を任命する。</u>

　私立学校法によれば、「理事会は学校法人の業務を決し、理事の職務の執行を監督する」ことになる。ここで「学校法人の業務」とは何かを問わなければならない。私立学校法によれば、私学の財政は理事会の責任であるとしている。それ以外に、教育・研究活動のすべてについて、理事会が決定することが求められているとすれば、問題が生じる。多くの大学の理事は学問的営みについては素人である。素人判断で学事を決することは危険である。そこで学長の存在の意味が生ずる。教学・研究については、理事会は学長に委託せざるを得ない。そういう学長の選出に理事会が直接関与することは当然のように思える。問題は理事会に学長選出能力があるか、ということになる。学長を選任できるほどの力量がある理事会を構成することが先決なのである。その事情を勘案しないで、闇雲に理事会が直接に学長を任命することが最善かどうかが問われる。理事会の質保証が前提でなければ、学長を直接理事会が選んでも、大学改革の実効性は薄い。

　言うまでもなく、学長が教授会の選挙で選ばれることの弊害は否定できない。そこで、学長候補を推薦する「学長選考委員会」の構成が本質的になる。国立大学法人においては、学長選考委員会の構成を教員と（経営協議会メンバーから選ばれる）学外有識者とを同数としている。問題は、「学長選考委員

会」がどのように機能しているかである。多くの国立大学法人では、いまだに大学教職員に対する意向調査（選挙）の結果を尊重して、学長を決定しいている。これでは、旧来の学長選出方法と大差はない。学長選考委員会が機能するためには、その構成員の見識が問われることになる。

3 学長・学部長の権限強化について

次に経済同友会の第二番目の提言を考察する。

経済同友会・提言2　学長・学部長の権限強化
　＊学長に大学における人事・予算権限を付与
　＊学部長選挙を廃止し、学長が直接、学部長を任命

学長に人事権、特に教員人事についての権限を付与することは、大学経営においてきわめて重要である。大学教員人事案件がすべて教授会で実質的に決せられることでは、大学改革は進展しない。教員は各自の専門領域の拡大に熱心であっても、大学全体としての視野に欠ける場合が多いからである。

大学の教員人事計画は、それぞれの大学の理念、教育目標等に即して策定さなければならない。どのように教員を配置するかは、大学の経営上の重要事項である。したがって学長は理事会と協議しながら、教授会を納得させる大学教員人事計画を提示することが課題になる。個々の人事案件ごとに、学長が指導することができるように、組織的手続きを定めなければならない。その際、上記の「教授活動に必要な知識や技能が備わった集団（委員会等）」を、適切に構成する。学長の持つ人事権は、このように緊張関係のもとで、適切に発揮されるべきで、学長の専制を許すものであってはならない。もちろん、教員の任用は教授会の専決事項でもない。

学長に予算権限を付与することは重要である。しかし、そのことが、学長に財政上の責任をすべて負わせることになってはならない。先に述べたように、財政の責任は理事会が負うことになっている（アメリカの大学では、事情が異なる）。

「学部長選挙を廃止し、学長が直接、学部長を任命」することについては、

教授会の抵抗は大きい。しかし、学部教授会で選出された学部長が、学長に敵対するようでは、大学改革はおぼつかない。したがって、学長に学部長任免権を与えることは当然のことと思われる。しかし、学部教員が学長に離反しては、大学改革は実行不可能である。学長が直接、学部長を任命することに対して中間的な位置づけを持つ「学部長選任方式」を勘案する必要がある。例えば、(学長が任命する)学務副学長を委員長として、学部構成員を委員とする「学部長(候補)選考委員会」を設け、その委員会に複数の学部長候補を推薦させ、学長が推薦候補者の中から学部長を選ぶ、という方式も一考に値するであろう。

4 教授会の機能・役割の明確化

次は経済同友会の第三番目の提言である。

経済同友会・提言3　教授会の機能・役割の明確化
　＊教授会は、学長などが教育・研究に関する重要事項に関して、教員の意見を聴取する場、又は情報共有の場とする

この提言は従来の教授会の解体を意味する。教授会を解体して、大学改革が進展するのであろうか。ここでは「教授会」の意義が問われているのである。

(旧)学校教育法によれば、大学は重要事項を審議するために教授会を置くことになっている。何が大学の重要事項であるか。財政が破綻しては、大学は存続できない。したがって、財政問題は大学の重要事項、すなわち教授会の審議事項である、ということにはならない。教授会が大学の財政に実質的に責任を負えないことは自明であるがゆえに、財政問題は教授会の審議事項ではあり得ない。

したがって、教授会が審議する案件を精査し、教授会審議事項を定める必要がある。

このようなわけで、教授会が審議する重要事項を定義する必要がある。そのためには、教授会の責任を明らかにしなければならない。

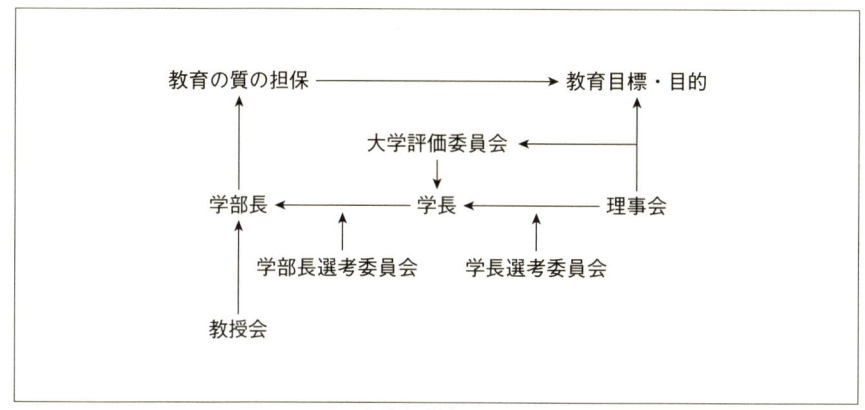

大学経営相関図

教育の質の担保 ━━━━━━━━→ 教育目標・目的
　　　　　　　　　大学評価委員会 ←──────┐
学部長 ← 学長 ← 理事会
　　　　学部長選考委員会　学長選考委員会
　↑
教授会

　提言は、教授会を学長の諮問機関に変更せよ、と言う。しかし、「教授会」の設置は、大学の営みの在り方、すなわち「大学教員の自律性」に関わる。

　教育・研究について、大学教員の自律性は本質的である。教授会を解体するのではなく、大学教員の自律性を強調することが、大学を改革する要である。大学教員が、教育・研究、特に教育に対して責任を全面的に負うことが、教授会の存在意義である。教育・研究について、教員が主体的に責任を負うための組織として、教授会は重要である。ただ教授会を解体しても、大学教育改革に貢献しない。もちろん、教授会が責任を負う事項は精査されなければならない。

　理事会・学長の任務は、教授会に教育の質をあくまでも担保させることである。教育の質保証は教授会の責任である。質保証を評価する「大学評価委員会」を理事会が設置することが望ましい。その際、学長には教員の教育活動を支援することが要求される。

　教育の質保証の根源は、教員（と学生）の質である。教員の任用に際しては、教員の義務内容を明記した契約書を交換する。契約書により、その大学の理念・教育目標・目的への貢献を誓約させる。教員評価、特に教員の教育業績評価は、この契約内容に基づいて実行されるべきである。このようなシステムを創成し実行する責任が学長に課せられている。

大学改革の成否は、学長をいかに機能させるかにかかっている。学長は、理事会と教授会の狭間に立つがゆえに、その立ち位置は緊張の下にある。その緊張が、大学のガバナンスの特性を表現する。したがって、この緊張に耐えることが学長の機能である。

〔参考文献〕

経済同友会2003.3.26「私立大学におけるガバナンス改革――高等教育の質の向上を目指して」

村山志帆2013「大学ガバナンスをめぐるリーダーシップの課題」『広島大学高等教育研究開発センター事業成果報告書』71頁

初出一覧

Ⅰ．「教養教育」を問う
　　山形大学基盤教育院、東京農工大学、近畿地区大学教育研究会などにおけるフォーラムで語ったものを敷衍した。

Ⅱ．大学教育を語る
　1　禁じられた学び
　　『私が考える日本の大学教養教育』という演題で「大学コンソーシアム京都」のフォーラムで語ったもの。
　2　大学教育のデザイン
　　「私立大学協会・大学教務部課長相当者研修会」において語ったものを、現在の状況を勘案して改定した。
　3　大学コミュニティの創造
　　同志社大学における国際シンポジュウムでの講演をもとにしている。
　4　リベラルアーツ・カレッジで働く
　　桜美林大学の職員に向けて語ったことを収録した。
　5　共に創る
　　国際基督教大学（ICU）における「入学記念講演」の記録を敷衍したもの。

Ⅲ．学士課程
　1　初年次・キャリア教育と学士課程
　　『大学教育学会誌』第28巻第1号、2006年
　2　学士課程教育における初年次教育
　　『カレッジ・マネジメント』145、Jul.-Aug、2007
　3　学びの転換
　　『大学における「学びの転換」と学士課程教育の将来』東北大学高等教育開発推進センター編（2010年3月）所収

Ⅳ．FDのダイナミックス
  1　FDのダイナミックス(1)
    「行政的と自律的」(『大学教育学会誌』　2007年29－1)
  2　FDのダイナミックス(2)
    「工学的方法と羅生門的対応」(『大学教育学会誌』　2008年30-1)
  3　FDのダイナミックス(3)
    『FDの今後の課題――ダイナミックス研究からの提言』大学教育学会誌31-1、2009年

Ⅴ．大学のガバナンス
  1　学校教育法改正で何が変わったか
    書き下ろし
  2　私立大学の組織・経営再考
    日本高等教育学会『高等教育研究』第5集、2002年
  3　私立大学のガバナンス―国際基督教大学の経験から
    『カレッジ・マネジメント』125号、2004年に掲載された論考を改編したもの。
  4　学長のリーダーシップ
    『Between』2013年8-9に掲載した論考「教育の質を保証する役割を教授会に果たさせることが学長の責務」の元原稿。

あとがき

　下記は過日、東信堂　下田勝司代表からいただいたメールの一部です。
　「競争を無視するわけではありませんが、競争を前提にしながらも、何に価値を置くかを熟議して今の教育とりわけ高等教育のあり方を考えるべきだと思います。経済・経営の論理を優先して補助金をえさにした行政指導型の政策は正しくないと思います。そうした政策を続けてきた結果が、統一性の欠いた人間や大学教育や構成員の質の劣化を招いていると思います。
　世界はインターネット時代の真最中で国エリアや経済、政治も文化もあらゆる分野でボーダレスになっているのに、それに対応した地球全体の自然科学も視野に入れた総合的理念の形成やその合意形成がはかれず、それを推し進める国際組織も機能していない現実では、教育も一定の方向に向けられないのは当然の結果で、方向性が定まらない中で幻想に揺れ動いているのではないかと思います。そうした中どこかで、誰かが総合的な世界思想というべきか理念というべきかグランドセオリーを再構築して原案を建てる必要があるのだと思います。」以上、下田氏のご見解に私は同感し、敬意を表します。
　さらに下田氏は本書に『「大学の死」、そして復活』というタイトルをつけて下さいました。
　『「大学の死」、そして復活』は奇跡を頼みにするのではありません。歴史が営々と紡いできた大学本来の営みに復帰することが、「大学の死」からの復活であることを本書は主張しています。
　下田氏が言われるように、誰かがグランドセオリーを提示することは、時代の喫緊の課題であると思います。言うまでもなく、私は到底そのような任には応えられませんが、下田代表のご懇切な督励にしたがい、私なりにその課題に応えるべく本書をまとめて見ました。同憂の方々のご見解をいただけ

れば幸いです。
　あとがきに付言しておきます。絹川が言っていることは「レトリック」に過ぎないという批判があります。私はこの批判を謙虚に受け止めます。そして、この批判への応答として、つぎの言葉を紹介しておきたいと思います。すなわち、「学問を雄弁のもとに委ねようと努める人は、多くの誤謬の犠牲にならざるを得ないのです。しかし、私見では、知恵のある人にふさわしいのは、学問的である、限定されたもっとも適切な言葉を使って論じることであり、その後、説得によって教えに磨きをつけ教説を美しいものにするために雄弁な言葉に（助けを求めて）声をかければよいのです。（アロンソ・ガルシア・デ・カルタヘナ（Ⅰ章「教養教育を問う」文献：加藤守通1996, 94頁）。
　私がこの言説のとおりであるか疑問ですが、本書をこのように受け止めていただければ幸いです。
　終わりに、本書を世に出すようお励ましくださった下田勝司氏に心からお礼を申し上げます。

　　2015年晩春

　　　　　　　　　　　　　　　　　　　　　　　　　　　　絹川正吉

著者紹介

絹川正吉（きぬかわ　まさきち）

1929年生まれ。1955年東京都立大学大学院理学研究科修士課程（数学）終了。
1960年 Northwestern University より Ph.D. 取得。
国際基督教大学教授、同教養学部長、同学長、同名誉教授、文部科学省「特色ある大学教育支援プログラム」実施委員会委員長、日本私立大学連盟常務理事、大学基準協会理事、大学セミナーハウス館長、大学教育学会会長、日本高等教育学会理事、IDE大学協会理事、新潟大学理事等を歴任。

主要著書

『初等フーリエ解析と境界値問題』（森北出版、1972）
『フーリエ解析例題演習』（森北出版、1976）
『解析要論』（理工学社、1979）
『ヘブライズムとヘレニズム』（共著）（新地書房、1985）
『大学は変わる』（大学セミナーハウス編、共著）（国際書院、1989）
『大学教育の本質』（ユーリーグ、1995）
『ICU〈リベラルアーツ〉のすべて』（編著）（東信堂、2002）
『学士課程教育の改革』（共編著）（東信堂、2004）
『大学教育の思想』（東信堂、2006）

「大学の死」、そして復活

2015年6月10日　初版第1刷発行　　　　　〔検印省略〕
　　　　　　　　　　　　　　　　　定価はカバーに表示してあります。

著者 ⓒ 絹川正吉／発行者　下田勝司　　印刷・製本／中央精版印刷株式会社
東京都文京区向丘1-20-6　郵便振替00110-6-37828
〒113-0023　TEL (03)3818-5521　FAX (03)3818-5514　　発行所　株式会社 東信堂

Published by TOSHINDO PUBLISHING XO., LTD.
1-20-6, Mukougaoka, Bunkyo-ku, Tokyo, 113-0023 Japan
E-mail : tk203444@fsinet.or.jp　　http://www.toshindo-pub.com

ISBN978-4-7989-1302-5 C3037　　ⓒKINUKAWA Masakichi

東信堂

転換期を読み解く――時評・書評集	潮木守一	二六〇〇円
大学再生への具体像〔第2版〕	潮木守一	二四〇〇円
フンボルト理念の終焉？――現代大学の新次元	潮木守一	二五〇〇円
いくさの響きを聞きながら――横須賀そしてベルリン	潮木守一	二四〇〇円
「大学の死」、そして復活	潮木守一	二八〇〇円
大学教育の思想――学士課程教育のデザイン	絹川正吉	二八〇〇円
国立大学法人の形成	大崎仁	二六〇〇円
国立大学・法人化の行方――自立と格差のはざまで	天野郁夫	三六〇〇円
大学は社会の希望か――大学改革の実態からその先を読む	江原武一	二〇〇〇円
転換期日本の大学改革――アメリカと日本	江原武一	三六〇〇円
大学の管理運営改革――日本の行方と諸外国の動向	杉本 均／編著	三六〇〇円
新自由主義大学改革――国際機関と各国の動向	細井克彦編集代表	三八〇〇円
新興国家の世界水準大学戦略――世界水準をめざすアジア・中南米と日本	米澤彰純監訳	四八〇〇円
東京帝国大学の真実	舘 昭	二〇〇〇円
原理・原則を踏まえた大学改革を――場当たり策からの脱却こそグローバル化の条件	舘 昭	一〇〇〇円
改めて「大学制度とは何か」を問う	舘 昭	三八〇〇円
原点に立ち返っての大学改革――日本近代大学形成の検証と洞察	立川明・坂本辰朗・D.ケネディ／井上比呂子訳著	三二〇〇円
大学の責務	丸山文裕	三二〇〇円
大学の財政と経営	丸山文裕	四七〇〇円
私立大学マネジメント	（社）私立大学連盟編	四二〇〇円
私立大学の経営と拡大・再編――一九八〇年代後半以降の動態	両角亜希子	四二〇〇円
大学事務職員のための高等教育システム論〔新版〕――より良い大学経営専門職となるために	山本眞一	一六〇〇円
高等教育における質保証・評価制度のルーツを探る――認証評価制度のルーツを探る	林 透	三八〇〇円
戦後日本産業界の大学教育要求――経済団体の教育言説と現代の教養論	飯吉弘子	五四〇〇円
イギリスの大学――対位線の転移による質的転換	秦由美子	五八〇〇円

〒113-0023 東京都文京区向丘1-20-6　TEL 03-3818-5521　FAX03-3818-5514　振替00110-6-37828
Email tk203444@fsinet.or.jp　URL:http://www.toshindo-pub.com/

※定価：表示価格（本体）＋税

東信堂

大学の自己変革とオートノミー —点検から創造へ	寺﨑昌男	二五〇〇円
大学教育の創造—歴史・システム・カリキュラム	寺﨑昌男	二八〇〇円
大学教育の可能性—教養教育・評価・実践	寺﨑昌男	二五〇〇円
大学は歴史の思想で変わる—FD・評価・私学	寺﨑昌男	二八〇〇円
大学改革 その先を読む	寺﨑昌男	一三〇〇円
大学自らの総合力— 理念とFD そしてSD	寺﨑昌男	二〇〇〇円
高等教育質保証の国際比較	羽田貴史編	三六〇〇円
主体的学び 創刊号	杉本和弘編	一八〇〇円
主体的学び 2号	主体的学び研究所編	一六〇〇円
主体的学び 3号	主体的学び研究所編	一六〇〇円
「主体的学び」につなげる評価と学習方法—カナダで実践されるICEモデル	S・ヤング&R・ウィルソン著 土持ゲーリー法一訳	一〇〇〇円
ポートフォリオが日本の大学を変える—ティーチング/ラーニング/アカデミック・ポートフォリオの活用	土持ゲーリー法一	二五〇〇円
ティーチング・ポートフォリオ—授業改善の秘訣	土持ゲーリー法一	二〇〇〇円
ラーニング・ポートフォリオ—学習改善の秘訣	土持ゲーリー法一	二五〇〇円
学生支援に求められる条件 学生支援GPの実践と新しい学びのかたち	大島勇人・濱野隆・野嶋幸司他	二八〇〇円
学士課程教育の質保証へむけて—学生調査と初年次教育からみえてきたもの	山田礼子	三二〇〇円
大学教育を科学する—学生の教育評価の国際比較	山田礼子編著	三六〇〇円
アクティブラーニングと教授学習パラダイムの転換	溝上慎一	二四〇〇円
大学生の学習ダイナミクス—授業内外のラーニング・ブリッジング	河井亨	四五〇〇円
「学び」の質を保証するアクティブラーニング—3年間の全国大学調査から	河合塾編著	二〇〇〇円
「深い学び」につながるアクティブラーニング—全国大学の学科調査報告とカリキュラム設計の課題	河合塾編著	二八〇〇円
アクティブラーニングでなぜ学生が成長するのか—経済系・工学系の全国大学調査からみえてきたこと	河合塾編著	二八〇〇円
初年次教育でなぜ学生が成長するのか—全国大学調査からみえてきたこと	河合塾編著	二八〇〇円

〒113-0023 東京都文京区向丘1-20-6　TEL 03-3818-5521　FAX03-3818-5514　振替 00110-6-37828
Email tk203444@fsinet.or.jp　URL:http://www.toshindo-pub.com/

※定価：表示価格（本体）＋税

東信堂

国際的にみたる外国語教員の養成
——オーストラリアの教員養成とグローバリズム
大谷泰照編集代表 三六〇〇円

多様性と公平性の保証に向けて
オーストラリアの言語教育政策
本柳とみ子 三六〇〇円

多文化主義における「多様性と」「統一性」の揺らぎと共存
青木麻衣子 三八〇〇円

一貫連携英語教育をどう構築するか
鳥飼玖美子編著 一八〇〇円

英語の一貫教育へ向けて
——「道具」としての英語観を超えて
立教学院英語教育研究会編 二八〇〇円

近代日本の英語科教育史
——職業系諸学校による英語教育の大衆化過程
江利川春雄 三八〇〇円

現代教育制度改革への提言 上・下
日本教育制度学会編 各二八〇〇円

現代日本の教育課題
——二一世紀の方向性を探る
上田 学編著 二八〇〇円

バイリンガルテキスト現代日本の教育
村田翼夫
山口 満編著 三八〇〇円

日本の教育経験
——途上国の教育開発を考える
国際協力機構編著 二八〇〇円

現代アメリカの教育アセスメント行政の展開
——マサチューセッツ州(MCASテスト)を中心に
北野秋男編 四八〇〇円

アメリカ公民教育におけるサービス・ラーニング
唐木清志 四六〇〇円

現代アメリカにおける学力形成論の展開
——スタンダードに基づくカリキュラムの設計
石井英真 四二〇〇円

ハーバード・プロジェクト・ゼロの芸術認知理論とその実践
——内なる知性とクリエティビティを育むハワード・ガードナーの教育戦略
池内慈朗 六五〇〇円

アメリカにおける学校認証評価の現代的展開
浜田博文編著 二八〇〇円

アメリカにおける多文化的歴史カリキュラム
桐谷正信 三六〇〇円

メディア・リテラシー教育における「批判的」な思考力の育成
森本洋介 四八〇〇円

多様社会カナダの「国語」教育 (カナダの教育3)
関口礼子
浪田克之介 編著 三八〇〇円

「学校協議会」の教育効果
——「開かれた学校づくり」のエスノグラフィー
平田 淳 五六〇〇円

現代ドイツ政治・社会学習論
——「事実教授」の展開過程の分析
大友秀明 五二〇〇円

〒113-0023 東京都文京区向丘1-20-6 TEL 03-3818-5521 FAX03-3818-5514 振替 00110-6-37828
Email tk203444@fsinet.or.jp URL:http://www.toshindo-pub.com/

※定価：表示価格（本体）＋税

東信堂

比較教育学事典	日本比較教育学会編	一二〇〇〇円
比較教育学の地平を拓く	森山肖子編著	三六〇〇円
比較教育学―越境のレッスン	山田肖子編著	二八〇〇円
比較教育学―伝統・挑戦・新しいパラダイムを求めて	M・ブレイ 馬越徹・大塚豊監訳	三六〇〇円
国際教育開発の研究射程―「持続可能な社会」のための比較教育学の最前線	北村友人著	二八〇〇円
国際教育開発の再検討―途上国の基礎教育普及に向けて	小川啓一・西村幹子・北村友人編著	二四〇〇円
発展途上国の保育と国際協力	浜野隆・三輪千明著	三八〇〇円
トランスナショナル高等教育の国際比較―留学概念の転換	杉本均編著	三六〇〇円
中国教育の文化的基盤	顧明遠著 大塚豊監訳	二九〇〇円
中国大学入試研究―変貌する国家の人材選抜	大塚豊	三六〇〇円
中国高等教育独学試験制度の展開	南部広孝	三二〇〇円
中国の職業教育拡大政策―背景・実現過程・帰結	劉文君	五〇四八円
現代中国高等教育の拡大と教育機会の変容	王傑	三九〇〇円
現代中国初中等教育の多様化と教育改革	楠山研	三六〇〇円
文革後中国基礎教育における「主体性」の育成	林初梅	四六〇〇円
「郷土」としての台湾―郷土教育の展開にみるアイデンティティの変容	山﨑直也	四六〇〇円
戦後台湾教育とナショナル・アイデンティティ	木戸裕	六〇〇〇円
ドイツ統一・EU統合とグローバリズム―教育の視点からみたその軌跡と課題	斉藤泰雄	三八〇〇円
教育における国家原理と市場原理―チリ現代教育史に関する研究	小原優貴	三八〇〇円
中央アジアの教育とグローバリズム	嶺井明子・川野辺敏編著	三二〇〇円
インドの無認可学校研究―公教育を支える「影の制度」	日下部達哉	三二〇〇円
バングラデシュ農村の初等教育制度受容	木村裕	三六〇〇円
オーストラリアのグローバル教育の理論と実践	本柳とみ子	三六〇〇円
開発教育研究の継承と新たな展開		
オーストラリアの教員養成とグローバリズム	青木麻衣子・佐藤博志編著	三六〇〇円
[新版]オーストラリア・ニュージーランドの教育―多様性と公平性の保証に向けて		二〇〇〇円
オーストラリアの言語教育政策―多文化主義における「多様性」と「統一性」の揺らぎと共存	青木麻衣子	三八〇〇円
グローバル社会を生き抜く力の育成に向けて		
マレーシア青年期女性の進路形成	鴨川明子	四七〇〇円

〒113-0023 東京都文京区向丘1-20-6　TEL 03-3818-5521　FAX 03-3818-5514　振替 00110-6-37828
Email tk203444@fsinet.or.jp　URL http://www.toshindo-pub.com/

※定価：表示価格（本体）＋税

東信堂

未曾有の国難に教育は応えられるか	新堀通也	三三〇〇円
「じひょう」と教育研究六〇年		
マナーと作法の社会学	加野芳正編著	二四〇〇円
マナーと作法の人間学	矢野智司編著	二〇〇〇円
学級規模と指導方法の社会学——実態と教育効果	山崎博敏	二二〇〇円
子ども・若者の自己形成空間——教育人間学の視線から	高橋勝編著	二七〇〇円
文化変容のなかの子ども——経験・他者・関係性	高橋勝	二三〇〇円
君は自分と通話できるケータイを持っているか——「現代の諸課題と学校教育講義」	小西正雄	二〇〇〇円
教育文化人間論——知の逍遙/論の越境	小西正雄	二四〇〇円
発達障害支援の社会学——医療化と実践家の解釈	木村祐子	三六〇〇円
夢追い形進路形成の功罪——高校改革の社会学	荒川葉	二八〇〇円
進路形成に対する「在り方生き方指導」の功罪——高校進路指導の社会学	望月由起	三六〇〇円
教育から職業へのトランジション——若者の就労と進路職業選択の社会学	山内乾史編著	二六〇〇円
教育と不平等の社会理論——再生産論をこえて	小内透	三二〇〇円
〈シリーズ 日本の教育を問いなおす〉		
拡大する社会格差に挑む教育	西村和雄・大森不二雄・木村拓也編	二四〇〇円
混迷する評価の時代	西村和雄・大森不二雄・倉元直樹・木村拓也編	二四〇〇円
教育における評価とモラル——教育評価を根底から問う	西戸瀬信雄編	二四〇〇円
〈大転換期と教育社会構造:地域社会変革の社会論的考察〉		
第1巻 教育社会史——日本とイタリアと生活者生涯学習の	小林甫	七八〇〇円
第2巻 現代的教養I——地域的展開技術者生涯学習の	小林甫	六八〇〇円
第3巻 現代的教養II——生成と展望	小林甫	六八〇〇円
第3巻 学習力変革——地域自治と社会構築	小林甫	近刊
第4巻 社会共生力——東アジアと成人学習	小林甫	近刊

〒113-0023 東京都文京区向丘1-20-6　TEL 03-3818-5521　FAX 03-3818-5514　振替 00110-6-37828
Email tk203444@fsinet.or.jp　URL:http://www.toshindo-pub.com/

※定価:表示価格(本体)+税